THE STORY
OF ADVENTURE

［南非］威廉·博莱索 ◎ 著

姫蕾 ◎ 译

逆天的冒险

廣東旅游出版社
GUANGDONG TRAVEL & TOURISM PRESS
悦读书·悦旅行·悦享人生
中国·广州

图书在版编目（CIP）数据

逆天的冒险 ／（南非）威廉·博莱索著；姬蕾译. —广州：广东旅游出版社，
2021.10
ISBN 978-7-5570-1896-2

Ⅰ．①逆… Ⅱ．①威… ②姬… Ⅲ．①名人－生平事迹－世界 Ⅳ．①K811

中国版本图书馆CIP数据核字(2019)第135608号

出 版 人：刘志松
策划编辑：张晓星
责任编辑：龙鸿波
封面设计：艾颖琛
内文设计：谢晓丹
责任技编：冼志良
责任校对：李瑞苑

逆天的冒险
NITIAN DE MAOXIAN

出版发行：广东旅游出版社
社　　　址：广州市荔湾区沙面北街71号广东旅游出版社首/二层
邮　　　编：510310
邮购电话：020-87348243
印　　　刷：深圳市希望印务有限公司
　　　　　　（深圳市龙岗区坪地街道怡心社区吉祥二路13号厂房B栋）
开　　　本：787毫米×1092毫米　　　1/16
印　　　张：24
字　　　数：420千字
版　　　次：2021年10月第1版
印　　　次：2021年10月第1次印刷
定　　　价：68.00元

前　言

1918年德军投降后，伍德罗·威尔逊（Woodrow Wilson）骑着马穿过绿树成荫的香榭丽舍大街。这个"人们心声的发言人""希望的缔造者"，无论走到哪，都有谦恭的民众以前所未有的热烈欢呼声向他致以问候。有一个年轻旁观者在观礼台上注视着，在他看来，这个人如同火星来客一样，让人生疑，捉摸不透。他是一个潦倒的乞丐，名叫赖亚尔（Ryall）。

赖亚尔有荷兰和康沃尔郡血统。1917年，作为一名索姆河（Somme）战役后新上任的陆军中尉，他窝在一艘英国轮船的汽锅室内，从南非回来。德国炮弹爆炸曾将连同他在内的16名士兵淹埋。当抬担架的人将他们挖出来后，他是唯一的幸存者，尽管脖子折了，但他还活着。此后，他从前线撤了下来，却于1930年在阿维尼翁医院逝世。当时赖亚尔被送到医院，一位墨守成规的法国内科医生的提议让病情雪上加霜，他要用吗啡麻醉病人来治疗阑尾炎。在赖亚尔昏迷的最后一晚，他又一次梦回索姆河，一遍又一遍爬出战壕进攻，低声抚慰他那些早已逝去的战友，其实那些在暗处的德国人也是胆战心惊。

在他休养生息的13年里，除了做记者和与一两个女人有过婚姻，赖亚尔放松了下来，以一种独特的超然态度在思考着人类的闹剧。这些思考的结果导致他留下了各种杂记。在他有生之年，大部分作品以笔名威廉·博莱索（William Bolitho）发表出来。其中有一本名为《逆天的冒险》，现在读者俱乐部正为其成员将此书再版。任何人，无论是现在第一次看，还是像我一样第三次看，都将与我们这个时代最活跃和最有创造力的人在一起，度过难以置信的充实和激荡的时光。他将会拾起许多吸引人的历史信息碎片（当然，还有一些错误信息），他将会在这个过程中积累发人深省的精神食粮，也将会在这段经历中收获些许深埋的凌乱情感。

在本书中，威廉·博莱索这位"当代的普鲁塔克"[1]（Plutarchos Athēne）描写了11位人物。由于他少年时代的机遇、自己的喜好以及那种特殊的超然，这种超然是所有已走到世界尽头、眺望墙那一边的人皆有的，博莱索比任何皮奥夏人[2]都更像是一个旁观者。他突发奇想要写以下这些人的传记：

亚历山大大帝

---

[1] 普鲁塔克（约350—约433），罗马帝国时代的希腊作家、哲学家、历史学家，新柏拉图派中雅典派的创始人。以《比较列传》（又称《希腊罗马名人传》或《希腊罗马英豪列传》）一书留名后世。（本书脚注皆为编者注）

[2] 普鲁塔克是皮奥夏人。

卡萨诺瓦

哥伦布

洛拉·蒙特兹

卡廖斯特罗（和塞拉菲娜）

瑞典的查理十二世

拿破仑一世

喀提林

拿破仑三世

伊莎多拉·邓肯

伍德罗·威尔逊

在这本书中，瑞典的查理十二世这章写得最出彩，伊莎多拉·邓肯一章则非常随意、最不值得一读。这11个人有一个共同之处：每个人都是冒险家，都曾短暂地主宰过世界。他们是勇敢又独立的挑战者，都是逆天之人。

听博莱索讲话，如同在听一个游离于时间的人讲话——诺埃尔·考沃德①（Noel Coward）和沃尔特·杜兰蒂②（Walter Duranty）这两位不同代的人也说他们愿意不远千里去听博莱索演讲。同样，博莱索会拾起亚历山大和拿破仑这样的人物放在手中，如同别人对木偶那样认真摆

---

① 诺埃尔·考沃德（1899—1973），英国演员、剧作家、流行音乐作曲家。因影片《与祖国同在》（*In Which We Serve*）获得1943年奥斯卡荣誉奖。

② 沃尔特·杜兰蒂（1884—1957），美国记者，曾担任《纽约时报》莫斯科分社负责人，1932年，因为一系列报道苏联的新闻而获得了普利策奖。

弄。他似乎叹了口气，放下木偶威尔逊，然后这样睿智地写道：

"有些人认为，威尔逊和亚瑟、传奇人物亚历山大以及其他许多仅次于以上人物的人，尽管战败，但却留下了希望和承诺。那联盟，就像是他的血肉之躯的象征，是从他的心里撕下一块留给我们的碎片，指引着继续他冒险之旅的后人。"

博莱索1929年还在写作，第二年便去世——虽然当时《我的奋斗》（Mein Kampf）的两卷已在德国发行，他可能没意识到，在阿尔卑斯山外，已经开始了另一场冒险之旅，这与他的模式非常吻合，如果博莱索还在世，他肯定非常愿意给《逆天的冒险》增加一章。最后一章读起来很有愉悦感，因为在博莱索所书写的生命中，最让他津津乐道的，是每位冒险者达到顶峰时的那个眩晕时刻。博莱索常常驻足细看这11位英雄是如何被自己的成功所困。他说，当海盗清点战利品时，便成了十足的小偷。

《逆天的冒险》是读者俱乐部的第一本书，是从我提名的书单中选择的。把书名提交给我那热爱辩论的同事后不久，我开始向国会图书馆定量推荐书单，每年我都会这样做。这些书会录制成有声书，供盲人使用。经过仔细思考后，我将博莱索的书从名单中删去，那是因为他粗糙的散文听起来不舒服。在孤独而又贫穷的少年时期，他艰难地从仅有的书中学习知识，因此文笔欠佳。年轻的时候，他从未听过学者顺畅的演说。他自学成材，写着粗糙又笨拙的散文，因此这是他的一个弱点，否则他肯定不会这么简单地描述自己。博莱索说自己是个自学者。事实上，他经常这么称呼自己。

即使这样，如果他写关于阿道夫·希特勒（Adolf Hitler）的文章，我也会很愿意去读。对希特勒，博莱索既不会感到恐惧，也不会有什么深刻印象。这是因为，在一个已准备踏上返回火星之旅的路人看来，希特勒的成功与残暴，并没有什么区别。

亚历山大·伍尔科特 [1]

---

[1] 亚历山大·伍尔科特（Alexander Woollcott, 1887—1943），美国记者、评论家、演员。

作者导言

冒险故事是个人历史和社会历史中最有生气的部分，但却不适合主日学校用来做奖励书。它的信徒中很少有贞洁、仁慈、甚至是守法的，任何道德上的装腔作势或甜言蜜语，都会掩盖利益与真相。

这类大人物都是如此。他们的过失不是斑斑泥点，而是主体结构上的突起，与其性格不可分割。但是，这些冒险者身上的顽固特质，或者你更愿意说是邪恶，是有特殊原因的。这来源于冒险这个概念本身。冒险，是法律不可调和的敌人。冒险者即使内心深处并不反对社会，他也一定与社会不相融合，因为冒险者本质上就是一个自由的个人主义者。

男孩们是天生的冒险评判家，几个世纪以来，他们一直被传教士或将军的故事哄骗，他们抱怨各种各样的事件对一个压根没有冒险精神的人是徒劳的。只有一心一意热衷冒险的人才能体会到冒险带给他们的成功、危险和惊喜，即使不断重复发生也构不成冒险的生活。

我们也拒绝吉卜林①（Kipling）先生的宽慰，他认为通勤、

---

① 约瑟夫·鲁德亚德·吉卜林（1865—1936），英国小说家、诗人。

在英国军队服兵役、在英国买房都是些冒险的事。还有切斯特顿①（Chesterton）说的，与亚历山大、基德船长②和卡廖斯特罗一同在星期天散步、喝杯酒能够使人精神振奋。所有这些美好的谎言，就像小孩子希望海盗是好人、没人会在流血冲突中受伤、轮盘赌③射出的是扁豆一样感人。汤姆·索亚（Tom Sawyer）④更清楚，冒险者是亡命之徒。冒险必须从离家出走开始。

但事实上，那些本身有社会意识的人、好人、受人尊敬的人都渴望接受冒险者。很显然，冒险与秩序、冒险者与社会的矛盾并未超出人性，而是一种内在的对立，使我们的意志发生分歧。

人人心中有一个冒险家和我们必须成为社会人是两种不相容的生活。一种，是我们渴求的；另一种，是我们不得不选择的。无论虔信者说些什么，没有比这更深刻更激烈的冲突了，因为这种冲突来源于人类生活特有的构成，它将我们同其他物种清楚地区分开来。我们像老鹰一样，生来就是自由的。但是，为了生活，我们不得不为自己制造一个秩序的牢笼，不得不栖息于此。我们像老虎一样，生来就大手大脚且不知悔改；但我们又不得不勤俭，否则就会挨饿受冻。我们生来就要云游四方，却受诅咒停滞不前。

---

① 吉尔伯特·基思·切斯特顿（1874—1936），英国作家、文学评论家，经常被誉为"悖论王子"。

② 威廉·基德（1645年1月22日—1701年5月23日），出生于苏格兰敦提，苏格兰航海家、海盗、私掠者，被人们称为"基德船长"（Captain Kidd）。

③ 即俄罗斯轮盘赌，赌具是左轮手枪和人的性命。

④ 马克·吐温的小说《汤姆·索亚历险记》的主人公。

因此，冒险是我们的首选。任何一个会走路的婴儿都是出色而典型的冒险者。如果他们有力量，就像他们有意志一样，还有什么事情做不出来！我们是天生的冒险者，对冒险的热爱直至暮年；只有胆小的老人，才觉得不该冒险。这就是为什么所有的诗人站一边，法律却站另一边。因为法律是老人制定的，而且经常是为老人服务的。

这种人性的双重性，阻止了社会对冒险家的明确驱逐。事实上，当他出现时，他不能指望得到任何怜悯。冒险是一种艰难的生活，你会从这11个例子中体会到。一旦其中有一个退缩，他就必须面对现实中的一切；他们得和规则秩序以及环绕着规则秩序、被称为道德的光环作斗争；他们得和家庭斗争，家庭是社会的缩影和鞭笞；他们还得和一切所有者斗争，通往自由之路就在他们相互交织的权利的对面。当冒险者摆脱了控制时，社会的反应才最令人好奇。没人敢说，在公正的法庭面前，拿破仑、亚历山大或恺撒是比戴德伍德·迪克①（Deadwood Dick）和杰西·詹姆斯②（Jesse James）更邪恶的坏人，我们只能接受他们。他们的行为已经转化为动力，人们鼓励少年去模仿他们，他们所有不光彩的、但又切实可行而必要的垫脚石均被小心翼翼地移走。

对于曾经的背信弃义和欺骗，这些"体面人"可以辩称是"激情犯罪"。"把拿破仑关进监狱是一件令人非常不快的事"——尽管在迫

---

① 爱德华·L.惠勒在19世纪末创作的系列冒险小说中的英雄牛仔形象。

② 杰西·伍德森·詹姆斯（1847—1882），美国强盗，是"詹氏–杨格"团伙最有名的成员。

不得已的时候，他们还是这样做了。但是从冒险产生的另一个社会问题来看，冒险者有意的诡计变成了合法，将路标改造和把笼子伪装起来，"我们的美德"就更难捍卫。总有很多捉弄人的陷阱，招募军官总是站在第一个拐角处，等待着逃兵把军装或军旗卖给他。但是在动荡的时代，当冒险的欲望变得太过普遍和激烈，任何普通的社会方法都无法遏制时，法律和秩序会毫不犹豫地采取特别手段。因此，中世纪的狂野骑士被收编成为有进取心的骑士队伍，送往最枯燥、最正规的十字军，参与东征战争；或者被忽悠成为伟大之路上的某种海军蓝警。

　　不，冒险者是利己主义者，是以自我为中心者，也是责任的逃兵。他的道路是孤独的，也容不下陪伴，他所做的一切都是为了自己。他的动机可能仅仅是贪婪，最常见的是那种我们称之为虚荣的贪婪，还有对生命的贪婪，但这两种贪婪并不值得钦佩。不过要注意别低估了这种动机，贪婪几乎和另一种原始性本能一样，被强加了许多愚蠢的侮辱。然而对于我们，这个从定义上讲具有冒险精神的种族——贪得无厌的欧洲人、征服者来说，把贪婪当成一种美德，才让我们与众不同；能够凌驾于那些心满意足的族群之上，显而易见就是从这种美德中产生的。愿上帝帮助不贪婪的人……这些人是澳大利亚黑人、贫穷的南非布须曼人、被哥伦布屠杀在人间天堂——海地的天使般善良的加勒比人，以及其他所有善良的原始人，他们无欲无求，也就永远不会发展。

　　大多数事业的开始都源于冒险，国家、机构、文明社会也是如此。人类的进步，无论朝着什么神秘方向前进，都不仅仅只靠动力来推动的，让道德尽其所能吧。因此，冒险有了社会学上的作用，这是很偶然的，因为冒险本身是非社会性的。历史的发展伴随着法律和秩序的巨大分裂，而造成这些分裂的正是冒险者。从电光火石时代到地铁时代、从法国小镇莱塞济（Les Eyzies）的洞穴到纽约的管道系统，我们受到两股强大力量的驱动：即防守和探索。一方面是来自守旧派，另一方面是则来自新世界勇敢的对抗者，也就是来自平民和冒险者。它们既来自法律，也来自那些跳出法律的保护栅栏、不在乎是否让它受损的人，他们以勇气而不是节俭给族人带来更多的财富。第一位冒险者是个令人讨厌的人，当他为了弄清夜里声音的来源而离开时，打开了部落的保护屏障，从而使部落面临风险。我确信他在做这些时，是违反了母亲、妻子以及宗族老人的严令。但也正是他发现了猛犸象的死亡之地，让部落有了取之不竭的象牙作为武器。冒险者就是这样，他们既是社会的祸害，也是造福社会的人。

在这种社会力量的作用下，冒险家可以带上我们对他的些许同情，开始他的崇高而孤独的探索。冒险者是我们的另一个自己，他需要这种同情，因为他面临着重重困难。我们知道，他的第一个敌人是运用法律、秩序和道德来使社会运作的机制，第二个敌人则是未知本身。就所有生物的本性而言，事物是由它们的敌人决定的，冒险家是由他与秩序的斗争和他与机会的斗争来决定的。第一场他可能会赢，如果他输了，就会进监狱。但第二个敌人他战胜不了，因为那是天意。这本书不是要邀请人们去进行生命的冒险，那会和其他人的结局一样。我不是说，在现实世界中冒险者无法成功。有些冒险者虽然不是最伟大的，但也活得长寿，得到了许多他们想要之物。比起破产堕落、穷困暮年、衣衫褴褛和蔑视，等待冒险者的还有一个更无可名状的悲剧，那就是，他注定会停止冒险。他的形态学法则是，本想成为一只蝴蝶，但当他发展到毛毛虫阶段时，就会受到谴责。冒险这一职业和青春一样悲剧；它的道路是抛物线而非直线型的，因此当达到某个点后，它便会重新回到原点。曾经最伟大的冒险者最后却成为一个焦虑而平庸的百万富翁。

造成冒险最终以悲剧收尾的秘密是心理因素，隐藏在冒险者内心的动机既卑鄙又崇高，这与他的个性密不可分。他们对黄金、权力、虚荣、好奇心的贪婪，即使在他们人生的巅峰时刻，也是双重的。这种贪婪包括渴望得到和长久拥有，不仅要抓住，而且要永远掌控。观察这些生命的魅力之一，就是你能追踪到这些静态和动态的贪婪在他们身上美妙的相互作用，看到渴望得到的贪婪慢慢被长久拥有的贪婪所取代，也会看到突如其来的恐惧，甚至亚历山大也在他的帐篷中为这恐惧做出了牺牲。那是他知道自己已赢得太多，冒险也结束了，随即而来的是渴望长久的拥有，但这所有的一切终将消逝。

这些人因为内心的矛盾背叛了自己。他们的矛盾与我们唯一的不同在于所占的分量。在他们心中，同样也有社会人与自由人、吝啬鬼与挥霍者、安定生活与漂泊流浪、囤积者与赌徒、牧羊人与猎人的博弈。社会的自我牵绊扼杀着冒险者的天性。

在这些与冒险家密切相关的社会学和心理斗争之上，还有另一种极其有趣的、超越两者的斗争：斗志。这就像一场未知的求爱，它们的名字也是机会、危险，是一切新鲜事物的取之不竭的容器。他渴望得到她，得到与她密不可分的天赋。她的背叛——即她的威严和残酷——使他拥有了荣誉，使他感到窒息。她用仁慈的面纱将他蒙住，用黄金和胜利将他锁住，使他不敢继续前行，把他从恋人变成奴隶。当海盗清点他们的战利品时，他们便成了十足的小偷。

以上我主要从社会、心理以及某种神秘角度①对冒险和冒险者做了主要概括，希望接下来的这11个实例研究能够带来更生动有趣的论述。11人中有两三位是女性，她们是到目前为止少数几个不论是在人生的高度还是创新度方面，都可称得上是崇高的人。在那漫长且无尽头的岁月中（不过似乎即将结束了），婚姻是女性的事业，可以说每个女性的生命中都包含着一次冒险，每位到了结婚年龄的女性都是冒险者，就像每位已婚女性都是社会中不可或缺的卫士一样。这就是旧小说家的主题——对冒险刻板乏味的描述，让我们把它排除在外。不过如今时代正在变化，在摆脱经济方面依赖男性这个限制后，女性是否也能体会并追求冒险，这个纯粹的推测性问题现在变得重要起来。任何对过去真正女冒险者的研究（"女冒险者"这个称呼尚有争议）、任何对冒险中不同性别形态支持或反对的证据，都变得非常有趣。

显然，三个构成因素，即社会的复杂性、领域和冒险家的心理，由于受到不同的阻力，不仅改变了冒险活动的特点（因为每个时代都有它独特的类型：古代的征服者、中世纪的探索者、19世纪的勘探者），而且从历史学家的观点来看，也改变了冒险活动的数量和范围。

这里我们必须忽略第三个因素，假定它是不变的，因为我们无法衡量。不过另外两个因素的影响可以用一个简单的规则来说明，这点很显而易见：即社会联系愈紧密、未知的地域范围愈小，冒险就会变得愈加

---

① 即斗志。

艰难、愈加罕见，也愈发不重要。这两个不利条件如今正在起作用。虽然国际政府还远未建立起来，但我们已经拥有国际警察，他们有电报、邮件、飞机和普遍相似的编码，在今天，切利尼①（Cellini）、卡萨诺瓦、卡廖斯特罗的冒险很快便能完成。正如凯泽林②（Keyserling）所说，这种普世文明留给个人的空间越来越小。与此同时，世界地图让地域变得狭窄。未知的地理领域曾经最容易吸引探险者，现在也不复存在。电话线可以接往拉萨，南北两极飘舞着旗帜，尽管不时有些倔强的女士试图说服我们撒哈拉是个特别之地，尽管媒体还会宣传浪漫的亚洲之旅（旅行社会卖票给你），但在悲观的男生看来，这些都是普通地方，"探险结束了"。这些不利条件，是否真让冒险成为过去式？

我已经抛弃了那些作家和诗人的安慰，他们在困难中试图把那些只是"有趣"的东西，而且往往只是轻微的、有趣的东西说成是冒险。如果不掺杂好的概念，冒险确实仍然存在，即使是以他的幸运和审美的形式，脱离了肮脏的命运的冒险家，也不比以往少。以前也有过探险者的淡季，尤其是在18世纪，一切似乎都已拥有、已完成、已绘制成地图。在这样的时代，我们要从内心寻求新的东西，不是在永恒不变的本性中，而是在人类生命不断更新的变化中。地理已经变得平淡无奇，但地形却是无穷无尽的原始。

---

① 本韦努托·切利尼（1500—1571），意大利文艺复兴时期的金匠、画家、雕塑家、战士和音乐家，其生活充满了冒险传奇。

② 赫尔曼·凯泽林（1880—1946），德国社会哲学家，代表作《一个哲学家的旅行日记》。

在我们的时代，不朽的冒险精神藏身于金融的沙漠里，在我们伟大城市的商业丛林里伪装并没有被消灭的无数野蛮部落中。人类世界里的复杂程度，事物之间的距离有可能比星星之间的距离还要遥远。我们的生活即使每天被繁重的工作和事件围绕，但还是会产生一种矛盾的心态。一方面想要安逸，另一方面好像冥冥之中有神秘的、可以主宰一切的力量（女神）在叩问我们。历史一直珍藏着冒险者的名录——虽然出于职责上的原因，她无法将他们的名单公之于众，但她的态度并未改变。

　　至于冒险功绩，如飞越大西洋、极地旅行、攀登珠穆朗玛峰，在盛行英雄主义和耐力至上的过去，也许可以算是我们这个时代值得炫耀之物，却不是我们首要关注的。这些事件中的英雄是社会的勇士，但不是冒险者；他们的朋友也许会给他们冠上这个称号，这是一个误解，我将有机会再谈这件事。

　　因此，以下所述的目的，与其说是为了阐明历史，不如说是为了说明历史，我们要真诚地向那些人致敬，对比自身，他们的行为注定伟大而深刻。最重要的是改变我们对冒险家的认识，以及改变冒险家对我们的认识。若是我不能表达敬意，至少可以表示欣赏，既不是警告也不是鼓励。对于人类永不知足的精神以及对他所捕获、依赖和崇拜的无尽神秘，我同样敬重。

威廉·博莱索

目录
CONTENTS

第一章

亚历山大大帝 （Alexander the Great）

《亚历山大大帝与波斯王大流士三世战斗》，现藏于那不勒斯国立考古博物馆

然后火来了，烧了臣民，

那是揍了狗的臣民，

那是咬了猫的狗，

那是吃了小孩①的猫，

那是我父亲花了两块钱，

买的小孩。

一个小孩，一个小孩②

①　小孩指的是犹太人民。

②　该童谣是一首用希伯来语和阿拉姆语写成的有趣的歌曲。这首歌是在逾越节家宴结束时唱，这是犹太人的仪式盛宴，标志着犹太人逾越节的开始。这段旋律可能起源于中世纪的德国民间音乐。原书引用疑有误。这首童谣的一个版本为："One little goat, one little goat:The fire came, and burned the stick, that beat the dog, that beat the cat, that ate the goat, Which my father bought for two zuzim."

犹太人，那些永恒的当代人，他们目睹了一切，记住了一切。他们用童谣的方式轻声低吟着世界的历史。正如我开头所引用的童谣，是亚历山大大帝的火，他烧毁了阿契美尼德王朝[①]（Achaemenian Empire），这个王朝曾经统治了世界，打败了残暴的亚述（Assyrian）犬，亚述犬噬咬了聪敏的巴比伦（Babylonian）猫，而猫啃食了贫穷但纯真的儿童。[②]上帝从摩西处买回了这个处在食物链底端的族群。[③]这就是犹太人对历史的解读。如今，用火来形容亚历山大再合适不过了。他像火一样地生存着、战斗着，但却英年早逝，如火一般熄灭了。

　　在所有的研究中，亚历山大居于首位，不仅是因为其生卒年之早（公元前356年—公元前323年），还因为他是这类冒险者的代表人物。每一个冒险者都与亚历山大有些相似，甚至有些伟大的冒险家故意去模仿他。在亚历山大身上，我们可以找到所有冒险者性格成长和进化的秘密。

---

　　① 阿契美尼德王朝（公元前550年—公元前330年），也称波斯帝国，是古波斯地区第一个把领土扩张到大部分中亚和西亚领域的王朝，也是第一个横跨欧、亚、非三洲的帝国。

　　② 作者这个说法疑有误。根据英国犹太历史学家塞西尔·罗斯（Cecil Roth）《哈加达》（Haggadah）（87~88页，伦敦，桑奇诺出版社，1959年）中猫象征亚述，狗象征巴比伦，儿童象征着犹太人民。

　　③ 犹太百科全书《HAD GADYA》中对这个寓言故事进行了解释：孩子象征着希伯来民族；上帝是父亲，他通过摩西和亚伦从埃及那里购买或赎回自己的子民。童谣中的“两块钱”这个典故出自《出埃及记》，两个zuzim相当于一个犹太人灵魂的价格。

这部分是由于他的意外出生，使得他成了伟人之子。处于这种境地的男孩们，通常是心理怪物，扮演着一个苦情又可笑的哈姆雷特角色。然而，亚历山大却从中加倍地收获了精神上的激烈反抗，培根（Bacon）在驼背与矮子的例子中提及，亚历山大成长的阶段必然与父亲背道而驰，其父亲凶暴的性格从各个方面限制其眼界。在他的发展阶段，与之相关的其他因素：一是母亲奥林匹亚丝（Olympias），这个如虎般狠毒妇人的影响，她同样憎恨腓力（Philip），是出于另一种嫉妒；二是他的导师亚里士多德（Aristotle）的影响，这是亚历山大的父亲特地给他聘请的。

腓力二世曾拥有十分辉煌的伟业。在他十几岁时候，王族中人设了一个阴险凶残的阴谋，将他卖给了他的敌人底比斯人。他们想把他从他父亲的王位上赶走，甚至是他作为宫廷主人的权利，似乎也不值得去争取。就是这样的开始，在接下来的二三十年里，腓力二世不仅建立了和平昌盛的马其顿王国，更成为全希腊的统领。这壮举中的艰难险阻，不亚于一个年轻的墨西哥小伙对抗法律、习俗和种族歧视，只身一人来到美国，达成如此壮举是多么难得。然而腓力并不是一个冒险家，他伟业中冒险成分还不如下一盘棋中的多。他所做的，是建设。他称得上是生命的工程师。他生命中的成就都是事先有所设计，最后再收获成果。一切都在他掌控中，除了儿子对他的爱。

他的儿子是个很幽默的人，有大山一样的性格和岩石般硬朗的身体；他会被宴会的快乐所感染，像学生一样热衷运动；他并不太严肃，他对生活的满足大于对他自己的满足；他脸上常常带着笑容，喜欢游戏。他不仅征服，更要压制。普鲁塔克写的一段话透露了亚历山大的秘密。

"每当他听到腓力二世占领一个重要的城镇或是赢得一场重大的胜利，这个年轻的小伙子非但没有表现出高兴的样子，反而对他的同伴说'我的父亲会一直这样征服下去，直到留给我们去完成的都是一些平庸的事情为止'。亚历山大并不想继承一个能给他带来富足、奢侈和快乐的王国，他想要的是一个能让他驰骋疆场、解决冲突、实现自己雄心壮志的国家。"

　　仇恨英雄和崇拜英雄一样，都是模仿，只不过是以相反的方式展现。亚历山大被自己强烈的欲望所束缚，希望将自己身上所有与腓力相似的个性都去除。如果他敬佩腓力二世，他本会保留这一切，但他强迫自己成为父亲的对立面。腓力二世以精明著称，亚历山大就选择鲁莽行事，行事手法也十分招摇。腓力二世能言善辩，亚历山大就自傲寡言，刻意掩盖原本活泼的天性。腓力二世把自己在奥林匹克车马赛中的胜利印在钱币上以满足虚荣心，而当别人问亚历山大是否愿意参加奥林匹克竞技会的赛跑项目时（因为亚历山大的脚程十分快），他的回答则是："会，如果有国王愿意与我比试。" 针对父亲性格中爱运动的这一面，亚历山大很早知道这一特性在大家对他的期待中所占据的重要分量，他特别注意反差，并在父亲的品位和自己的品位之间画出了一个奇怪的区别。所以，腓力二世喜欢看拳击和摔跤，亚历山大则"公开宣称自己对摔跤的各种运动都厌恶无比"，其中包括以潘克拉辛①为名的一种戴着指

---

　　① 古希腊式搏击。古代奥林匹亚（Olympia）竞技大会的一项技击性项目，是一种可以同时使用拳击、角力以及其他招数等全面性搏斗比赛，它呈现出人类最原始的力量与力量之对决，由于这种技击技术太过残暴，因此根据部分资料指出，潘克拉辛在之后的传承中，对于道德的价值是相当重视的。

节铜套打的拳击运动。

驯服布西发拉斯（Bucephalus）[①]的故事至今仍被荒野西部的小说家们所传述，这是亚历山大和腓力暗中对抗的　次突发事件。"塞萨利人斐洛尼库斯（Philonicus）将一匹名为布西发拉斯的骏马带到腓力面前，售价13塔兰同（约1600英镑）[②]。腓力二世和王子一行人到原野去试骑，却发现这匹马的性子激烈，让人根本无法驾驭。对于腓力二世随员任何的安抚手法，完全不予理会，不给任何人骑上它的机会。见此，腓力二世觉得这样一匹野性未驯的马实在扫兴，便叫随从把它牵走。这时站在一旁细细观察的亚历山大说道：'多么好的一匹骏马，大家都是因为缺乏驾驭的本领和胆量，才就此放弃！'腓力二世刚开始并没有注意他说的话，接着却听到他把这几句话重复说了好几遍，看到他为这匹马被牵走而深感懊恼的神情，就对他说道：'听你这种口气，竟敢指责那些比你年长的人，难道你比他们更会调教这匹烈马？'亚历山大回答：'我的确比他们做得更好。'腓力二世问：'若你骑不上这匹马，你能为你这莽撞的行为做出什么补偿？'亚历山大说：'我愿意买下这匹马。'听及此，所有随行的人都大笑起来，腓力二世和亚历山大约定

---

① 布西发拉斯（古希腊语：Βουκφαλο；Bucephalus或Buchephalas；约前355年—前326年），它是亚历山大大帝的爱马，是古代最知名的真实马匹之一，古代记载布西发拉斯死于前326年希达斯皮斯河战役后不久，埋葬于今日的巴基斯坦杰勒姆（Jhelum）。

② 古希腊货币名。1塔兰同等于6000德拉克马或36000奥波勒斯，当时一个重装步兵的日薪是3奥波勒斯，所以13塔兰同相当于428个水手的年薪。

他跑向马并抓住缰绳

了赌注，然后亚历山大跑到马的旁边，先抓住缰绳，把马头转到对着太阳的方向，因为他观察到这匹马是被跟着自己移动的影子影响，才会感到烦躁。尽管马儿仍未平静下来，但亚历山大试着用言语去安抚它并牵着它走了几步。接着不动声色地解下自己的斗篷，身手敏捷一跃上了马背，坐定以后稍微拉紧缰绳，无须鞭策也不用马刺，就将它制服得服服帖帖。不过一会儿工夫，他发觉胯下的坐骑不再倔强反抗，已经耐不住要去奔腾，便让它用全速奔跑起来，同时用声音和马刺去激励它。

"一开始，国王和随行人员非常担心他，现场鸦雀无声。等到亚历山大飞驰到尽头处转过马头，带着它往回跑时，所有人都给予他响亮的喝彩之声。他的父亲，只是亲吻了他一下，然后说：'我的孩子，去找一个配得上你的王国吧！马其顿对你而言实在是太小了。'"

腓力二世是这个盛产驯马人国度里最精明的马贩，而眼前这位年轻人却帮商人以高价卖给了他一匹烈马。他此番话中淡淡的讽刺味，连普鲁塔克都没发现，不过其中当然夹杂着骄傲之情。伟人总是嫉妒自己的父亲，侏儒才嫉妒儿子。即使面对儿子的愠怒和傲慢无礼而大发雷霆，腓力二世对亚历山大仍然持有一种欣然的自豪，一种夹杂着喜爱与父爱的自豪。

因此，亚历山大个性的秘密——即将体育竞技视作一种修行的主义，它对世界的教育影响几乎可以和正典宗教媲美。直到今天，这种怪异的、经过篡改和修补的18世纪的形式，被贴上了"英国绅士"的标签，它是世界上一部分人的理想。——可能就像它的典型特质所显示的那样，存在于亚历山大对他父亲的反对之中。它的基础是一个感性的、喧闹的、仍旧是半野蛮的山里人的任性收敛，腓力二世直到死前仍旧是这样。但在这个僵硬的基础上，亚历山大为自己建立了一个雅利安青年所能找到的最具吸引力的行为理想。其中，可以做什么以及禁止做什么，都远不仅是一时兴致，也不源于任何宗教或形而上学。诚然，古希腊各学派都声称亚历山大所提出的摒弃肉体之欢是受到他们的影响。作为一种学说，在亚历山大之前，固执的安提西尼①（Antisthenes）把苏格拉底（Socrates）的谚语"美德即知识"发展为"以坏礼节为目的"，这使他的学派被称为"犬儒学派"，我们也可将其称之为"咬人的狗"。安提西尼的鲁莽朋友第欧根尼②（Diogenes），出生于锡诺普铸币世家的第欧根尼，以身作则将"犬儒学派"发扬光大。在那个时代，每个聪明年轻人都在为自己的好恶寻找理论基础，亚历山大无疑曾被这些人所吸引。但是除了他们对他的模糊影响外，在这背后起作用的，是亚历山大的本能情结，其中有两个相互联系的因素，一个是自我约束的欲望，另一个不仅仅出于审慎和自律，也不完全以一种冷漠的心态对待，在冒险那引人注目的身姿刚开始变得清晰时，他就意识到了这一点，这崇拜不单纯是算计，也不完全是无私的。大致说来，就是"清教主义"和"训练"。

若是第一点在亚历山大身上的体现，与其他普通人无异，没有什么神秘之处的话，我也就没必要再写下去。如果我们不轻率地认为人的天

---

① 安提西尼（前445—前365），古希腊哲学家，苏格拉底弟子之一，犬儒学派的创始人。

② 第欧根尼（约前412—前323），古希腊哲学家，犬儒学派的代表人物。

性只倾向于"享乐"，那么我们对所有传记的理解，尤其是对接下来的传记的理解，就会更加清晰。任何一个年轻人对羽毛床、葡萄酒和玫瑰的不喜欢都是违背天性的，或者至少只能用受某种激励人心的道德学说的影响来解释，而不是轻率地认为人既要约束自己，也要享受生活；在某些年龄段，这种倾向往往更强烈，更不理智；"快乐"是一个令人生疑的术语；简而言之，世界上的吝啬鬼和美食家一样多。

但年轻的亚历山大想要剪除所有阻碍他冒险的习惯和喜好，这个愿望使得他蓄势待发的天性更加蠢蠢欲动。对亚历山大自身而言，尽管在某个时刻脑中会充斥着第欧根尼的胡言乱语，但床第之欢并不是罪恶的，也不是毫无价值的，不过最后只要一想到他未来的远景，这些就都变成了危险的障碍物。他的道德观说明，和成功比起来，需求不过是变钝的刀片，用他自己的话来说："睡眠和性，都是使我对自己的死亡最为敏感的事情。"

第二位对这位生性热烈，厌恶安稳舒适、妒忌父亲的男孩产生影响的人，是他的母亲——可怕的奥林匹亚丝。第三个则是难以捉摸的亚里士多德，从他13岁起，这位举世闻名的哲学家就一直是他的导师。在亚历山大身上，能发现这两人奇妙交织的影响。

说到奥林匹亚丝，即使从历史学家们对她模糊且带着误解的描述中也能感觉出，她是个了不起的人物。她憎恨腓力，原因非常简单而又复杂，后面会详细论述。对于处在城邦国家的希腊人来说，马其顿国王腓力的统治有些野蛮和原始。然而奥林匹亚丝王后是伊庇鲁斯（Epirus）的一位公主，伊庇鲁斯地处现在的阿尔巴尼亚内陆山区，历史比马其顿还要早五百年。她的儿子和丈夫属于古代世界的末期，而她所属于的那个时代，却比他们还要早很多——那是新石器时代，拥有广袤纷繁的文化，从未出现也不需要历史学家，因此我们不得不通过环状列石和原住民符咒上的线索，来拼凑出些许的想法。

为了研究亚历山大，我们不得不稍微关注一下奥林匹亚丝，其中关键的一点，是有人认为她很早就失去了贞洁。那时的人们，还保留着母系社会的记忆，而随着社会文明慢慢发展，男性开始出去打猎，但奥林匹亚丝却憎恨这样的变化。在古希腊典籍中，人们将她称为"女巫"，就连温和的普鲁塔克在谈到奥林匹亚丝时也难免有些吞吐，要知道普鲁塔克可是很愿意让他笔下英雄的家人们也能受到尊敬的。不过我们感兴趣的不是她的罪行，而是她的思维方式，也就是她的宗教信仰。在俄耳甫斯①（Orpheus）和狄俄尼索斯②（Dionysos）的秘传中，奥林匹亚丝是一个狂热的信徒和高级女祭司。普鲁塔克写道："他们告诉我们，伊庇鲁斯那个国度的妇女，过去极度迷恋俄耳甫斯的仪式和对狄俄尼索斯狂热崇拜。她们被称为克洛多尼斯（Clodones）和密玛洛尼斯（Mimallones），因为她们在很多方面模仿了希慕斯（Haemus）山附近伊多尼安（Edonian）和色雷斯（Thracian）妇女的举止。在古希腊文中'threskeuein'这个词，就是因此演变而来，表示一种'极其烦琐而且大肆铺张的拜神礼仪'。奥林匹亚丝特别喜爱带有幻想风格的神召方

---

① 古希腊神话中的一位诗人和歌手，传说是色雷斯人。

② 古希腊神话中的酒神。

式，为了增加来自蛮荒的恐怖气氛，在仪式的舞蹈当中用一些驯养的大蛇当作道具，它们从常春藤掩盖的神秘竹篓中爬出来，盘绕在圣矛和妇女的花环上面，让人看起来有不寒而栗之感。"

所以每当奥林匹亚丝这个名字出现在历史上时，就向我们含蓄地暗示着那些远古时期的神奇秘密，这些秘密隐藏在古希腊人光鲜的理性生活背后，还未被人们完全挖掘。在有关她的所有秘传中，唯一描述恰当的方面，是关于女性所起的重要作用，其超越了一切公认的女性政治、社会角色和性格，即便不算真正的国际主义，至少也是跨种族主义和非民族主义，而且出于某些无法描述的原因（事实上所有原因都无法描述），都与之联系在一起。不管在这些神圣庄严的掩盖下，奥林匹亚丝和她的同伴们教给亚历山大何谓天真或残忍的事情，这种非民族主义对他来说都是至关重要的珍宝。这个混乱而神秘的多神教在他的神龛里为伊希斯①（Isis）和阿提斯②（Attis）留有一席之地。西布莉③（Cybele）与伊特鲁里亚（今意大利）的普里阿普斯（Priapus），波斯的密特拉斯④（Mithras）与古希腊的俄耳甫斯也曾在那儿比邻而居。不仅是流浪的犹太人、叙利亚人，或者是米堤亚人，都能通过他们的仪式与希腊人或马其顿人结成具有血缘关系的兄弟，而且这样的社群数量非

---

① 古埃及神话中的生命、魔法、婚姻和生育女神。

② 弗里吉亚（今土耳其中西部）职司农业神祇之一。

③ 弗里吉亚的自然女神。

④ 古代波斯的真理与光明之神、太阳神、罗马密特拉教的主神。

常之多，彼此的秘密错综交缠，因此本来新成员与外人之间的区别能造就特有的排他主义，实际上却被成员之间无限的相互交流和庞大模糊的社群范围给掩盖了。带着俄耳甫斯秘密的亚历山大，通过他的母亲，不仅没有被埃及底比斯人拒绝接纳，反而被他们认为是半个底比斯人了。

亚历山大深受母亲影响，在他内心深处，波斯人可以是兄弟，而雅典人也可以是局外人。亚历山大赢得了对希腊王权的冒险，最后却变成了对希腊人的背叛和辜负，至此他的时代便已终结。

奥林匹亚丝给他的第二个教训仍然不太被大众所认可的。普鲁塔克曾写道："在举行婚礼的前夜，奥林匹亚丝梦到一道闪电击中她的子宫，引燃一阵大火，使得烈焰到处蔓延扩散，最后才慢慢熄灭。婚后不久，腓力二世梦到他用一个印章封在了妻子的子宫上。在他的印象之中，印章的形状很像一头狮子。多数占卜者认为，这个梦是对奥林匹亚丝名誉的警告，要腓力提防妻子的言行举止。但特密苏斯（Themesus）的亚里斯坦德①（Aristander）却认为，这个梦只是暗示王后已有身孕，会生出像狮子一样强壮和勇敢的男孩。有次奥林匹亚丝在睡觉的时候，腓力发现有一条蛇盘在她的身旁，据说这比其他任何东西都更能冷却腓力对她的感情。还有一则传言是，因为腓力透过门缝看到天神朱庇特②（Jupiter）化作一条蛇盘在奥林匹亚丝的怀中，他便失去了一只眼睛。

---

① 亚历山大最信任的占卜官，一直随他远征亚洲。
② 古罗马神话中的众神之王。

14

根据厄拉多塞① （Eratosthenes）所述，奥林匹亚丝曾偷偷将告诉儿子他的秘密身世，并告诫他要举止高尚才能配得起自己神圣的血统。"

　　这个故事给亚历山大是"朱庇特之子"一个截然不同的设定，带着疯狂的虚荣和东方人肆意的恭维，让一些评论家想要大做文章。首先，这个故事和亚历山大并不相关，只是腓力和奥林匹亚丝的事；其次这件事的起源——机智的弗洛伊德信徒们从蛇与闪电中也许可以猜出——源自二者最早的敌对关系。早在征服波斯之前，或许在他有想要征服波斯这个念头之前，这个男孩就认为自己是神。无论如何，奥林匹亚斯是知道这一点，也许她培养了这一点，并把它当作她特殊教育的工具。即使后者不是真的，普鲁塔克也有些犹豫，这个男孩与她所处的世界也不能不赞成这个想法。这位挥霍无度的母亲和心怀怨恨的妻子，在一个充满神性的世界里，像一个原始的俄耳墨斯人一样生活着。她教导他说的第一句话："我是天地的儿子。"死者手中的护身符上刻着的最后一句话是"我已经飞出了生命的圈子"。还有，"有福之人，幸福之人""你已经摆脱了你的不朽，将成为神灵"。

　　且不谈它的起源和发展，在亚历山大即将建成空前的伟业的道路上，在他的个人发展中，这个信念都对他的心理产生了重要影响。首先，他用这种信念对他父亲人格作最根本的反抗。身为伟人之子，他

---

　　① 厄拉多塞（前276—前194），古希腊数学家、地理学家、历史学家、诗人、天文学家。

能用此来免受身处这个位置上会遭受的一些最恶劣的精神挫折：他父亲的遗传和来自内外的责难。人们常说伟人之子的所有成绩不过是因为他们身上流着父亲的血统。自从这样一部充满力量的故事诞生后，亚历山大说服自己接受了母亲的帮助，在母亲充满着奇迹与奥秘的世界与信仰中，再加上他的所需，这好处一路增长，没有尽头。假如威廉·詹姆斯[①]（William James）会歌颂真实的谎言，慷慨的梅菲斯特（Mephistopheles）[②]必会变成吝啬小气的化身，这个华丽的故事适用于所有社会结构，还有关于我们自己平凡朴实的爱情，它的存在即使不是所有成功的秘密，也是所有幸福的秘密，它的离开是所有理智的自我毁灭的充分原因！信自己是神，亚历山大征服了文明世界，最后登上王座受到崇拜；如果他只想着当一个英雄，就不会走得这么远了。不过与此同时，亚里士多德又对亚历山大产生了怎样的影响呢？"他们的父亲知道"，腓力知道亚历山大是个天才，那么他又让谁在亚历山大最可塑的年纪与女巫般的母亲抗衡呢？来看看亚里士多德这位导师对亚历山大的影响吧。即使这些影响不是积极的——因为让伟人来教导伟人的教育实验结果常常让人失望——但至少也有矫正作用。下面谈谈产生的影响：这个精明的马其顿人似乎从不会强迫亚历山大接受学校教育。他一来就按照雅典最宜人的模式做了一个哲学花园，有珍稀树木遮蔽的草地小径，有石座，还有露台，供他在炎热的白天过去时讨论和教学；当亚历

---

① 美国哲学家、心理学家。
② 歌德《浮士德》中的魔鬼。

山大愿意时，师生就在那里漫步，问问题。在亚里士多德之前，亚历山大还有两位老师，一个是怪诞臣子利奥尼达斯[1]（Leonidas），另一个是更为滑稽的将军利西马科斯[2]（Lysimachus），也许是通过这些人，又或者不是，他开始喜欢上了《伊利亚特》[3]（Iliad）。14岁的亚历山大少年老成地向亚里士多德解释《伊利亚特》的重要性——"它是一个可随身携带的军事知识宝库"，亚里士多德赞同他的说法并赠予亚历山大一本由他亲手校订的《伊利亚特》。从此之后，亚历山大便带着这本史诗巨著参加每一场战役。亚历山大曾对形而上学有过热忱，后来还因为亚里士多德向大众出版了解释逻辑的作品而责备他，就像奥林匹亚丝会因为宗教教士泄露了秘密住处而责怪他。尽管如此，即使亚里士多德没有刻意教导，亚历山大还是在耳濡目染中学会了对哲学家、甚至对诗人怀有敬意。亚里士多德使亚历山大对药用植物学这个特别领域产生了浓厚兴趣。曼陀罗草的尖叫声、马鞭草驱魔的气味、满月之夜的牛膝草为最佳等，导师其实并未告诉他多少关于植物神奇的特性，这点也许让亚历山大有些失望，不过即使是亚里士多德所讲述的沉闷的植物故事，也足以使亚历山大欣喜若狂，此后他更将为医治朋友制作茶水和药水作为终身的爱好。

---

① 奥林匹亚丝的近亲。

② 利西马科斯（约前360—前281）是马其顿亚历山大大帝的七位近身护卫官之一，后来亦是"继业者"，及后在色雷斯自立为王，鼎盛时期统治色雷斯、小亚细亚及马其顿本土。

③ 相传为古希腊诗人荷马创作的史诗。

亚历山大从母亲那继承了一步步促成他命运的两个理念：统一的奥秘和朱庇特主义。如果是一般的哲学家，或许会试图改变亚历山大的看法，甚至可能成功地将它们从亚历山大脑海中消除掉。但亚里士多德的想法则不会如此简单。当他看到这个野蛮的王子，在和其疯狂的母亲争论许多不为人知、离经叛道的思想学说，且并非荒诞无稽，而是到了亚里士多德自己的学说的顶峰。尽管他的整个逻辑都在支持着他，他自己站在那里却觉得头晕目眩。亚历山大曾幻想建造一个国家，在这个国家里，民族、城市、部落都由人神来统治，这个想法很明显是极端论的产物，同时也是亚里士多德的政治学说中深奥的极限论，即真正的国王是人中之神，不受国家或法律的约束，就像宙斯（Zeus）一样，"因为他自己就是法律"。

　　因此在亚历山大的成长过程中，一切似乎是助力，每个因素都让这位充满野心，尤其喜爱冒险的人得到了几乎不可能得到的优势。当矛盾被清除的时候，他只身一人便可展开一番大业。从这开始，亚历山大一心一意地书写自己的命运。当每个目标都被其父亲张扬的个性所阻碍，亚历山大便不再只想要成为一个区区伟大的王与希腊的领袖。声望、力量、政治才能，他的父亲都已实现，而他唯一的目标便是超过他的父亲，比他的父亲做得更多更广。正因为这个目标的广度和难度都超过了腓力的成就，才造就了亚历山大后来更为巨大的成功。一个希腊人竟然占领了阿契美尼德王朝，这是人们所不敢想象的，但对于亚历山大而言，对于一个从小就相信自己是神的男孩而言，这是一件再简单不过且必须要做的事。正如他所受的所有教育促成了他的志愿，他所遭遇过的所有境况，无论个人的还是外部的，都将他推向了这个伟业，既不为马其顿人而战，也不为希腊人，而是为了自己而战，实现了目标就意味着实现了自我。

　　仅仅从地理角度而言，亚历山大选择的这个巨大的敌人，也可说是战利品，就是这个世界。阿契美尼德王朝也就是世界的核心，古代三大洲的中心。它在最大程度上占据着欧洲的色雷斯，同时它的统治者们又拥有多瑙河、尼罗河和印度河，并且取这三条河流的水混合在一杯中，放在自己的宫殿中作为占领的象征。从其组成部分的古老名称中，可以更好地了解到它的力量，因为波斯、巴勒斯坦、阿富汗、小亚细亚和伊拉克等地方已经不复从前的肥沃。于是帝国吞并和占有这些前辈们的土地——埃及人、巴比伦人、亚述人、卡里亚人、吕底亚人、弗里吉亚人、亚美尼亚人、犹太人、希尔西卡尼亚人、帕提亚人、大夏人，以及他们的首都；一起吞并的还有他们的神祇和财富，以及其他数不清的东西。它从尼罗河上游延伸到印度河，从撒马尔罕到巴比伦的尽头，再从里海到红海。19世纪大发展前，相比于世上任何一个地方，它是世界上迄今为止可见的最强大的国家，它的力量、财富和安定是其他国家无可比拟的。在亚历山大之前的几百年里，不可计数的人口在这片领土上享有比之前更多的安宁。它是政治文明的乐土，轻蔑忽视横穿东北部沙漠、正在崛起的中国，也不屑于被东南之山屏障分割得零碎的婆罗门王国。征伐它这件事就像是一个惩罚，因为它的面积大得让人不知该如何讨伐。正如薛西斯①（Xerxes）记载的那样，它可以动员和运送一百多种

———————————

　　① 即薛西斯一世，阿契美尼德王朝的国王。

不同语言和作战风格的一百多万士兵，跨越数千英里。

　　诗人和历史学家在看到它的废墟时，仍然感到敬畏和遗憾，甚至比古罗马或古埃及的废墟更能激发他们的灵感。我们只能通过掠夺它的敌人所写的书籍去解读它的面貌，希腊人永远独占胜利，而犹太人则厌恶除他们之外的任何人。尽管如此，在他们的描述中，这个帝国也是一个伟大的象征。它的统治者俊美仁慈，它的法律以其客观和宽容闻名，它的财富用之不竭，对于国家来说，财富代表了人均生活水平。在孔子、佛陀和柏拉图诞生的世界上，它投射出了关于人性的最伟大的社会成就的影子，筑就了黄金时代。于我而言，我和它之间有不可跨越的距离，但我仍然认为它是所有人类成就中最伟大的那一个，若它可以繁荣几个世纪，那很有可能解救正处在水深火热之中的欧洲。

　　倚靠在这个庞然大物旁边的一片狭小的海域，希腊正如古老埃及旁的犹太人，一个弱小的、敏感的民族，他们之所以如此重要是因为他们的智慧，而不是他们的力量。这些坚韧的边民，永远不会被人轻视，却常常被人遗忘。对于处于内部的波斯国领主而言，希腊战士比希腊艺术家或哲学家更广为人知、更值得尊重；成千上万的希腊战士受雇于帝国，不少人会留在那里并成为帝国的一员。他们的宗教信仰得到尊重，法律公平明晰、薪水丰厚且定期发放。这些英俊、脾气暴躁、血性方刚的骑兵们手上握着的是矛、剑还是斧子，根据他们所驻城市和社会地位决定。他们是有史以来最聪明的士兵，尽管有时因为宗教和不公使得文盲和傻瓜决斗至死，但真正战士的价值是体现在能够斩下多少头颅上的。在遥远的俾路支省的集市上，或者在巴比伦后方的灌溉天堂里，这些斯巴达人、雅典人，来自诸岛和马其顿的男人，都是妇女们所熟悉的景象。他们混迹在皮肤黝黑、喜怒无常的弓箭手中。伟大的国王在权力之下使得各个种族在一起生活，犹如半神。种族之间有过争吵，也曾陷入爱情，但这却是人们活得热烈的证明。

从返回的人和亚里士多德百科全书式的介绍中，亚历山大是急切地了解到波斯帝国所创下的奇迹。亚历山大15岁时，他父亲开始焦急而谨慎地准备他职业生涯中的"危险之冠"：对帝国另一端海岸港口发动袭击，也给亚历山大带来了考验。密探的报告都被记录在档案中，如果亚历山大想的话，他可以从中了解到敌国的重要资料、统治者的名字和脾性、驻军的距离与路线。更有可能的是，他对那些雇佣军的各色说辞，还有他导师的各种推测更感兴趣。腓力的突袭经过了计划，却没有证据能证明亚历山大同样计划过这次征伐。一种是谋划，另一种是冒险，除了精神上的准备以外，任何其他的准备都会妨碍冒险。因为在冒险中是没有任何交流的渠道的。

不过如果没有腓力的部署和马其顿的军队，亚历山大也同样束手无策。此军队可比肩居鲁士①（Cyrus）的米底亚骑兵、苏丹（Sultan）的禁卫军、古斯塔夫·阿道夫②（Gustavus Adolphus）的骑兵队。它的核

---

① 即居鲁士大帝，波斯帝国（阿契美尼德王朝）的缔造者。

② 瑞典国王。

心组成是马其顿的农民和步兵伙友①，他们身穿青铜盔甲，装备14英尺（约4.27米）长的萨里沙长矛，组成一个松散的方阵。由于这种希腊方阵具有更开放的秩序和更强大的速度，再加上如同钢铁一般坚硬却灵活的训练，无论什么时候，它都能击败世界上没有任何对手的希腊方阵。紧随其后的是皇家近卫军，这是一群轻装上阵的约曼农民，装备着光亮的银青铜护甲、头盔、长矛和盾牌。从这些人中，腓力还会再次筛选出一千个速度更快的人，组成突击营，比骑兵冲锋陷阵的速度还要更快。

马其顿骑兵队主要由贫穷、傲慢、鲁莽的年轻贵族组成。对于可造之才，腓力二世会亲自进行心理建设。他总结出骑兵队的优缺点，并将这支规模很小的骑兵队称为"国王的伙伴"，更将他们作为"进攻之首和防御之尾"，足可见腓力对这支部队的器重。

当亚历山大学会如何管理这支骑兵队时，便是代替父亲掌权之时。

亚历山大不可能将自己的意图告诉父亲，如果他说了，老兵们只会认为是空口说大话。从普鲁塔克所写的一则轶事中可以看出亚历山大对帝国的敬重，以及他背后复杂的家庭背景。"卡里亚（Caria）②的总督佩克斯奥多罗（Pexodorus）想要借着联姻使双方建立强大的同盟，于是

---

① 步兵伙友是马其顿军队中的重装步兵，原是马其顿王国的国王步兵卫队，后来在亚历山大大帝时演变成马其顿方阵重装步兵，是马其顿军的主干。在亚历山大大帝时，几乎所有马其顿方阵都是步兵伙友，步兵伙友因为手持长矛可以抵挡马背上的敌人冲锋，也可以在兵器的长度优势上对抗其他步兵，因此可以有效对抗敌人的骑兵和步兵。

② 位于小亚细亚西南角，以弗所（Ephesus）和士麦那（Smyrna）南部的小省。

派亚里斯多克拉底（Aristocrates）前来提亲，要把他的大女儿嫁给腓力二世的儿子阿里达乌斯（Aridaeus）（亚历山大同父异母的兄弟）。于是亚历山大的朋友还有他母亲，又给他灌输了这样的观念，说腓力的打算是利用门当户对的婚姻和实力强大的联盟，把王位传给阿里达乌斯。"如果说阿里达乌斯联姻的这件事使得亚历山大有了警惕，那是什么让他对帝国的国力有了清醒的认识呢？

从亚历山大的成长历程中，可以获得一点头绪。亚历山大16岁时就参加了一些山地战斗，接下来的一年他又带领"国王的伙伴"在喀罗尼亚（Chaeronea）攻破了底比斯圣队[①]，这也是腓力称霸希腊决定性的战役。18岁的那年，亚历山大的家庭开始出现不和。奥林匹亚丝被怀疑对年轻的阿里达乌斯下药，使得阿里达乌斯从一个骄傲自满的人变成了一个傻瓜。腓力二世因此事与奥林匹亚丝决裂，后又不顾年龄与性格差距，坚持娶克利奥帕特拉（Cleopatra）为妻。

"在结婚喜宴上，新娘的伯父阿塔罗斯（Attalus）借酒装疯，要马其顿人祈求天神的赐福，让他的侄女给他们一位合法的王国继承人。这番话激怒亚历山大，接着把一个杯子向着阿塔罗斯的头部掷过去，说道：'什么？你竟敢把我当成杂种？'腓力站起护着阿塔罗斯，拔剑向着亚历山大刺过去，好在他们两人都很幸运，不知是他气得昏了头，还是饮酒过量，竟然滑了一跤跌倒在地板上面。亚历山大用谴责的态度羞

---

①底比斯圣队是高吉达斯精选300人组成的队伍，成员之间有生死同命的友谊和情意。

辱他，说道：'大家看看，这个准备从欧洲深入亚洲腹地的人，连座位之间几步路都走不过去。'"

腓力所剩的时日不多了。亚历山大是否参与了对腓力的暗杀，我们不得而知。不过他确实从中得到了好处；而那个神学上的蛇蝎美人，他的母亲奥林匹亚斯，雇用了那个无名布拉沃在两年后的一次宴会结束时刺杀腓力二世。伊庇鲁斯王国的女人非常危险。

于是20岁那年，亚历山大拥有了属于他的军队，这是他一直期待到来的一天，也是王权中唯一令他感兴趣的部分。腓力死后，他的伟业也所剩无几，王权、被管理得井井有条的王国、王宫珍宝都在他死后几天化为乌有。一场自发的从南方城邦到北方部落的起义使腓力长期建立起来的国体分崩离析。而亚历山大所能指望的，只有军队的几个老将军：帕米尼奥（Parmenio）、帕迪卡斯（Perdiccas），以及朝中一些年轻贵族的核心人物：赫费斯提翁（Hephaestion）、克利托斯（Clitus）、克拉特鲁斯（Craterus）、托勒密（Ptolemy），还有就是腓力手下一些所谓真诚的庸臣。这些人对亚历山大来说足够了。在后来的一些事件中，他急躁的脾性比起他的非凡成就来似乎更让人们记忆犹新。首先是他对父亲的反抗情绪比起其他一切东西都要来得强烈。亚历山大对腓力的情绪，既不是畏惧，也不是憎恨，而是一种积压已久、喷薄而出的强大力量。亚历山大一开始就颠倒了路线，他没有先去与希腊城邦的军队会合，而是先到北部用火将叛乱的高地人驱离他们盛开帚石楠的故土。罗马人、土耳其人在他之后，用尽所有的资源，始终没有彻底制服这个"巴尔干马蜂窝"。亚历山大用一个月就镇压了叛乱。他带领马其顿方阵穿过险要的希普卡山口，他的骑兵的行军路线如同轮辐一样从中点向四周扩散。在锯齿般的火光下，他们烧杀掠夺，就好像是在屠杀自己地盘上野生的羊群般随意，而不是在镇压可怕的叛乱者。

史前的欧洲，在某个遥远的地方，人们竖立巨石阵，在卡纳克荒凉的街巷中祈祷，也许这个位于法国的巨石阵还在以一年一英寸的速度增长着。在亚历山大扩张领土的末期，他带领行军北进多瑙河，夜晚抵达，而后不轻举妄动，观察周围形势直到第二天日出，亚历山大踌躇，他并不想葬命于此，因为在夜晚有可能发生任何意外，所以他不能轻举妄动。等到第二天清晨，他便大手一挥，带领训练有素的军队渡过河流，攻入对岸敌方的村落，那是德国人还是凯尔特人的村落，我们不得而知。在骑兵搜寻了一个小时无果后，亚历山大命令停止前进，将村落夷为平地，而后带领全军在天黑前渡河又撤回到南岸上的营地中。他是如何做到这点的，直到今天也仍是未解之谜。

接下来要说的是亚历山大血洗底比斯（后为南斯拉夫①）的故事，其进军速度之快，前无古人后无来者。底比斯为彼奥提亚同盟之首，是文明与秩序的中心，也是诗人品达（Pindaras）②的故乡。仅仅数日，底比

---

① 欧洲南部旧国名。位于巴尔干半岛中部和西北部。1991年南斯拉夫社会主义联邦共和国正式解体。

② 品达（可能前518年—前442或438年），古希腊抒情诗人。他被后世的学者认为是九大抒情诗人之首。他的作品藏于亚历山大图书馆，被汇编成册。

斯城就被攻陷，变成了一堆瓦砾，六千人被杀，三万人被变卖为奴，只有品达的房子幸免于难，像是在提醒人们屠城者是一个有学问的男子，同时也是哲学家的门生。

任何辩护人也不敢说这些是一个没有头脑的人所犯下的罪行，毕竟这一切是洞若观火的。亚历山大对他所犯的罪行是难辞其咎的，皆是为其冒险大业铺路，但他对自己残忍的行为感到悔恨。他处死了刺杀父亲的刺客，也或多或少将逃走的同党找到一并清除。亚历山大的所为使得整个希腊安静下来，因为大家永远不会忘记底比斯人在这一天是如何被毁灭的。"在后来的很长一段时间内，他都为严厉处置底比斯人一事感到遗憾，也因为如此，他对其他人不再那么严苛。他把杀害克利托斯（Clitus）①归于酒后所为，把马其顿人不愿远征印度，使得他的功业和荣誉无法到完美的境地，全都归罪于底比斯的守护神巴克科斯（Bacchus）②的愤怒和报复。据说后来那些幸存的底比斯人，不论向他提出任何要求，都能获得他的同意。"

经过这次事件后，各邦国又统一在亚历山大的领导之下，承认亚历山大为最高统帅，并且从各城邦的军队处又收入一些士兵（斯巴达除外），使得他的兵力提升到三万步卒和五千名骑兵。

---

① 克利托斯（约公元前375年—公元前328年）是亚历山大大帝领导的马其顿军队的军官。他在公元前334年的格拉尼库斯战役中挽救了亚历山大的性命，并在六年后的一场醉酒争吵中被亚历山大杀害。

② 罗马神话中的酒神和植物神。

于是，趁着这个势头，亚历山大开始了他的东征之路。首先，亚历山大非常清楚此次冒险的代价，于是他义无反顾地断掉了自己的一切退路。他将自己所有的地产、收入、奴隶和畜群都分赠给朋友，给这个人送一个农场，那个人送一个村子，这个人送整座城市的收入，那个人送一个职位。

当他这样把全部财产都分配光之后，群臣之一的帕迪卡斯普对于他这样的做法十分不解，郑重地询问亚历山大给自己留下了什么。亚历山大回答说："希望。"现在来看，他留给自己的是神一般的一生，正如荷马（Homer）所说，他无数的征战都值得伟大的诗人去描述。没有诗人随行，亚历山大随身携带的，是那本亚里士多德校订的《伊利亚特》，他将它放在小匣子中，这是他自己的"荷马"。

我们知道亚历山大横渡博斯普鲁斯海峡①（Strait of Bosporus）时从对岸浮舟纵身一跃的英姿。他有着一头红发，迷惑人心的俊美脸孔带着些许黝黑。根据利西普斯（Lysippus）②所雕塑的亚历山大像，可见亚历山大不是很高，身材中等，他的头部向着左肩微倾，锐利的眼神透露出睥睨一切的神态。亚历山大带着骑兵队战斗时，用他的战马作为指挥军队的信号。他最喜爱的武器是一把锋利的轻剑。在对战中，随行占卜家亚里斯坦德认为天空出现不祥之兆，建议亚历山大换上白色的礼服、

---

① 博斯普鲁斯海峡又称伊斯坦布尔海峡。它北连黑海，南通马尔马拉海和地中海，把土耳其分隔成亚洲和欧洲两部分。

② 古希腊古典后期的著名雕塑家，是亚历山大御用雕塑家。

戴上王冠。结果战役开始时，亚历山大只着一件棉衣和被磨得发亮的铁盔，轻装上阵。

军队一渡过博斯普鲁斯海峡，他就自然地走向古老的特洛伊废墟，向密涅瓦^①（Minerva）和阿喀琉斯（Achilles）献祭。亚历山大虔诚地在墓碑涂上油膏，然后和他的战友依据习俗绕着它裸体环跑以表示对这位英雄的纪念。

利维坦帝国反应迟钝，远在苏萨东部的它的大脑似乎几乎没有任何颤动。委托给被入侵领土的总督们治下的地方警察采取行动，在昏昏欲睡的庞然大物看来已经足够了。一支由其他邦联雇佣兵组成，其战斗力不输于本土士兵的军队，正在奔赴亚历山大的营地。即便是受过腓力二世训练的老将帕米尼奥，也觉得将会与其有一场恶战，于是帕米尼奥向正处于惊喜状态的亚历山大建议暂缓攻击，无论如何等到这个月过去，因为根据马其顿的传统，五月不是吉月。亚历山大对众人建议应将五月的不详名号改掉。

这场著名的格拉尼库斯河战役在黄昏时候开始。格拉尼库斯河是一条险峻的河流，亚历山大所在的河岸陡峭，敌军所在的河岸泥泞，但敌军已在地势较高的对岸列阵待击。一些老将觉得自己军队所处形势不利，当他们正在劝说亚历山大不要立刻行动时，亚历山大却执意带领十三支骑兵队，准备强攻渡河。波斯弓箭手在水中向他们发射了一记低

---

① 即雅典娜女神。古罗马神话中的智慧女神。

低的凌厉的截击，他们一过，波斯两位将领罗萨塞斯（Rhoesaces）和斯皮瑞达提斯（Spithridates）率领的雇佣军骑兵在泥泞中冲锋。亚历山大身先士卒，头一个杀入敌阵，从他所持的盾牌，以及头盔上面两大簇白色的翎毛，很容易被人辨认出来，敌人从四面八方向着他攻击。在亚历山大的领导下，双方骑兵猛烈地绞杀在一起，像是在进行一场势均力敌的足球比赛，酣战如狂，难解难分；久经沙场的老将们面对的是不遵守任何战争策略的对手。年轻的罗萨塞斯和斯皮瑞达提斯看准时机，与亚历山大单独决斗。斯皮瑞达提斯用战斧砍掉了亚历山大头盔上的一簇羽饰，千钧一发之际，亚历山大的好友克利托斯及时用长矛刺穿了斯皮瑞达提斯的身体。

双方的骑兵部队正在鏖战之中，马其顿的方阵已经渡河完毕，敌军很快向后逃窜。十分钟后，只有希腊的佣兵部队继续留守阵地，他们整齐列队于山坡之上，向亚历山大表示愿意投降。亚历山大当时正杀红了眼，拒绝了他们的请求，命令他重新休整好的骑兵发起攻击。他的坐骑被敌人杀死，这场无用且不光彩的战争持续了几个小时后，最后死的死、倒的倒。

经过这次会战后，亚历山大得到了大量的作战经验。任何成功都有一定的规律可循，"计划"这个词应该保留给一个明确的事前构想。从某种意义上说，很难承认亚历山大有一个作战计划，他的作战路线十分随意，就像小孩子的涂鸦一样。他认为自己的做法是正确的，因为这给他快感。他在这一年的剩余时间里，都在他那巨大的"之字形"中寻找战场，而这恰好是一种很好的战略。因为从这之后，国内再也没有起过叛乱。亚历山大所到之处，当地的人民分为两种：一种是带着鲜花美酒尊敬地迎接他，另一种是和他交战最终被打败，亚历山大更喜欢的是后一种。

但在亚历山大深入小亚细亚腹地一年以后，大流士三世认为短期内既无法吞并亚历山大，也无法使其自然撤退。他集结了一支庞大的军队，这支军队是那些丧失了军事防御能力的国家所依赖的，它是一支如蒸汽压路机般的军队，每天几乎不能移动几英里，如同和平的兽群企图以数量来压制抵御猛兽的袭击。他们中最小的一支用于对付马其顿兵力都绰绰有余。它是由希斯亚的每一个好战或不好战的部落的征兵组成的。这支军队在困境中向西蹒跚前行，终于到达了位于塞浦路斯对面的伊苏斯的地中海沿岸。

此后的一年内，亚历山大仍在不断创造神话，常传出一周攻城、一月得城的捷报，白天在尘土飞扬的道路上不知疲劳地锻炼肌肉，夜晚在希腊营地传出欢乐的庆功喧闹声。在迈达斯（Midas）城中斩断"戈耳狄俄斯之结"（Gordian knot）也算得上是荷马式的盛事。神庙中有一辆古老的战车，车轭和车辕间用山茱萸的树皮结成一个绳结。人们纷纷聚集来看亚历山大如何解开这个结，因为按照神的旨意"谁能解开这个绳结，谁就能统治世界"。"戈耳狄俄斯之结"错综复杂，尾端还折在里面。虽然在奥林匹亚丝影响下，亚历山大对预示征兆深信不疑，但当这些征兆和他的本意相反时，他要做的，就是去毁掉它们，正如早先除去五月的忌讳一样。所以亚历山大拔剑一挥，将绳索砍断，"戈耳狄俄斯之结"迎"刃"而解。

然而斩结一举并未即刻给他带来好运。正当将领们都在烦恼敌军的来袭，亚历山大却因心血来潮去冰冷的塞纳斯（Cydnus）河洗浴（虽然他不会游泳）而感染了风寒。正是病得处在生死关头之时，他收到了帕米尼奥的信，帕米尼奥一贯是紧张多疑的："要小心菲利普（Philip）医生，大流士答应给他大量财富，并且将女儿嫁给他，要他下毒谋害你。"根据普鲁塔克所记载："亚历山大把这封信压在枕头下面，包括最亲近的朋友都不让他们看到。这时菲利普和国王的朋友一起进来，手里拿着装药的杯子。亚历山大带着信赖的神色很高兴地接过，同时把那封信递给他看。这一幕的景象确实富有戏剧性，亚历山大在服药，而菲利普在读信。亚历山大的神色愉快而且态度坦诚，表示对这位医生的友情和信任；菲利普俯伏在亚历山大的床边，让他不必有任何疑虑。药力的功效非常强烈，可以说已经把他的生命力全部凝聚在身体的内部，亚历山大一度无法讲话，不过——三天之后，他便恢复健康。"

死里逃生的亚历山大，刚能站起来，就立即率队扑向敌人，他采取极其巧妙的部署，避免敌人从他的侧翼发起攻击。他趁夜带领马其顿军队进行突击，第二天黎明就将对方军队歼灭，大流士逃离战场。方圆数里的道路也被一群群心灰意冷的逃亡者封锁了。这就是著名的伊苏斯战役。

此时亚历山大和他的部下都没有再继续进攻。马其顿大军返回波斯大营，对其进行了一番洗劫，波斯营地一片狼藉。虽然大流士为了避免妨碍到作战行动，把大部分行李都留在大马士革（Damascus），但营地里这部分也足以让马其顿士兵疯狂了。营地里有他的大帐，甚至还有他的妃嫔们。当亚历山大走进那座丝绸织就的高阁时，"看到浴室中的浴池、水瓶、浅盆和放置膏油的箱子，全部都用黄金制作，精巧美观充满芬芳的香气，然后看到其中宽敞居室内的华丽家具——国王的水晶浴

《亚历山大接见大流士家眷》，17世纪

池，还有仍然在冒烟的巨大的珐琅香炉，桌子上摆着国王和统治者用餐的器皿，一切都井井有条，完好无缺"。亚历山大转过身对左右的随员说道："看来这才是真正的帝王排场。"

亚历山大洗漱用餐完毕后，大流士的嫔妃被带到他的面前。这是最能展现人性善良的一件事情。亚历山大不仅尊重她们的感受，并且非但没有伤害她们，反而允许她们得到和从前一样的照应和待遇。尽管她们当中有帝国最美丽的女人，还有大流士的妻子和两位女儿。但亚历山大只是用开玩笑的口吻说道："这些波斯女人真碍眼啊。"

亚历山大在这个时期所表现出的克制和慎独的美德，与他的成就一样令人感到惊叹。他的进食极有节制，但他嗜酒的频率则与进食大相径庭，特别是伊苏斯一战后，越发频繁。经伊苏斯一战，亚细亚的疆土得到扩展，马其顿人也从亚洲得到了许多财富，这从亚历山大之后的生活可以体现出来。他常常会在晚上宴请将领和朋友一起用餐，干果和面包被饕餮盛宴所取代，宴席的奢华和费用足以令他讲究排场的父亲腓力二世相形见绌。晚餐过后他还会与同席的人进行长时间的闲聊，因为亚历山大喜欢众人陪伴的感觉，"特别是阿谀之辈和诗人"，他身边有不少这样的人，也令他的朋友深感厌恶。

在大马士革攫取完剩余的财富后，亚历山大开始进军埃及。他有一个习惯，便是每去到一个地方的圣地，就要去祭拜当地的神祇。虽然没有明确的记载，但亚历山大很有可能去拜访了位于耶路撒冷的耶和华神庙。

亚历山大的沿海征战，腓尼基除了泰尔城以外全都向他降服，于是他对泰尔开始了漫长而艰难的围攻，闪米特的军事史中对此事的记载十分详细。腓尼基守卫者们想到了一个奇怪的计谋；有牧师梦见守护神要离开他们投奔亚历山大，于是泰尔人便用铁链把守护神的雕像捆绑起来，再用长钉将脚钉在底座上面。

亚历山大在埃及的活动中，只有参拜阿蒙[①]（Ammon）的神庙和选定建造一座以他的名字命名的城市——亚历山大港让人印象深刻。据说他是根据荷马对城市建筑的一段引文中，选定了这座令他满意的地址。于是他毫不犹豫地开始破土奠基。这座城以亚历山大的马其顿战袍为轮廓形状而建，即规划成半圆形的范围，再在里面用直线表示道路。

为了取得阿蒙神的承认，亚历山大继续前进，而大祭司的做法让亚历山大非常受用。"祭司为了向亚历山大表示好感，在向他致意的时候用希腊语称呼他为O Paidon，意为'我的孩子'；由于发音不正确，把最后一个字母n读成s，因而说成O pai dios，意为'神的儿子'。"然后他们进行了密谈。据猜测，亚历山大向祭司询问有关父亲腓力二世被暗杀的事情，但在亚历山大写给母亲的信中只提到"他自神谕那里得到了一些指示，等他返家以后，会把内容告诉她"。

正是在埃及，亚历山大冒险历程中的朝阳阶段结束了。自此之后，他的命运开始转折，亚历山大港是他的第一个领地，他不再是自由之身。他的士兵不再是英雄人物，而沦为了富有之人；他的同伴朋友们，

---

① 古埃及的神祇。原为底比斯守护神，后与太阳神赖神一起被视为联合体（阿蒙·赖神）。公元前16世纪（第十八王朝）起成为埃及主神，法老自称"阿蒙之子"。底比斯的阿蒙神庙为古埃及最大的神庙。

也成为统治者，生活极尽奢华。有人用骆驼专门从埃及运泥浆以供洗澡时搓背所用；有人用银钉钉鞋掌；菲洛塔斯（Philotas）的狩猎帐篷宽达100化朗①（约20千米）。他们所有人都有专人伺候洗浴，还有管家，甚至有些洗浴后用"比油还珍贵的精华露"来润滑身体。亚历山大仍然像从前那样过着节制的生活，把得到的所有珍宝都分给母亲和国内的朋友。但他的成功并不能仅仅靠个人的禁欲主义来提升。就像他对布西发拉斯所做的那样，责任和义务给他套上了马鞍，骑上了马，从此以后，任何奔跑都不能把它们甩掉。冒险开始慢慢转变成一种征服的快感。

这种堕落、病态的兴趣，即他获得的巨大成功点燃了他，这种热情几乎让他窒息。这个故事的主角亚历山大继续挥师寻找大流士三世，不仅是因为冒险精神使然，更是源于他明确的利益。大流士三世，这位身材高大，相貌英俊却不幸的帝王，在伊苏斯战役之后，立刻着手重建了一支比之前武器更先进和规模更庞大的军队，带领军队再次西行。马其顿军队这一强大的战斗机器的目标是，即使零件腐蚀，也不会影响功能，当亚历山大再次运行机器时，发现虽然经过一年的生锈腐蚀，但机器还如以前一样灵活敏捷。就好像要向世界展示已经发生的一些细微的变化一样，亚历山大做了件愚蠢而奇怪的事。大流士扎营于尼尼微古城附近的一个村庄高加米拉（Gaugamela），马其顿大军则在距其数公里的

---

① 化朗（furlong，或"浪"）是使用于英国、前英国殖民地和英联邦国家的长度单位。美国等国家采用。一单位长度等于660英尺或220码或10链，约等于公制的201.168米。8浪等于1哩，5浪等于1005.84米，约等于1千米。

地方扎营。亚历山大到距离大流士营地较近的地方，和他的祭司、知己好友亚里斯坦德"举行神秘的仪式，并且向恐惧之神献上祭品"。这并不是为了平复身体上对死亡的畏惧，而是平复精神上的畏惧，坚定士兵的使命。从此，他的每个夜晚都必须与全新且可怕的事物同行。

据说马其顿大军扎营当晚，听到远处波斯营地的喧嚣声清晰可闻，就好像远处大海波涛的怒号，整个地平线似乎都被无数的营火照亮了。帕米尼奥深感惶恐，于是和众将领去请求亚历山大发动夜袭，作为取胜的唯一希望。因为在黑暗中马其顿将士看不见敌人庞大的数量，有助于保持士气。亚历山大刚献祭完，他做了那个著名而愚蠢的回答，这说明战争的临近使他多少恢复了旧日的勇气，"我要光明正大地获得胜利"。然后亚历山大回到中军大帐就寝，睡得十分酣甜，是自伊苏斯一战后睡得最安稳的一觉。帕米尼奥却做不到亚历山大那样淡定。天一亮，他便急急地到亚历山大的帐篷里唤了他两三次。"亚历山大醒后，帕米尼奥问他，一场前所未有的大战即将开始，他怎能睡得像是已经打了胜仗的人一般酣甜？"

一场恶战在这一天开始了。也是在此地，一千年后帮助成吉思汗赢得了一个比亚历山大帝国更大却不如它兴盛的帝国的军队——骇人听闻的蒙古轻骑兵，其祖先巴克特里亚（Bactrian）骑兵，在这场战役中对帕米尼奥所在的左翼发起进攻。帕米尼奥绝望地派人向亚历山大求援，请求撤退。亚历山大得信以后，向送信人轻蔑怒吼一句，声音之大使周围之人都听得真切，然后戴上头盔，骑马冲锋。但奇怪的是，并没有冲锋的信号，这种情形在他以前的征战中从未有过。亚历山大犹豫着放慢速度来到方阵前，对士兵们说了一番激励之词。说完之后，没走多远，他听见将士们似乎在呼喊些什么，于是停下仔细聆听，发现士兵们"不需要任何鼓励，都会奋力一搏，攻陷敌人为他赢得胜利"。此时，这位天神之子从士兵手中夺过标枪，在空中挥舞以表士气，像是在呼唤朱庇特来见证儿子的胜利。然后再次等待时机。

与此同时，大流士三世的王牌——战车大军，从中心位置发起总攻。庞大的队伍，带着旧世界的恐怖力量，在坚硬而苍白的长矛兵方阵护卫下，以决堤之势向前发起冲锋。在疯狂的战马背后，是强壮如磐石的米底人，他们也闭上眼睛，不顾一切与马其顿阵营的方阵厮杀。他们袭击了马其顿标枪兵和弓箭手，用精准的火力射杀战马。然后当前线陷入混乱时，他们向战车发起了冲锋。在这种奇妙的纪律下，虽然每个人都可以自由发挥，但却像足球比赛那样形成合力，几分钟后，冲锋的阵势重新形成，冲过了挣扎的人群，但人数比开始时减少了十分之一、五十分之一，不过马其顿方阵突然出现缺口，大流士立即命令军队从此口突破。就在此时，亚历山大和士兵们突然发现一只苍鹰在高空飞翔，苍鹰是朱庇特的神鸟，他认为这是马其顿胜利的征兆。马其顿阵营突然坚挺起来，攻击波斯中央阵营，而亚历山大则很快冲到大流士的战车近前。这是最英勇的拼死抵抗，波斯士兵誓要以战死之躯阻挡敌人的去路。很快，亚历山大与大流士交手（也许交了手，史家众说纷纭），波斯人开始恐慌，他们大呼国王已死，众神已降临在他们身上，之后波斯军队全线溃败。

此役之后，世界的主人发生了变化。亚历山大成为"万王之王"，君临万邦，受国民膜拜，但却没有成为他梦想中光芒万丈的，如《荷马史诗》中英雄般的战神，而是成为一个东方英雄，注定要肩负重任，也要承受所有的置疑。他的日子被礼仪、书信和世界性管理的烦琐所占据。他的夜晚因回忆当天的事务而疲惫不堪。在亚历山大的一生中，曾有三次，他不再想要做一个征服者，而希望重新做回一个自由的冒险者。以下要说的是亚历山大第一次产生如此想法的事件。

取得高加米拉战役胜利后，亚历山大来到波斯波利斯城，坐在波斯王黄金华盖的宝座之上，并举行了一场盛大的宴会。几乎全部的希腊人都被邀请来共享胜利的喜悦，宴会中有将领、诗人、政治家的身影，甚至还有妓女和小丑。在场的妓女之中，有一位叫泰依斯的雅典名妓，也是年轻的托勒密的情人。盛宴之后，人们都喝得酩酊大醉，泰依斯突然起身走到亚历山大的桌前说道："波斯侵略我们的领土时毁了我的家乡，使我终日颠沛流离，但今天能够使我报仇雪恨的便是以自己的力量来摧毁波斯国王的宫殿。啊，倘若我能亲手在您面前将薛西斯的宫殿付诸火炬，这该是一件多么高兴的事。"她的话博得满堂喝彩，在座的人都纷纷附议，最后，亚历山大被说服。他头戴花环，拿起火把，带领将士冲了出去。大家都跟随在他身后，狂热地叫喊着，一路去到宫殿。士兵们听到风声，也带着火把赶来增援，虽然宫殿建筑中大理石和黄金十分难烧毁，但依然逃不过付之一炬的命运。在这些醉酒的人看来，亚历山大通过烧毁宫殿来表明他并不想要留在这个国家里当它的统治者，而是要带着战利品回到希腊。普鲁塔克简短地补充"大家一致的说法，那就是亚历山大马上感到后悔，立即下令扑灭大火"。

不幸的大流士三世带着所剩无几的忠臣北上逃亡，亚历山大继续追击大流士，来到最北部的马拉坎达（Maracanda）——粟特人（Sogdians）的国家，也是今天的撒马尔罕（Samarkand）。在此，在锡尔河河畔（Iaxartes，中国古称"药杀水"）的战役中，他取得胜利的方式与当年在多瑙河如出一辙。同样地，似乎是在一股不可抑制的冲动驱使下，他一马当先领军渡河，在将村落夷为平地后又返回。这条路一直通往中国，秦国此时为了争霸正四处征战。与之一战，将会是他冒险之旅中浓墨重彩的一笔。但他却开始往回走。在马拉坎达的一个晚上，亚历山大举行了一个盛大的宴会，在宴会上亚历山大和曾经救过他性命的朋友克利托斯发生了争吵。宴会上有个希腊小丑，做了一首诗暗讽马其顿士兵粗鲁和虚荣，在葡萄美酒的作用下，众人的身体都热了起来，亚历山大允许其唱上一曲。在场所有人，除了马其顿士兵外，都被逗乐了。克利托斯和一些老臣反对。但亚历山大没说什么，还叫那人再讲一遍。此时克利托斯吼道："是这些马其顿士兵造就了你今天的辉煌，将你从斯皮瑞达提斯的矛下救了出来，结果你现在只顾吹嘘自己是朱庇特之子，否认自己的父亲，否认我们的腓力国王！"一场激烈的争吵在两人之间爆发，亚历山大转身对大家说道："在你们看来，希腊人与马其顿人的相处，难道不是如同许多半神置身于一群野兽当中吗？"克利托斯反驳："如果你只想要听你想听的话，就不要邀请自由民到你的宴会，只请愿意毫无顾忌敬拜你的奴仆。"亚历山大从桌上抓起一个苹果就朝克利托斯的脸上扔去，并四处寻找他的佩剑。但亚历山大的另一个朋友藏起了他的剑，他挣脱了那些试图使他安静下来的人，跑到门口，用马其顿语对他的卫兵喊，说发生了叛乱。前厅里站着一个服役的号兵，他命令他拉响总警报。那人犹豫不决，亚历山大见状用拳头将士兵打倒。事后这个士兵因为阻止了整个军队的动员而受到奖赏。众人纷纷劝说克利托斯赶快离开。当克利托斯走到门口时，念了一出戏剧中关于

《克利托斯被杀》，安德烈·卡斯泰涅（AndreCastagine）作

自夸者的嘲讽对句①。亚历山大十分恼怒，一把夺过士兵的长矛，在克利托斯掀开门帘之际刺穿了他的身体，克利托斯当场身亡。

事后，亚历山大将克利托斯的死亡视作他人生中的重大损失之一。此后，他的性格变得越来越孤僻和冷酷，总是害怕他的同胞之中会有背叛和阴谋。他的恐惧不是没有来由的，那些曾发生过的严重叛乱就是最好的例子。自克利托斯死后，没有任何一个人可以得到亚历山大的信任，因为怀疑，很多同伴成了受害者，包括可怜的帕米尼奥和他的儿子菲罗塔斯，其中菲罗塔斯是被处死的。当菲罗塔斯被执刑时，他坦白一切，并为自己的窘境感到可悲。帘后的亚历山大听到此番坦白，不由自主地发出感慨："噢，菲罗塔斯，如此怯懦的你如何能冒险组织这一巨大的阴谋呢？"

公元前328年，亚历山大身边还有着一些坚持拥护他的下属，他带领这些人去打最下定决心的一战，计划扩展最东的版图，义无反顾地向印度进发。这次远征的开始，让人想起了那段伟大的岁月。"当看到士兵们因为运送过多的战利品而感到非常疲劳、寸步难行时，亚历山大首先烧掉自己和友人的行囊，下令其他人也照做。"亚历山大的命令被很好地执行了。针对亚历山大此次征战的路线和与部落追击战种种细节的描写，是有一整部文献的。他带领军队在不到一年的时间内毫无损伤地越过兴都库什山和开伯尔山口，穿越这样一条帕坦人和阿富汗人祖先所

———————————————

① 相连的两行长度相等的诗句。

《亚历山大在居鲁士大帝墓前》，皮埃尔-亨利·德·瓦朗谢纳（Pierre-Henri de Valenciennes）作

居住的迷宫般的山脉，这一点也许更令人印象深刻。在众多奇特的所见中，唯独居鲁士大帝的陵墓能让行军半路驻足。居鲁士是两百年前波斯帝国的缔造者，他虽然不是冒险家，但确实是一位和亚历山大一样伟大的征服者。墓碑上刻着的波斯文是：

啊，来人哪！无论你是谁，无论你何时来到，我知道你一定会来，我是居鲁士，波斯的王。不要没有容人的雅量，连一小块葬身之地都舍不得。

亚历山大在陵墓前驻足许久，并下令加以修葺。

之后亚历山大来到印度河流域，先是打败了波拉斯国王，之后不计前嫌和国王成为朋友。俘虏中有一些耆那教（Jains）[①]的老教徒，这个教派不喜着衣，是和佛教一起诞生的，在当时也是佛教的对立派，而此教派一直到今天还有。当士兵拒绝前进，开始有造反之势时，亚历山大知道他的冒险之路不得不结束了。为了打发时间，亚历山大命人将其中10个耆那教徒带来，向他们提出一些难解的问题，并宣称要将答案最糟糕的人处死，而其余的人可以获得自由。他的问题基本上没有人能答得上来。亚历山大向第一个人发问："世界上活着的人和死去的人，哪一种人的数量较多？"那位耆那教徒回答："活着的人较多，因为死

---

① 起源于古印度的古老宗教之一。创始人为伐达摩那（又称摩诃毗罗，意为大雄，前599年—前527年）是印度的沙门思潮中"六师外道"之一的尼乾陀若提子，他建立耆那教以正知、正见、正行为中心的教义，稍后兴起的佛教在理念发展上亦受其影响甚深。印度甘地亦借鉴耆那教的许多理念，如在不合作运动中倡导非暴力的宗旨等。

去的人已不复存在。"亚历山大看到第五个人的脸上显出淡淡的嘲讽之色，于是问他："夜或昼的年龄，以何者为大？"智者回答说："昼的年龄至少要比夜大一天。"智者发现亚历山大对这个答案感到惊讶，于是加以补充："深奥的问题一定有深奥的答案。"亚历山大接着问下一个人："一个人怎样才能成为神？"回答是："做人所无法做到的事。"到了最后一个人，亚历山大问他："人最好能活多长的时间？"这位赤裸的哲学家回答说："直到觉得生不如死的时候。"最后，亚历山大送给他们许多礼物，把他们都放了回去。

亚历山大沿着干涸的道路，向南经俾路支省回到了巴比伦，也是在此，他与世长辞。远征结束之际，亚历山大举行了盛大的宴会，士兵们在宴会上将平时的纪律抛之脑后，觥筹交错，纵情狂欢。"整场宴会中看不见一个头盔和长矛，取而代之的是贵金属制成的杯子、酒壶和高脚杯。士兵们用巨大的酒器盛酒相互致敬，有些人边走边开怀畅饮，还有人坐着猛灌黄汤。整个巴比伦飘荡着长笛和歌唱的乐声，还有妇女们的舞蹈和嬉闹声。这场混乱而放荡的活动最终在醉酒之徒放荡不羁的嬉戏声中落下序幕。"

亚历山大生命的最后阶段，他住在巴比伦城墙外的露天塔楼中。有时为了消遣，他会在幼发拉底河上航行。有一天发生了件奇怪的事。"亚历山大刚打完一场球，他的仆人去拿他的衣服，回来说有一个陌生人正坐在他的王座上。亚历山大匆忙赶过去，看到一个陌生人穿着他的王袍，头上戴着王冠，静默地坐在他的王座上。他们质问他是何许人，他说自己叫狄俄尼索斯，是希腊人。之前曾因为欠债而逃出国外，而后被囚禁在巴比伦。直到有一天，天神塞拉皮斯（Serapis）出现在他面前，解开他的枷锁，将他释放，并将他带到这里，给他穿上王袍，戴上王冠，并叫他静静地坐在这里。"

亚历山大没有发怒，而是听从祭司的建议将这个男人处死。这个不祥之兆与其他一些预兆总是在他的脑海中盘旋。他觉得自己的性命危在旦夕，并认定这是马其顿人的阴谋，他的脾气越来越差。这时一个名叫卡桑德（Cassander）的马其顿贵族，来到亚历山大的宫廷想见见亚历山大，他对宫廷接待客人和众人俯伏在亚历山大跟前的严肃气氛大为吃惊，大笑起来。亚历山大从王座上跳下来，抓住他的头发，将他的头往墙上撞。即使这个男人后来成为马其顿的国王，统治着整个希腊，但那时的经历仍使他永生难忘，给他留下了巨大的阴影。每当他经过亚历山大的雕像，都会突然紧张起来，浑身发抖。

在战火硝烟中，世界上最伟大的冒险家与世长辞。在纵饮狂欢了一整夜后，亚历山大坚持沐浴，而后发烧，因为没有好好照顾自己，他的病情很快急转直下。在亚历山大生病的第十四天，马其顿的将士听到传言，齐涌向各个宫门威胁禁卫军和官员们，强迫他们放行。当将士们进到宫中，看到躺在床上的亚历山大已不能言语，于是列队从亚历山大面前走过，带着眼泪向亚历山大致以最后的敬意。亚历山大于次日逝世，享年33岁。

亚历山大的死亡是他的帝国分裂的前兆，他一死，他的部将马上展开夺权斗争。在那些亚历山大生前亲近的人中，托勒密几乎可说是幸运的，他的王朝统治一直持续到罗马将其征服。亚历山大的母亲奥林匹亚丝惨遭割喉，妻子罗克珊娜和幼子也遭受了同样的厄运。短短几年时间，亚历山大的所有努力都付诸东流，他对亚洲的影响，也几乎仅局限于后来的历代君主都十分注重对神祇的祭拜和看重神赐的荣誉而已。古希腊的艺术和科学文化在亚历山大之后的几个世纪，就像沙漠中的水一般消失殆尽，但直到今天，在中国所造的佛像里还是能看到一点希腊文化的影子。亚历山大的性格和生活方式，通过普鲁塔克的书写，对英语教育产生很大的影响，他的名字也被曲译成伊斯坎德尔(Iskander)或阿斯坎德尔(Askander)，在很多东方民间故事中广为传颂。但亚历山大更应该被定义成一个开创者而不是持有者，他是一个破旧者，而不是立新者。从这个层面上来说，他创造了世界历史，如果亚洲和欧洲国家的分裂，统一帝国的灭亡，罗马的征服和之后的种种，这些不幸注定要在亚历山大死后发生，那么公正地说，在历史长河中部分伟大的、好的东西也是在亚历山大的作用下产生，如果不好的结果要归咎于他，那么那些有益的也应该归功于他。

第二章

卡萨诺瓦（Casanova）

《卡萨诺瓦奖章肖像1788》，由贝尔卡（Berka）雕刻

人格的终极问题只能通过万能的实验来解决：如果塑造莎士比亚的某个神能迁怒于他，将莎士比亚重新定位为一个成功的英国工党领袖或拿破仑·波拿巴的儿子，让他在布鲁克林的冰激凌店中被抚养长大，并终生关注着他们的一举一动。除非是这样的"活体解剖"，是不可能把后天的教育、环境和事业上的偶然性与我们人格核心（我们对自我的好奇是永远得不到满足）分离开的。尽管如此，在英雄之间进行传记上的比较，想象亚历山大会如何看待恺撒的生活，或者卡萨诺瓦会如何看待克里斯托弗·哥伦布的生活；甚至更自然地想知道他们在我们的情况下会怎么做，而我们遇到他们的情况又会做如何反应。这样的比较取决于一种假设：行为是不变人格的直接表现。在其他情况下，亚历山大将继续这么鲁莽并取得成功，恺撒大帝会带着他那冷漠的勇气离开。如果(撇开我们自己)要比较的两种人生在背景、环境和范围上尽可能地大相径庭，而不是近似，那么这种推测就会更有价值。想象两名军事征服者、两位诗人、两位探险家或者两位海盗之间的交换人生，无异于使自己迷失在一片混沌之中。必须要有类似黑色和白色这样鲜明的对比，才能摆脱任何看似合理或仅仅表面有趣的差别和相似，来帮助我们理解人格和生活。把这个威尼斯人贾科莫·卡萨诺瓦（Giacomo Casanova）和马其顿的亚历山大放在一起，并不是想追求什么幽默效果。这位备受争议的纸牌专家，越狱是他的人生巅峰，而且只要当局对读物稍加审查的话，他的回忆录就无法全部出版，只能锁在莱比锡布罗克豪斯的保险箱中。如果说他与那位高尚正直的亚洲英雄之间有什么共同之处的话，那就是冒险家所独有的品质了。你会发现，这个群体不只是一个拟物意义上具有生命力的精神群体，更像是一种弹道轨迹。如导弹一般穿透了社会的有机组织，他们不仅有同样的无情的直接，同样的坚不可摧的利己主义，尽管他们在相同范围内造成的伤害是不同的，但致命弹道学的神秘定律让他们重复着同样的心理和个人的悲剧。

贾科莫·卡萨诺瓦的父亲是一个没什么出息但长相迷人的威尼斯演员，他一心只想像布谷鸟一样养家糊口，卡萨诺瓦是他的长子。

在他们家族里，有离家出走的修女、发了财的士兵、小册子作者、哥伦布的一个倒霉的同伴，致力于爱情、战争与文学的绅士，风流的女性和早熟的孩子。卡萨诺瓦的父亲加埃塔诺（Gaetano）跟着一个艺名叫弗拉戈莱塔（Fragoletta）的女人从一个破旧的上流家庭里逃出来，这个女人在流浪喜剧剧团①中扮演苏布雷特这个轻浮女人的角色。加埃塔诺学的是演小角色，不过演得很烂。当弗拉戈莱塔厌倦了他，他和一个在圣塞缪尔剧院演奏的同伴一起回到了威尼斯。住在他对面的是一个受人尊敬的名叫法鲁西（Farusi）的鞋匠。这个鞋匠有个活泼的女儿，名字叫作扎内塔（Zanetta），大概十五六岁，一心想做演员。加埃塔诺·卡萨诺瓦说服这个女孩子和他私奔。不久，这个女孩的父亲就带着屈辱去世。

但他们还是结婚了，并且取得了女孩妈妈的原谅。贾科莫，也是我们

---

① 即兴喜剧（Commedia dell'arte），是一种起源于意大利的专业戏剧的早期形式，在16至18世纪的欧洲很流行。

的主人公，是他们的长子。他没怎么见过父亲，父亲在他未成年时便去世了。对母亲也知之甚少，她后来成了一个务实且迷人的小人物，最后在德累斯顿州剧院找到了她的终身伴侣。当卡萨诺瓦后米回想这件事，他没有觉得痛苦，甚至感觉到一种快乐，卡萨诺瓦就这样从人生最初的责任——父母中解脱出来。他的祖母对他的纯洁仁慈，除了感激之外，没有任何其他的要求和回报。这是孤儿身份所拥有的所有优点。他刚会走路，就被两位养父母收养了：一是他所处的时代；二是威尼斯这座城市。

当时的威尼斯（他生于1725年）是世界上最风流和迷人的城市。这座城市宏伟发展的时代结束了，那是贝利尼①、卡巴乔②和委罗内塞③所描绘的时代。它不再是世界财富和政治的中心，不再拥有强大力量，也不再是亚洲的桥头堡。但在它富丽堂皇的衰退中，一种生活方式应运而生，这种生活优于古罗马邪恶以及索多玛和蛾摩拉④庸俗的繁荣，甚至远远超过现代伦敦、巴黎、柏林夜生活的乏味平庸。威尼斯可能有一些善良的人，但卡萨诺瓦似乎对这些知之不多。他的回忆录里展现的是一个放纵的威尼斯，宫殿的尊贵已然凋谢，环礁湖的脏水无法清理，各种水

---

① 乔凡尼·贝利尼（Giovanni Bellini，1430—1516），意大利威尼斯画派画家。代表作品有《在花园里苦恼》《小树与圣母像》《诸神之宴》等。

② 维托雷·卡巴乔（Vittore Carpaccio，1465—1526），意大利威尼斯画派画家。代表作品有《朝圣者抵达科隆》等。

③ 保罗·委罗内塞（Paolo Veronese，1528—1588），意大利威尼斯画派画家。他和提香、丁托列托组成文艺复兴时期威尼斯画派中的"三杰"。代表作有《利未家的宴会》《乔纳的婚礼》《威尼斯的凯旋》等。

④ 即《圣经》中的"罪恶之城"。

流渠道错综复杂，教堂的熏香"如同海盗的藏宝洞"弥漫着麝香和麝猫香腐朽气味，曾称霸东方的码头也只剩残缺破败的仓库。卡萨诺瓦笔下的威尼斯，几乎不可避免地要把它比喻成一朵种在粪肥堆上的奇异且不健康的鲜花。不过，它那衰退的活力和自豪感，连同对抗它的命运和历史，并没有产生任何不光彩的东西，没有什么比一堆肥沃的堆肥更堕落的东西了，也没有产生比兰花更适合于欧洲的智慧、优雅、充满人道特点的本土植物。事实上，不管是巴西的热带奢侈——在那里人们的激情来自太阳而不是想象，还是亚洲宫廷阴郁的混乱，都没有资格与没落的威尼斯那独特而典型的欧洲光辉相媲美。这种光辉和法国集市、英国星期天或德国交响乐团一样具有本土气息。

因此，卡萨诺瓦所处的这个城市生活，并不是像某个偶然外来的事物那样孤立存在，而是病态时代的一种表现，其美至高，他的回忆录便是我们最好的向导。被塑造过无数次的18世纪，有着许多与之相关的细节：由于最深层的社会原因，其基本社会框架就像老人的动脉系统那样，被硬化和矿化了。除了一个粗野低劣的隐喻之外，其实它在政治和社会层面一点也不堕落和腐败，只是达到了一种固定的状态，改变已然停止。一切都找到归属并尘埃落定，人类前所未有地被自己的逻辑、自己法定的几何学、自己的法律，也就是自己的过去所束缚。无论是国王和百姓，这一事实都无法改变。欧洲把自己关在了门外，而且还丢失了钥匙。在那堵幽禁他们的墙上并没有一丝丝裂缝来让冒险家通过，不管冒险家多有天赋。想象一下，在一个上锁的房间里发生了爆炸；这就是革命的一面，它将结束这个僵局。但是卡萨诺瓦在大革命之前就来了。他一生都同他人关在一起，所以他的冒险是社会内部的冒险，就像是寄生于肠道中一样。

那时的时代精神，若要给它赋予一个名字，不是像莫泊桑和王尔德疲惫时代的"颓废派"①，而是"世界末日"的感觉，一切乐观，甚至有远见的精神都已过时。威尼斯狂欢节的奥秘是一种社会的绝望。在这样的背景下，凭借先进文明的各种色彩，威尼斯人编织了一种最罕见的乐趣，一种新的爱情，爱情如此自由又如此短暂，仿佛最后都要被审判并身陷囹圄。高贵的爱情带着神秘气息，是心灵愉悦的增强剂。它的标志就是面具。威尼斯式的面具是危险的，无形地让人联想起往事，就像从一个死去的英雄民族的头盔上割下来的面罩。在它面前，恶意的伪装也变得自然。

卡萨诺瓦生长于这样的世界，作为回报，他让这个世界在他的回忆录里长存不朽，仿佛这就是他的财产。卡萨诺瓦的威尼斯、卡萨诺瓦的时代，简而言之就是一个无情排挤着平民，却又疲于争取头衔的文明；一个无情却又普遍陷于爱河的文明；一个憎恶冒险却又沉迷赌博的文明；一个绝望却又比欧洲人更敢于全心全意享受的文明；一个残忍又感伤、迷信却又坚持无神论的文明。卡萨诺瓦所发现和征服的这个社会，是戴着面具的美丽形象。

可怜的老祖母教会卡萨诺瓦的，仅仅只是穿衣和走路。生命中，第一个影响他的人是贵族巴弗（Baffo）。巴弗出生的时候就是威尼斯统治

---

① 颓废派或称颓废主义，是19世纪下半叶欧洲的资产阶级知识分子对社会表示不满而又无力反抗所产生的苦闷彷徨情绪在文艺领域中的反映。主张"为艺术而艺术"，要求艺术完全与"自然"对立，宣扬个人中心主义、悲观颓废情绪和变态心理。

阶级的正式成员了。他慷慨大方，但相貌极其丑陋，以色情诗和假正经谈话闻名。巴弗教卡萨诺瓦读他的文字。正是在他的建议下，9岁的卡萨诺瓦送到帕多瓦的学校，那里有更健康的氛围。

学校女老师是个不负责任、可怕的塞尔维亚人，她不让孩子们洗澡，孩子们吃不饱饭，更不用说管教了。在她手下，很少有小孩子会反抗，卡萨诺瓦也病倒了。然而，一路摸索着，卡萨诺瓦从小偷式的消极反抗开始——在斯奎尔斯（Squeers）夫人睡觉的时候偷香肠头和面包皮，进而总结出这样的思想："被这样压迫是荒谬的。"卡萨诺瓦谨慎而勇敢地设法让巴弗前来干涉，也让自己得到了拯救。

后来，骨瘦如柴、衣衫褴褛、长期挨饿的卡萨诺瓦（不过这第一次反抗让他充满自信）被安排给博学单纯的戈齐（Gozzi）博士来照顾。

戈齐有一张好桌子，更有丰富的藏书和一颗好心肠。卡萨诺瓦如饥似渴地使用着这些东西。他像春天的狼崽那样成长着，几年以后他就有了那个黝黑巨人的雏形——六尺一寸（约1.85米）——肌肉发达到可与搬运工相匹敌，动作如耍杂技般敏捷，这一切，欧洲所有的法庭和监狱总有一天会知道。在那所肮脏幼儿园里就有的那种饥饿感，从未离他而去。实际上，他就是死于这种欲望。但这并不排除（而且很可能助长了）一种同样健康的求知欲，这是戈齐的所有书本和教学都难以满足的。卡萨诺瓦如饥似渴地阅读经典——比如贺拉斯①的作品——它们是新鲜出

---

① 贺拉斯（Horace）是古罗马文学"黄金时代"的代表人之一。与维吉尔、奥维德并称为古罗马三大诗人。

炉的面包。什么都是他的盘中美食：数学、自然科学、历史、诗歌、戏剧、法语和意大利语，还有那个理性时代所稀有的魔术、占星术、犹太教神秘哲学、炼金术，等等。当他研读完博士应学科目的最后几项，仍觉所学甚是浅窄，又开始转向科学那令人尊敬的同类——神学。卡萨诺瓦还学会了拉小提琴，一个13岁的狡猾轻佻姑娘贝蒂娜（Bettina）主动给他教授那些冗长而复杂的功课，也传授给他（了解）极具风情的女性如同田园诗般的性格。

就这样，卡萨诺瓦受到了唯一能使男人变得有趣的教育：一种博览群书、什么都读的自主学习习惯，而并不是听从知名学者的教导。没有这种教育，即使是最伟大的专家也只是一个乏味的移动图书馆。在那个年代，聪明才智仍然是学习数学主要的通行证，科学比实验更能打开想象力的大门，而且伟大的诗人还没有被认为比起文法学家低人一等。卡萨诺瓦成年之前就已具备了欧洲最健谈人的特质了（除伏尔泰之外），他所缺少的，不过是人生阅历——奇闻逸事罢了。

于是，他开始了自己的征途。如果不考虑那些微妙的历史原因，第一步似乎有些滑稽。卡萨诺瓦接受了威尼斯主教的训令，参加了削发仪式，然后成为一位牧师——卡萨诺瓦神父。在历史上所有这样的时代里，由于其自身原因，教会选择人的标准是智力而不是美德，它在社会中的政治意义远大于其教化意义。因此，在那个僵化的欧洲，教堂是社会中唯一保持着机能的地方，只有这里才有活力，也只有这里能让事业得以发展。

最终，这条自由的通道汇集了这个时代所有的野心和精力。像卡萨诺瓦这样来自社会底层的人们，他们除了聪明才智和抱负激情，其他一无所有，于是他们很愿意涌向这一自由通道。在那个时代，卡萨诺瓦们去当牧师，就像墨西哥湾暖流流向墨西哥湾一样不足为奇。巴弗的推荐再加上他所受的教育，就可以让他当上牧师。卡萨诺瓦成了教堂的一员，却丝毫没有想过要付出更多。

考虑到这些事实，恰好又在他被授予神职的当口，大家应该不会觉得他的入世而不是出世与他的第一段爱情有什么矛盾，更不会产生对立了。从这点来看，对女性的激情、追求和崇拜就成了他回忆录中的高潮部分。而在其他冒险故事中，他也从来没有离开过那些最迷人的旅行。卡萨诺瓦没试过道歉，即使在懦弱的晚年他也不愿意这样做，因为一切解释都不过是道歉而已。不过这个时代最活跃的人身上那些鲜为人知的特征，特别是他成功的秘诀，则必须要陈述阐明。其实，诱惑的原理的阐述，确实只有像奥维德①这样的老人才会尝试，如果它是基于这个被人诟病的卡萨诺瓦的智慧和实践，它可能会有吓唬大多数业余猎艳者的结果，使他们远离追逐。社会生活给两性关系带来的巨大负担中，只有一部分是卡萨诺瓦所逃避的，那就是从一而终，无论是在婚姻中还是在同居关系中。其归根结底只是经济因素，不论它采取怎样的装饰。

卡萨诺瓦对其神秘外衣和经济内核都持否认或忽视态度。不过爱情

---

① 奥维德，奥古斯都时代的古罗马诗人，与贺拉斯、卡图卢斯和维吉尔齐名。奥维德有很高的声望，但后来被奥古斯都流放到黑海托米斯地区，一直到他去世为止。奥维德的作品中，今天最为人知的是共15卷的《变形记》，用扬抑六步格的方式写作。也有作品是排律诗的形式，例如《爱的艺术》《岁时记》。《变形记》是古希腊罗马神话中最重要的作品之一。

对他来说，并不是锦上添花的欢愉。爱人不是餐后甜点，也不是虚伪浪荡子眼中的战利品、猎物或工具。卡萨诺瓦爱过成百上千的人，他对每个人的爱都像任何通向神圣婚姻的爱情一样真实，只不过这爱并不持久罢了。所以他既躲过了赡养费，也躲过了胶着的岁月。但是，卡萨诺瓦并未曾欺骗过他的女人们，他把他所拥有的一切以及他自己一次性给了她们。卡萨诺瓦既不是骗子也不是小白脸。如果所有对他"性吸引力"奥秘进行推测的敏感心理学家都意识到这一点，我们本可以免遭这些"精致废话"的折磨了。卡萨诺瓦也付出了代价。他的求爱比每一个女人所想象得更深沉：他所有的一切，他所有的真心，这种一次性付款令人眼花缭乱的吸引力比那种一辈子的分期付款更有魅力。有多少次为了只相处一周的情人，他差点让自己沦为乞丐；又有多少次他在最富有的时候毫不犹豫、无怨无悔地把自己扔进贫民窟从头再来，而且没有任何讨价还价的想法。那些羡慕妒忌他爱情的人们，有谁可以做到这点，有谁可以比卡萨诺瓦更加投入真实的柔情——他从未忘记任何一个爱人的名字和美丽容貌——有谁能媲美他充满魅力的话语和眼睛？至于审查他的人，只有那些确信一个人的终身陪伴的承诺，无论多么贫穷和乏味，都比卡萨诺瓦所给予的一切更重要的人，才有权利谴责他。

因此，卡萨诺瓦冒险的主要国家对女性来说是禁区。当他开始冒险时，他的目的和亚历山大大帝一样单纯。他是一个巡回演出演员的儿子，喜欢吃吃喝喝，当这些和他真实目标相冲突的时候，与那位希腊海军统帅的清教徒继承人相比，财富和荣誉就没那么重要了。

这种奇怪的对等关系促使人们寻找另一种相似之处：必须要放弃什

么，才像是冒险开始的仪式。要是卡萨诺瓦通过了博斯普鲁斯海峡，他会牺牲自己的退路来换庄严的赎罪机会吗？

有位名叫马利皮耶罗（Malipiero）的参议员，80岁了，很有钱而且没有结婚，长得也英俊。他在威尼斯担任了40年最高级别的职务后，退隐到自己华丽的宫殿去治疗他的痛风，并且柏拉图式地持续着对于美丽女人的热情。当神父给卡萨诺瓦带来的第一个好处，就是认识了马利皮耶罗。他对卡萨诺瓦很满意，于是把他纳入自己的保护伞下，还给他一个房间住。卡萨诺瓦和马利皮耶罗共享精致奢华，而且在马利皮耶罗的影响下，他可以有一个辉煌的事业。这位参议员后宫中最受宠的是一位女演员年轻的女儿，名叫特蕾泽·伊默尔（Therese Imer），马利皮耶罗为她的美貌、谦逊和才艺所打动，对她十分宠爱和小心呵护。年轻的神父出于对这个老锡巴里斯人[①]的感激，也因为他正沉浸于他的第一段恋情——南妮特（Nanette）和马顿（Marton）两姐妹，这个年轻的神父非常谨慎地让自己铁下心来去抵抗特蕾泽的诱惑。然而一段时间后，虽然参议员给卡萨诺瓦更多的许诺，这个不可避免的时刻还是来了。特蕾泽表示对卡萨诺瓦的过度冷淡很不满。尽管知道他恩人十分警觉，也知道仆人会背叛，更清楚一旦被发现会受到怎样的惩罚，卡萨诺瓦还是铤而

---

① 意大利南部一个古希腊城，在与克罗托那的战争中被毁。古希腊城邦的锡巴里斯人民非常富有，而且生活奢侈。"锡巴里斯人"现在引申为"奢靡逸乐的人，过奢侈生活的人"。

走险——正如亚历山大大帝把帝国四分五裂，卡萨诺瓦被抓住，挨了鞭子，还被扔出参议员的宫殿。在他本要开始远大前程的关键路口，马利皮耶罗这个强人朋友成了他的死敌。

卡萨诺瓦不得不从头再来，只是这次整个层面完全不一样了。通往财富的捷径都已对他关闭。他到了一所简陋的神学院，唯一有希望得到的奖赏，是去某个贫穷教区担任牧师。但即使这种毫无吸引力的前景也很快消失。他无辜卷入一场肮脏的丑闻中，由于他的骄傲和固执，他再次遭受了毒打，而且是在大庭广众之下，随即又被赶了出去。此时他身无分文，没有任何家人朋友，甚至连一个藏身之处都没有。

迄今为止，我们看到的是这样一个男孩，除了年轻时犯下的一个错误，他并未做过什么其他的错事。下一幕真正的卡萨诺瓦出现了，他的个人主义绝不会在违反道德准则的时候终止：骗子卡萨诺瓦登场了。即使在刑法典面前，他也会和在教会的法律面前一样，为了自己的利益毫不犹豫地将他父亲留给其他家人的几件家具给卖了。

一个名叫罗塞塔（Razetta）的律师将他锁在利多岛的圣安德烈监狱堡垒里。在最不幸的时候，卡萨诺瓦的其余性格特征全部显现出来。果断、复仇心切、胆大和幸运，是这个男人展示给我们的一切。一天晚上，他从堡垒里逃出来，乘坐贡多拉（一种水上交通工具）回到威尼斯。很快他找到罗塞塔，打碎了他三颗牙齿，打破他的鼻子，还把他扔进运河里，然后及时返回，做了事先安排好的不在场证明。整个行动像战壕袭击那样精准无误。

这个行动的成功彻底激怒了他在威尼斯的敌人们。于是卡萨诺瓦他决定不等罗塞塔报复或者是马利皮耶罗采取什么行动——他要么会被一

贾科莫·卡萨诺瓦《我的生活史》手稿第十卷第二章（后来出版的第十二卷）的第一页。该手稿于2010年由法国国家图书馆获得刀刺死，要么会被送进州立监狱——在法庭狡辩一番后安排他获释，卡萨诺瓦就离开了这座城市。

与那位有教养的年迈美食家待在一起的日子里，卡萨诺瓦学会了两句拉丁格言，这两句格言成了他余生的福音和理念："命运知道把我们带向何方；命运引导心甘情愿者、裹挟不情愿者。"我们可以说：命运寻找方向，而生活引领爱人，背叛它的叛徒。第一句格言是通过爱比克泰德（Epictetus）[①]和塞涅卡（Seneca）[②]从斯多亚学派那里传承下来的，第二句格言是西塞罗翻译的一句台词，这句台词出现在欧里庇得斯（Euripides）[③]一部失传的悲剧中。没有什么比这更能概括冒险的纯粹传统了，既有宿命论的安慰却又不受其萎靡成分的影响，这就是冒险神秘教义的最好总结。卡萨诺瓦像加尔文教徒[④]对待他们的《圣经》一样信奉它们，重复加深自己的信念，并精神焕发地开始他的下一段冒险。

几个月前，在他还走运的时候，曾收到母亲从德累斯顿寄来的一封信，并给他推荐了一个不起眼的修道士，说已将他介绍给意大利南部的一个主教区。当时马利皮耶罗还是他的朋友，卡萨诺瓦根本不需要这个

---

① 爱比克泰德(约50—约138)，古罗马哲学家，晚期斯多亚学派哲学家之一。

② 塞涅卡（前4—65），古罗马最重要的悲剧作家，他受斯多亚哲学影响，精于修辞和哲学，并曾担任过著名暴君尼禄的老师。

③ 欧里庇得斯（前480—前406）与埃斯库罗斯和索福克勒斯并称为"古希腊三大悲剧家"，他一生共创作了九十多部作品，保留至今的有18部。

④ 加尔文宗（Calvinists）亦称"长老宗""归正宗""加尔文派"，是基督教的新教主要宗派之一，泛指完全遵守约翰·加尔文《归正神学》及其长老制的改革派宗教团体。

马尔蒂拉诺的主教——贝尔纳迪诺（Bernardino）兄弟。"靠着上帝、神父和我母亲的恩典。"现在，为了找到这个兄弟，他一点也不觉得跨越几乎整个半岛的旅程太遥远。

他打算乘船绕道去罗马，并预订了一艘沿岸航行的轮船船票。但在距离威尼斯几里路远的奇奥萨，卡萨诺瓦的才智发展到了一个新阶段；他接受了一个独眼修道士的邀请，参加一个纸牌聚会，这个修道士声称自己早有耳闻卡萨诺瓦的诗人名声。第一个晚上他就输掉了所有的财物。因此，这段路途注定是要用走的。

要不是因为另一个无耻且狡猾的修道士，名叫斯蒂芬诺（Stephano）的红发流氓，这个人即使在《吉尔·布拉斯》（*Gil Bias*）①或者大轮船上都能大展身手出人头地。我们这位命运和女人的崇拜者估计在半路就死于饥饿了。

马利皮耶罗的门徒尽其所能地侮辱他的同伴，说他肮脏、无知、野蛮、愚蠢、懒惰，是个乞丐，有时是小偷，偶尔还是杀人犯。尽管一路争吵，卡萨诺瓦还是从他那里获得了指导，有时也从他的产业中获利最终抵达罗马。

主教早已离开教区，于是卡萨诺瓦便沿着荒凉小路向南追寻。在波蒂奇，命运似乎对他那种不屈不挠的精神很满意，开始变得和蔼一些了。他在波蒂奇遇到了一个从事水银贸易的富有希腊商人，卡萨诺

---

① 法国作家阿兰—列内·勒萨日的长篇小说，也是法国著名的流浪汉小说。勒萨日在《吉尔·布拉斯》里写出了封建制度瓦解、资本主义关系上升时期的法国社会生活的特征。

瓦成功卖给这个商人可以用铅和铋进行掺假的设备。作为回报，这个希腊人也骗了他一点。这次交易使卡萨诺瓦有足够的钱更好地完成这次的旅途。

然而最令人失望的事情都在马尔蒂拉诺等着他。主教是个悲观沮丧之人，他的才能和抱负都很平庸，但对他的职位和前途来说，他的地位太高了。那里的人口和今天差不多，贫穷、低劣、粗野。卡萨诺瓦看到的，不是命运对他的奖励，而是监狱或者流放之地。某天晚上，摸着口袋里剩下的几个从希腊商人那挣得的金币，卡萨诺瓦下定了决心。

次日早晨，卡萨诺瓦告诉善良的主教，在这令人痛苦的小镇待了几个月，他压根感受不到殉道而死的神召。"我补充说，给我你的祝福，然后我马上离开；或者你和我一起走，我保证我们会在别的地方发财。"这个提议让主教在接下来的日子里开怀大笑了好几次。若是他听了卡萨诺瓦的建议，也不会两年后在风华正茂之年就去世了。

这个决定和这番演讲也许可以和亚历山大媲美。主教给了卡萨诺瓦一份他在那不勒斯一商人那开立的60达克特币（古代欧洲各国流通的钱币）的信用证作为回报，卡萨诺瓦送给他一个从希腊骗子那里骗来的搪瓷箱，他保证"至少和那个信用证一样值钱"，然后，卡萨诺瓦就出发了，既不沮丧也不疲倦。

卡萨诺瓦的情况改变了很多，他不再相信他在驿站的同伴了，在他看来这同伴似乎不是一个诚实的人。在那不勒斯，他受到银行家的热烈欢迎，这个银行家告诉他说"主教在信中写道你是一个非常高尚的人"。卡萨诺瓦接受了他的殷勤，而且银行家还把卡萨诺瓦介绍给那不勒斯的上层社会，他得到了第一个大大的战利品——唐娜·卢克雷齐娅

（Donna Lucrezia），一位出身名门、富有的美人。

短暂而精彩的逗留之后，卡萨诺瓦再次成了命运的幸运儿，继续前行去罗马。这次旅途和之前截然不同，让他很开心也很感伤地想起他的第一位介绍人——布罗迪埃·斯蒂芬。多亏了他在那不勒斯的关系，卡萨诺瓦获得了主教阿夸维瓦（Acquaiva）私人秘书的职位。阿夸维瓦是西班牙和那不勒斯在梵蒂冈的"保护者"，是位欧洲名人。在他的帮助下，卡萨诺瓦不仅接近了罗马教皇本笃十四世（Benedict XIV），而且还引起了教皇本人的注意。上层社会觉得这个年轻的神父身材高大、非常迷人，卡萨诺瓦热切地学习着他们的处事之道，尤其是谨慎和迟钝之间的重要区别。他的前途似乎一片大好，甚至超过了当初马利皮耶罗所能给他的。卡萨诺瓦内心窃喜，他知道只有通过才智和命运，这条路才对他开放。在蒂沃利的那次著名的野餐，也许是这段经历的顶峰。在那次野餐中，他在独创性和惊人的成功上胜过了《十日谈》中最著名的故事——露克蕾莎的过于谦虚的丈夫和安吉莉卡的妹夫。

但是他的女神——机遇——似乎不想这么早失去这个有前途的信徒，很快要求卡萨诺瓦做出他对特蕾泽·伊默尔所做的同样牺牲。自然，这场灾难源于一个女孩——芭芭拉·达拉可卡（Barbara Dalacqua），她是教授的女儿，主教请那位教授来教卡萨诺瓦法语。卡萨诺瓦这次几乎是史无前例地扮演了柳下惠的角色。并不是说他放弃了他反社会道德的准则，这会让他的生活陷入混乱，他也会被排除在伟大冒险家的名单之外，而是必然的危险（只有完美的平行才能排除）能让分歧的道路在此处重合。只有这一次，卡萨诺瓦对善行的理解是符合社会、传统和宗教的。

这个可怜又愚蠢的芭芭拉和一位年轻的罗马贵族坠入爱河，其结局显而易见。为改变这样的结局，他们计划了在午夜私奔。住在主教的府邸里的卡萨诺瓦对这段风流韵事的发展一直是睁一只眼闭一只眼。虽然这女孩有伪装——她戴上了神父的袈裟和铲形宽边帽，但他们一离开住所，受到年轻贵族家人煽动的警察便吓唬他们，并把芭芭拉追至卡萨诺瓦的门口。出于害怕和自私，她逃进他屋里。警察不敢贸然进入卡萨诺瓦的房间，但一整夜都守着。即使卡萨诺瓦对芭芭拉没有兴趣，尽管他明白其中的风险，却毫不犹豫地出于人道将自己的床让给她，并在清晨从暗门把她送到安全的地方。

这件事引起了丑闻，主教虽不是清教徒，但不论是他自己还是别人，都不能容忍这个丑闻。他派人叫来卡萨诺瓦，在充满高尚且友好氛围的谈话中告诉卡萨诺瓦，"罗马人现在认定这个可怜的女孩是你或我的情妇"。主教虽认同在女孩危难之时将她拒之门外不是"君子所为"，但不得不要求卡萨诺瓦离开他的府邸，也离开罗马。

卡萨诺瓦没有试图掩饰这次解雇使他陷入了"沉重的绝望"。这次毁灭比当年马利皮耶罗的藏书室中利用午休时间冒险和特蕾泽·伊默尔幽会更加意味深刻。斯蒂芬兄弟可怕的流浪汉世界，路旁旅馆的害虫，马路上白日里的尘土飞扬和夜晚的冰冷，那些他都大半忘了的日子，却又卷土重来了。虽然如此，这个年轻人也已想到了对策，让主教给他一封推荐信，只要能在其他任何一个首都城市重新开始，哪怕比不上现在的风光，君士坦丁堡、廷巴克图，或者随便哪都行。这位西班牙的主教耸了耸肩，回答说："我感谢你没有指定伊斯法罕，这会让我感到尴尬。"第二天，卡萨诺瓦收到了一本去威尼斯的护照和一封密封好的信，是写给尊贵的爵爷、君士坦丁堡卡拉曼尼总督奥斯曼·博纳瓦尔的。带着装着700个金币的钱包，再加上他原本有的，他已经凑成1000个——400英镑。看着这笔巨款和信上古怪的名字，他略觉宽慰。"命运引导心甘情愿者、裹挟不情愿者。"他去和卢克雷齐娅道别，而卢克雷齐娅早听说了他那丢脸的事了，所以拒绝见他。第二天，他订了个前往北方的驿递马车①车位。同行的除了卡萨诺瓦，就只有一位女士和她的女儿乘坐这辆车。"这个女孩很丑。这是一个无聊的旅程。"

就这样，卡萨诺瓦的学徒生活结束了。在离威尼斯还很远的地方，他不得不放弃这辆马车，因为西班牙和奥地利的士兵们冬季在此地驻扎，路都被士兵封锁了。主教的护照可以让他畅通无阻地经过他们的封锁线，但是他却丢了那装着换洗衣服和护照的行李箱。"在博洛尼亚写完给特蕾泽·贝里诺的信后，我想去买一套换洗的亚麻布衣服，因为我不一定能再找回我的行李箱了，所以我想我最好给自己做身新衣服。在我考虑这个问题时，我突然觉得我不太可能继续我的教会生涯了，但在我不确定我可以做出什么新选择的时候，我想着把自己变成一个军官。有这样的想法对我这个年龄的人来说是很正常，我常看到穿军装的人受到尊重，我也希望得到尊重。而且——"他总结道，"当我回到威尼斯时，穿着这样迷人的制服出现，这让我非常着迷。"

如何能让自己摆脱嘲讽，卡萨诺瓦给我们做了榜样，他一点也不傻。最终，他与裁缝协商做了这样一套白色制服：蓝色的背心、漂亮的

---

① 18—19世纪初运载乘客及邮件的四轮车厢式马车。

肩章，还有金色和银色的装饰带。乔装打扮后，他在大咖啡厅里展示自己并投入到新的角色。回到宾馆，他发现了一封来自特蕾泽·贝利诺的信，信中特蕾泽提到让卡萨诺瓦到那不勒斯去找她——这是一个荒谬的提议，然而卡萨诺瓦说"这是人生中第一件使我感觉到在做决定之前需要思考的事情"。但是威尼斯的临近，新的制服和他口袋里那封发往君士坦丁堡的信，比女孩的魅力更强烈得多，如果是在几周前，那这个女孩有可能会毁了他。

至此，他进入人生中最复杂和多变的阶段。凭借着奇迹、冒险、有利可图的困惑和与生俱来的虚张声势的才能，他的新头衔得到了大家的认可。他还受雇于威尼斯军队启程去君士坦丁堡，途经科孚岛。在那里他最后遇到了总督波内瓦尔（Bonneval）伯爵①，一个高尚的法国冒险者，其生活充满牢狱之灾、机会、失败和成功，几乎可以和卡萨诺瓦的生活相媲美。但是波内瓦尔——这位战争时期三支欧洲军队的前任将军和土耳其炮兵部队的现任总司令，年事已高且已习惯久坐不动。在一次长达两小时的有趣而又颇具启发性的谈话后，波内瓦尔让卡萨诺瓦进入他的秘密酒窖，还把卡萨诺瓦介绍给城里的一些朋友。

据说相比他回忆录里的其他部分，卡萨诺瓦在君士坦丁堡的冒险经历写得差多了，所用的纸也比其他部分更薄和更便宜。时间前后不一，写的也几乎是老一套——后宫的诱惑和享乐主义的土耳其人关于伊

---

① 一位法国陆军军官，后来成为奥斯曼帝国的军人，最终皈依伊斯兰教，并因此而闻名于世。

斯兰教的争吵，等等。所有的评论家都对此感到费解，好像卡萨诺瓦隐藏了什么，并且他是第一次也是最后一次有意识地这么做，可这件事到底是什么，一定是比传闻中暗示的苦役监狱里的苦役还重要的东西——卡萨诺瓦不会轻易感到羞耻，更糟糕的事他都会大方承认——仔细翻遍所有档案文件都找不到答案。现在我们足够了解这个男人的性格倒可以怀疑这件事是否真的存在的程度，而且这不仅仅是失忆，相比任何其他的耻辱和不幸，这对他的虚荣心来说必定造成一定的伤害。总之，远征君士坦丁堡以失败告终。当他再一次吸引我们的兴趣时，他又回到了威尼斯，离开了军队，身无分文、孤苦无助。他不得不到圣塞缪尔剧院的管弦乐队弹奏小提琴，当年卡萨诺瓦的父亲在这里捕获了鞋匠女儿、也就是他母亲的芳心。声名狼藉、衣衫褴褛的卡萨诺瓦逐渐习惯了底层威尼斯人的生活，好像所有经历的一切都是空想。"摆正自己的位置，从前常去的上层社会今后我不再涉足。我知道他们必定鄙视我。我毫不介意。但是曾经扮演过这么光辉夺目的角色，现在自己所处的地位令我感到羞耻，我没有告诉别人这些事情。如果我一无是处，我并非完全被征服了，我绝没有摒弃对机遇的迷恋。因为我还年轻，而且那个变幻无常的女神也没有放弃青春。"

他的朋友们和他面临同样的境况。表演结束后，他就会加入他们。他们是那些生活在最底层的浪荡女和娼妓圈子里使人胆战心惊的阴险的伙伴——皮条客、恶棍、赌徒和扒手，无恶不作。当没有更好的东西出现的时候，他们会掠夺无人看管的贡多拉①，或者用残酷的玩笑来取乐，

---

① 贡多拉是古代威尼斯的主要交通工具。世界上第一条贡多拉是在1094年诞生的。

比如掀翻放在圣马可宫殿里珍贵的大理石桌。在一次狂欢节中，贫穷织工的新娘被绑架且被强奸了，这也是本章臭名昭著的高潮。阿夸维瓦、马利皮耶罗、波内瓦尔这些人的朋友（指卡萨诺瓦）已堕落到极点。

当他在为他们的疯狂可能造成的后果感到困扰时，命运之轮再次转向了卡萨诺瓦。这件事的开局就像是一个骗局。因为是狂欢夜的第三个晚上，卡萨诺瓦还戴着面具，披着斗篷，正当要离开剧院时，他发现码头上一个身穿参议员的红衣服饰的男子正要走进贡多拉，他口袋里突然掉出一封信。命运知道把我们带向何方。卡萨诺瓦冲过去捡起来并物归原主。显然这是非常重要的，老人出于感谢让卡萨诺瓦乘坐他的船，要送他回住所。路上，老人却突然生病，左半边身体无法动弹，还说自己快要死了。

卡萨诺瓦立刻控制了局面，丝毫没有想到以他这样的名声，最安全的做法就是消失。他命令贡多拉的船夫靠边停船去请外科医生，然后不顾医生的反对，执意让他给昏迷的参议员放血。同时卡萨诺瓦冲到参议员的府邸，指挥那些不知所措、吓坏了的佣人们，接着他就守在病人床边，根据自己的判断延医诊治，直到老人康复。

这位祖安·布拉加丁（Zuan Bragadin）参议员，是一个非常古老且强大的贵族家庭的一家之主。一开始，出于纯粹的感激，因为那个衣衫褴褛的陌生人肯定救了他的命，他资助了卡萨诺瓦。但一次意外事故（如果生命中这样的转变是意外的）则增加了布拉加丁对卡萨诺瓦的情谊和敬重，并且持续了好多年。他发现卡萨诺瓦和他一样是个卡巴拉主义者（Cabbalist[①]，犹太教神秘哲学者）。

也许胆小者和爱冒险的人都对未来有强烈的好奇心，都相信用超自然的方法能窥测未来。在整个占卜体系中，不管是用纸牌还是用其他关于从古代延续至今的对各种预兆的解释，也许都隐藏着一种形而上学的教义，都是将悖论掩盖起来，说机遇是一成不变的或者说生命是转瞬即逝的。然而毫无疑问的是，迷信都是这些真正冒险者一贯的特性，而不是完全偶然的特征。然而有趣的是，当他们的反面——生活中的懦夫，同样也是痴迷于算命的人，对其中的门道表现得顺从又害怕；冒险者的本能反应却是把自己从符合逻辑且具有毁灭性的宿命论挣脱出来，这个反应一半是孩子气，一半是骗人的。亚历山大从不会不看预兆就采取行动，战争时他身边总有一位神谕祭司。但当这些预兆不吉祥的时候，他便违背他们，比如格拉尼库斯河战役前，他改变了不吉之月的名字；再如当特尔斐的女祭司不愿回答的时候，他强行把她拖进神殿里，把她的抗议当作吉兆。所以说卡萨诺瓦不相信犹太教神秘哲学，是对他性格和品格的误解；因为他经常篡改命运的回应就说他是江湖骗子，同样也是误解。对卡萨诺瓦和所有冒险家来说，机遇就如同雅各布的守护神，都希望得到她的赐福。

卡萨诺瓦的犹太教神秘哲学，是他谋生的主要手段，其神奇之处足可用一个单独章节来叙述。可以肯定地说，这是一种变形，可能是他自

[①] 名称源自Kabbalah，是与犹太哲学观点有关的思想，用来解释永恒的造物主与有限的宇宙之间的关系。

己发明的，是传统的卡巴拉神谕的变体。卡巴拉神谕是一种基于有编号的字母表或代码的算术运算。一个问题的字母被替换成对等的数字，这些数字在一个算术金字塔中加、减、乘、除，就得到了一个数字结果，然后再转化成字母时，这个结果就是答案——这个传说是以诗歌的形式出现的。现在卡萨诺瓦的第一批客户包括布拉加丁和他的两个同样声名显赫的朋友——议员丹多罗（Dandolo）和巴巴罗（Barbaro），他们很快加入进来，这几个人一点也不笨，而且完全有能力凭自己的科学知识随时验证卡萨诺瓦计算的准确性。卡萨诺瓦在他们和他们无数的后继者中取得成功，一部分归功于他自己所做事情的信仰，一部分则归功于由于他所做的事情的极其复杂的操作规律以及他拥有非凡的心算天赋。这样的天赋使他能够以令人眼花缭乱的速度在不同的数列之间上下移动，迅速得到结论，尽管这个结论一开始就出现在他的脑海里。没有粗俗的诡计，更像是一个技术超群的扑克牌赌棍的举止，用真诚和对数来掩饰。

之后，这两项技术——犹太教神秘哲学和拙劣的诈赌手段，成为卡萨诺瓦谋生的主要方法。布拉加丁和他的朋友们给他很好的津贴，他的两项技术让他发了财。他人生的学徒期结束了，成了一名熟练的冒险家。威尼斯再一次向他敞开大门，包括上层社会、下层社会、知名女士的假面舞会和香喷喷的闺房、黑暗而邪恶的小巷，为了追求一些不同寻常的美感，他会冒着被人捅一刀的风险在阁楼上过夜。

除了大量阴谋诡计的重要细节，每个细节都和民族战争一样深奥难懂且丰富详尽，他的回忆录还有很多突如其来的、令人开心的快乐之事，仅仅是威尼斯生活的景象就能给他带来乐趣。在这里，他身穿精致的亚麻细布衣服走在广场上，他最好的衣服"被所有人羡慕"，这让人

卡萨诺瓦的《我的历史－威尼斯国家监狱的逃亡历程》的正面插图。1787年，日期为1788年。

心情愉快。假日里，他靠在贡多拉的坐垫上，混杂在大运河的水上交通中，经过发光的宫殿，到了阴暗的运河河道，那里玫瑰花从破旧的墙上蜿蜒而下垂入水中，或者穿过乳白色的潟湖进入慕拉诺岛。戴上帽子，披着斗篷，魔鬼般的白色威尼斯面具遮住大半张脸，直到嘴角，他隐姓埋名穿过充满狂热活力的默瑟里亚购物街，前往秘密别墅幽会他那非法的爱情。威尼斯是适合他的。在许多个炎热的早晨，从他的秘密卡牌沙龙到码头，当他结束一整夜奢侈的狂欢回到床上的时候，菜农们熙熙攘攘的车流耽搁了他不少时间。

从他21岁到30岁，9年时间就这样过去了，期间他到米兰、帕尔马、博洛尼亚，甚至到日内瓦和巴黎等地进行了有趣的旅行。这些年他运气一直比较好，被不知疲倦的活力鼓舞着，这样的活力从来没有允许他拖延。他和女人一起的冒险变得更复杂，甚至更多。尽管每段恋情的持续时间一次比一次短，他似乎越来越被一大堆计谋和反计谋绞缠其中。当他就快要迷失自己陷入心理危机之时，他内心那个大笑着的黑色巨人会将他摇醒。卡萨诺瓦从未沦落为一个女人杀手或者一个纯粹的浪荡子，他的爱人从没有重复过，几乎每一个爱人都有人情味，都是具有近乎艺术的魅力。他就像是一个生命源泉，不断消耗自己、又不知疲惫地重新开始，因为多情的卡萨诺瓦不需要改变自己。对每个爱人，他都奉献了自己的所有，他有很多面。从没有人对这个禁地有如此深入的探索，从来没有人给我们留下和这个男人一样的印象，他简单、毫不夸张地描述自己的发现，特别是这一发现是这个年代其他人想知道的。在那个年代人类所赋予女性的一切根深蒂固的偏见、病态和谨慎之下，女性的本质是什么？传统背后的女性是什么样？只有卡萨诺瓦才能在那接近她，他们不仅仅是肌肤之亲，而是在无限变化的环境中心与心之间的接触，不受任何的约束和偏见影响。只有从利己主义出发的事情才能让他产生兴趣，其他什么普遍原理或者公共事业他都不感兴趣。

最后命运之轮再度改变了它的方向。1755年的某天黎明，一个名叫马泰奥·瓦鲁蒂（Matteo Varutti）的威尼斯警察局长（上校）闯进卡萨诺瓦的房间，以含糊但令人难以置信的罪名逮捕了他——"反宗教和煽动叛乱"。

或许这与他去参加秘密"共济会"①活动有关，也可能没有关系。不过更可能的直接原因应该是由于卡萨诺瓦强大的敌人联盟终于战胜了布拉加丁势力的影响。对于卡萨诺瓦来说，重要的是几乎可以确定，不需要任何审判，也没有任何申辩机会，他会一辈子被关在可怕的总督宫②秘密监狱，甚至他连走过叹息桥的机会都不会有。

卡萨诺瓦就在这间靠近屋顶的牢房结束了他的青春年华。屋子四周的空气因七月三伏天的酷暑变得炙热，与之相伴的是孤独和老鼠。一年来，他一直寄希望于外界的消息。此后的五个月，卡萨诺瓦极度绝望，以至于有一次地震（刚好那一天里斯本被摧毁了）让监狱的墙壁震动，他大喊"再来一次，再来一次，请更大一点，求你了，上帝"，这把狱

---

① 共济会，又称"美生会"，字面之意为"自由石匠"。出现在18世纪的英国，是一种带宗教色彩的兄弟会组织。允许持有各种宗教信仰的没有残疾的成年男子加入，但申请者必须是有神论者。

② 总督宫，是位于意大利威尼斯的一座哥特式建筑，往昔为在8世纪至18世纪存在的威尼斯共和国最高行政机关与法院，亦是威尼斯总督的住处。

卒吓坏了。接下来的某个晚上，他进行了一次著名的越狱^①，这即使不是历史上最不寻常的，也是最不寻常的越狱之一了。

他遇到了很多困难，其中有两个很明显难以克服。其一，进入牢房的唯一入口——铅皮顶监狱（Piombi），这些牢房在宫殿的某个小阁楼里，得穿过宗教法庭，日日夜夜都有哨兵把守；其二，他没有任何工具撬开厚厚的屋顶，那里是唯一可能逃脱的地方。三个弓箭手总在牢房外狭窄的走廊里站岗，即使他有钱也无法收买这些弓箭手，何况他身无分文。然而卡萨诺瓦解决了这个问题。这一秘密用他自己的话来说。"我一直相信，一个人想做一件事情并且认真忙于那个计划的时候，无论有多大的困难，他一定会成功。那个人将变成总理大臣或者教皇。假如他年轻的时候就开始，而且具备了必备的智慧和坚持，他将可以推翻一个王朝。因为当一个人到了被'机遇'鄙视的年纪，他就再也无法做任何事情了，没有机遇的帮助就没有希望。"一段时间后，卡萨诺瓦发现壁炉架的黑色大理石碎片和生锈螺钉是可以利用的工具。两周的时间里，他非常卖力，以至于手掌上的外皮都磨破了，手臂也由于疲劳变得麻痹。他用手拿着螺钉的一端在大理石上使劲摩擦。从为他祷告的牧师那里，卡萨诺瓦觉得看到了机遇的吉兆，决定实施行动。他的回忆录有4章都是描写生锈螺钉和那块大理石，讲述好几个月的非人的工作和超人

---

① 即卡萨诺瓦铅皮监狱越狱事件。在回忆录《我的一生》中，卡萨诺瓦详细描写了这次越狱经历，尽管书中的描写可能经过了艺术的加工和夸张，但是越狱现场的证据显示他的描写基本属实。

的勇气，经受住了最离奇的灾难的考验，不管多么久远，即使是对他毫不同情的人，也替他捏了把冷汗。终于，卡萨诺瓦站在屋顶上，俯瞰着月光照耀下的威尼斯——他仍保持最大的活力、体力和沉着。他悄悄爬过窗户，打开两三扇大门，从主楼梯下去，和门卫、密探、办事员擦肩而过，最后来到广场，也得到了自由。此时卡萨诺瓦31岁，接下来发生的一切，都让人很难辨认出这是同一个人。他触碰到了人类可能性的极限，他赢了。从此以后，他虽然害怕冒险，却必须去。

为了逃离威尼斯城邦，他付出了极大的代价。他越狱的结局却是如此沮丧。身无分文、衣衫褴褛和被人通缉的他最终抵达巴黎。这是他第二次来巴黎，但大部分过去知道他的人都已离开或者认不出他了。尽管如此他还是有底牌的，其中最有价值的是贝尼斯（De Bernis）修道院院长。他是卡萨诺瓦以前冒险时认识的同伴，当时在威尼斯当大使，现在是有权势的外交部部长。对这个让他回想起过去的"憔悴幽灵"再度出现，贝尼斯对他表现出客套的欣喜，并立即帮他安排住处。在他的推荐下，舒瓦瑟尔公爵（Duke of Choiseul）将卡萨诺瓦聘为州彩票的委员会成员，他深知他在那里的主要任务是监视意大利董事的诚信经营，也就是卡萨比吉（Casabilgi）两兄弟。他又恢复了信心，卡萨诺瓦一心想要变得富有并拥有权势，这样他才不会重蹈过去命运的覆辙。

面对这样的敌手，作为第二股东的卡萨比吉两兄弟辞职卖掉了相应份额的股票。几个月后，卡萨诺瓦就发了财，而且因为在此过程中他也没有忘记保护者们的利益，因此在宫廷里很受欢迎。此时的卡萨诺瓦松了一口气，花钱的欲望开始显现。卡萨诺瓦装配了豪华的设施，和宫廷里最伟大最权威的贵族比赛消费，只有这样他才能实实在在感受到自己的财富。舞会、宴会再加上各种狂欢。同时，卡萨诺瓦对于黄金的欲望上升到一种强烈的爱好，这位放荡的哲学家以前从来没有这样的欲望。他的那些骗术伎俩轮番上演。他的玩牌运气变得很好。打着犹太教神秘哲学的旗帜，卡萨诺瓦利用人们对点金石（Philosopher's Stone①）的古老欲望，成功从暴躁、博学、倔强的老杜尔夫（D'Urfe）侯爵夫人那里骗到了数千元。其间，政府继续雇佣他从事商业活动，这对于他和政府来说都有利可图。1757年，卡萨诺瓦第一次被派到荷兰去执行秘密任务。他圆满地完成了任务，因此又被再次委以重任，作为法国国王的驻外大使去商议国债的事情。他又一次成功了。返回的路上，卡萨诺瓦开始疯狂消费。此时的他，站在顶峰。

他是从什么时候开始走下坡路的，这个问题令人费解，就连他自己也一直没弄明白。在卡萨诺瓦看来，这些风光的日子是他从巴黎被逐出戛然而止。他确信，这仅仅是由于某个强大的竞争对手的嫉妒而造成的。

其实，这是个斜坡，迅速但不唐突，而且原因在于卡萨诺瓦自身。过度放纵可以简单地用来解释其他男人堕落的原因，比如伪造汇票、欺骗或半欺骗债权人、绑架、深夜与他们根本不该与之争吵的上层阶级吵架、再加上堕胎、诱惑等复杂故事——足以让他们万劫不复，不过卡萨诺瓦除外。当这个男人是曾被关进铅皮顶监狱的卡萨诺瓦时，人们可能

---

① 贤者之石，是一种存在于传说或神话中的物质，其形态可能为石头（固体）、粉末或液体。它被认为能将卑金属变成黄金，或制造能让人长生不老的万能药，又或者医治百病。

会原谅他的一切，就连他在威尼斯做得更糟糕的事都被原谅了。事实上，他已经慢慢停止了冒险，变成一个聒噪的流氓，如果这么说太刺耳的话，他已失去了世界最伟大失败者的那种不可抗拒的魅力。他一直很渴望拥有，现在是已尽在掌中，他一直很引人注意，而现在已是招摇过市。卡萨诺瓦极度在乎自己地位的稳固，却不明白他也是社会的一员，不知道该如何把自己的地位与社会的稳固结合在一起。他变成了一个财富追求者，在机遇降临之时，只想到退缩，那神奇的光泽从他眼中消逝。人们不再将他当作帕克（Puck）①，而是把他看成敌人。

这种堕落是平稳的，但也有不同的阶段，渐渐变成最终的样子。从巴黎到伦敦时，他说："我将1763年9月这个时间标记为我人生的一个危机。事实上，就是从这个时候，我开始觉得自己老了。尽管我只有38岁。"

在这样的文字里，卡萨诺瓦传递出担忧、胆怯、对生活失去渴望和在困境中那种日渐增长的不适，这些都是亚历山大在巴比伦表现的症状。在英格兰，经过几个月的失败和缺乏热情的努力（一次新的违约），卡萨诺瓦再次逃离。这次他逃到更西边，到了普鲁士。

在这里，他又一次失败。他设法出现在可怕的腓特烈二世（Frederick II）②面前，腓特烈二世恫吓他、看透了他，最后轻蔑地让

---

① 帕克是个身手矫捷的精灵，擅长变身，喜恶作剧，是莎士比亚精心创造出来的重要喜剧角色。

② 腓特烈二世（1712—1786），史称腓特烈大帝。普鲁士国王、军事家、政治家、作家及作曲家。

他离开。然后卡萨诺瓦到了俄国,在那里他找到了库尔兰王子,这位王子符合他的一切要求:赌徒、浪荡子、迷信,对点金术的幻影疯狂追逐。不过卡萨诺瓦却失去了这次机会,因为他所提的要求让王子感到厌烦,"稳固的地位、闲职美差、要可靠而且得有钱赚"。冒险轨迹彻底下沉,那个阴险难以捉摸的伙伴又一次赢了。结束的不仅是冒险者的生涯。卡萨诺瓦也明白。"现在,我平生第一次反省自己,对自己过去的行为感到后悔。我不再抱任何幻想,我感到震惊,我面前除了无业无利的晚年之愁,只有坏名声和空虚的悔恨来哺养我。"此时,他将近50岁了。

若是还对他感兴趣,那我们再追踪得更远些,看看他在欧洲的跋涉。被王子抛弃后,卡萨诺瓦去了维也纳。在那里他被警察驱逐,再次回到巴黎,还是同样的结果。马德里、巴塞罗那,不管在哪里,他都不受欢迎,而且变得越来越荒唐可笑。最后一线希望是在华沙,贵族布朗尼基(Branicki)伯爵在与卡萨诺瓦进行一场险些丧命的决斗中发现,卡萨诺瓦还有"一些英雄和模仿伟大君王的气质",不过这尊重和钦佩只持续了一个小时,他就又被逮捕了。"警察通过斥责优秀的骑士来满足自己,并以坚决的态度责令他去其他地方继续远征。"

所以卡萨诺瓦曲线,虽然断断续续,但一直在下降,几乎到了谷底。堕落吗?卡萨诺瓦,是谁在全盛时期犯下种种戒律、各种罪行?一个以纸牌诈赌为生的人、庸医、小偷、通奸者、勾引修女和女学生的人、杀人犯、越狱者。恨他的人哪,你们当听。他还有更惨的事。回到威尼斯,卡萨诺瓦发现,布拉加丁破产了、死了。丹多罗变成了可怜老人,生活贫困,几乎沦为乞丐。卡萨诺瓦52岁了。他向他痛恨的宗教法庭申请警方密探的职位，这个法庭曾经把他关进监狱。靠着卑躬屈膝，卡萨诺瓦得到了这份工作。他的工作是提供关于这个城市的人们道德品行的报告。有些报告现在保留了下来，他没有签自己的名字，而是写下：安东尼奥·普拉托利尼（Antonio Pratolini）。其中一个报告引起了警察的注意，"关灯的时候他在剧院里看到了可耻的场景"。另一份报告中列出了他从一个男学生那里夺来的禁书清单，其中有一本是他第一个朋友——巴弗的诗集。他还抱怨说，社会上有裸体模特，都是一些艺校里的"年轻女孩""他特别确定，有些人打着艺术家的幌子得到了入学资格"。这份工作让他每个月有2英镑的收入。1781年，宗教裁判官开除了卡萨诺瓦。卡萨诺瓦在一封信里这样开头："我心里充满了困惑，羞愧难当，我知道我绝对不配把我那卑贱的作品写给诸位阁下……"结尾是："我恳求您宽宏大量，允许我继续留在我所服务的岗位上，我会更加努力。这样我才能活下来。"

　　然而就在这个时候，这个卑躬屈膝的男人有了个情妇，一位名叫弗朗西丝卡·布斯基尼（Francesca Buschini）的女裁缝，她在信中这样描写卡萨诺瓦："这个伟大的男人充满爱、智慧和勇气。"他们同居了，就住在托勒-德尔-巴巴里亚（Barberia delle Iole）的一所小房子里。不知道那房子现在是否存在，是否还能被认出来。

　　抛开道德不谈，我们有两张这个男人的画像。一张是他的兄弟弗朗戈瓦（Frangois）画的；另一张是一个名叫贝尔卡（Berka）的人所雕刻的，是在卡萨诺瓦63岁时完成的。第一张很明显是在卡萨诺瓦的光辉时期，当时他穿一件灰色羽纱外套，上面绣着精美的西班牙风格的银色花边，戴着一顶有同样装饰的羽毛帽，还有黄色丝绸背心和深红色丝质马裤。当时他很喜欢珠宝，"我的戒指和表链都闪闪发光，脖子上还戴着钻石和我的红宝石十字架"……最令人印象深刻的是他的眼睛，特别细长，仿佛从里面发出光芒，很少有这样的棕色眼眸。在那个年纪，他的容貌和他的财富一样变幻无常，如果你追求浪漫，会觉得他看上去像一只猛禽，或者觉得有这样鼻子的人，很像是贪婪下流的老恶棍，有着与生俱来的荒诞不经、高高在上的气质。

离开威尼斯，卡萨诺瓦再度开始他的探索，最终得到一份闲职。在波希米亚，华德斯坦（Waldstein）伯爵让卡萨诺瓦在他的达克斯城堡做图书馆管理员。那里有40000册书，不过主人却鲜少光顾。这位老人是个很好的图书馆管理员，而且当华德斯坦在这里举行狩猎聚会的时候，人们都觉得和卡萨诺瓦聊天特别有趣。剩下的时间他和其他仆人展开了一场战争，包括费尔基什内尔（Feltkirchner）男管家、 洛瑟（Loser）法警、奥赖利（O'Reilly）医生和病房女仆卡罗琳。他们讨厌卡萨诺瓦，还联合村民对抗他，当卡萨诺瓦走到庭院外面的时候，小男孩会拿石头扔他，小女孩会躲起来。第一次的报复后，卡萨诺瓦决定不理睬这些人，大部分时间都在图书馆里待着。

他和很多人保持通信联系。很多老朋友陆续开始与他有通信往来，而且他源源不断的创作给他带来了大批高尚和博学的通信者。这使卡萨诺瓦很受用，因为他已成为十足的势利之人。不管是从历史还是从艺术上来说，他的"回忆录"，是对他一生最好的辩护，也几乎是他最后的作品。这些回忆录在他生前没能出版，不过许多人都知道，比如利涅亲王（Prince de Ligne）在成书之前就已读过，还鼓励卡萨诺瓦。卡萨诺瓦的回忆录完整生动地呈现了他所处的那个时代，这是人类有史以来最有趣、最文明的时代之一。因此，卡萨诺瓦的回忆录是世界上最好的书籍之一，即使它的形式已经面目全非，这也是我们可能拥有的全部内容。不过这个辉煌的成就只是偶然的，卡萨诺瓦的主要目的是自娱自乐回忆自己生命的过程。　因为卡萨诺瓦的人生归根到底是一场性冒险，是有史以来最大胆和最全面的尝试。虽然他说一直在抑制自己——他已经变得和势利眼一样虚伪——但却写得津津有味，即使在他的作品中，常伴他左右的伴侣也比较有限。因为这个原因，他几乎是唯一一个没有被误解的伟大冒险家，这让卡萨诺瓦觉得特别开心。普鲁塔克这样的传记作家也奈何不了他。

1795年[①]，卡萨诺瓦在达克斯死于纵欲过度。

---

① 实际上，卡萨诺瓦于1798年去世。

第三章

克里斯托弗·哥伦布

（Christopher Columbus）

《哥伦布生后肖像》，皮永博，1519年作

亚历山大和卡萨诺瓦的探险留下了一个不为人知的黑暗中的诱人角落。那就是，这场博弈中他们最大对手的本性（如果不是个性的话），是令他们和社会迷失的幕后庄家那只看不见的手。当然有的时候，即使是普鲁塔克给世界上最伟大的冒险进行了层层粉饰，我猜想我们也能辨认出摇摆不定的影子，那既不像希腊人也不像波斯人，更加不像人类的影子，诱惑着、溺爱着，最后慷慨地勒死了年轻的半神英雄。所以，在地图上，他从亚洲到欧洲到非洲这透着急躁、无章法的运动轨迹，看起来（他不知道）像扶乩（planchette① writing），书写着他命运的脚本。这就是命运。机遇、宿命、天命、爱人、刺客，每一个都是未经证实的理论和假说，不管它们的本质是什么，似乎都触手可及，因为威尼斯浪子的生活并没那么庄重。例如那天半夜发生在罗马主教阿夸维瓦宫殿里的灾难、那封被老议员遗落在运河边的信、那个他在监狱阁楼发现的生锈螺钉，还有头皮轻微的刺痛，即使我们没有理解卡萨诺瓦天真的神秘主义也能了解到。

　　所有的冒险都是宗教，那么我们在世俗的探索是否有希望靠近这个神秘之物？所有的语言都用"她"来指代命运，但其实她往往对女性并不友好，所以我们是否有希望找到比寓言更有意义的东西，甚至比卡萨

---

① 占卜用的小三角板。

诺瓦信奉的两条箴言更珍贵更有启发的经验论？"命运知道把我们带向何方；命运引导心甘情愿者、裹挟不情愿者。"这已经比命运的绞刑架更有深意，但是还不够。

简而言之，给所有这些等式中递归的密码尽可能完整的值：尝试冒险的神学。唯一的方向是仔细研究命运的选择，去观察她其中一个宠儿的生命轨迹，就像坐在前排的观众仔细观看魔术师的手，惊叹这戏法的神奇一样。不期望能窥测到更多细微的暗示——但如果在亚历山大和卡萨诺瓦教会我们的原理之外，能发现一些命运的喜好以及怎样的策略才能令她在最无防备的时候感到满足，我们的探寻便能更往前一步。因为这样一来我们就可以心满意足地从冒险者本人的角度来观察他的挣扎，他所看到的，不是一个微积分，而是一种人格，或者至少是一种心理演算，而不是数学上的演算。

没有比令人钦佩的克里斯托弗·哥伦布（科隆、库隆、科伦坡）——不管他真正的名字是什么——更适合这项有点儿亵渎神明的事业了。他是整个花名册中最幸运、最神圣的冒险者。他是如此幸运，能在这个充满冒险的19世纪里被封为圣人。现代研究剥夺了他的这一荣誉，用石膏仿制品代替这位绝对的冒险者，而我们也已习惯这样。

他大约出生在君士坦丁堡落入土耳其人手中的某一天，也就是1453年，是中世纪真正结束的日子。①和历史中的许多其他人一样，他完全

---

① 哥伦布具体出生日期不详但早于1451年10月31日。

是他那个时代的人，这意味着，他带着所有时代赋予他的偏见。从他身上，我们可以看到整个中世纪，这个时代已经过时了。被无数学者、作家、教派、君王等追踪过的话题，我们没有必要再涉及，不过克里斯托弗所体现的中世纪精神有两方面尤为突出：他低估事物的习惯和他一贯的自命不凡。第一，就像那个他一出生就终结的时代，他的测量标准是以"人类的高度"，所以克里斯托弗相信天地万物（特别是天和地）都比实际的更小、更慢、更简单、更近。这种尺度误差是中世纪的独特之处，有时是迷人的幼稚魅力，是中世纪艺术和沉闷的十字军的秘密，两者在自己的风格方面都无可匹敌。星星只在几腕尺的地方、亚洲就在转角、世界并未存在多久而且即将英年早逝。还有，亚里士多德无所不知。

文艺复兴在某种意义上是对中世纪标准的背弃：他们突然意识到了尺寸的错误，顿时从利利普特（Lilliput）搬迁到布罗布德纳格（Brobdingnag）[①]。克里斯托弗比任何人都应对这个变化负责，虽然他的一生都陷于这个旧的标准。他事业的具体结果，不管是好是坏，我们都应把它们放在那个时代当中。从心理上看，这种根深蒂固的错误就像是一部强有力并且实用的"务实小说"，给了他拥有冷静的自信和孩子般的信仰，正如书中所说，这是伟大事业所必需的，对于一个富有想象力的人来说，想要从冷水中获得真理几乎是不可能的。

---

① 利利普特和布罗布德纳格都是《格列佛游记》中虚拟的国度。利利普特是小人国，布罗布德纳格是大人国。

最重要的是，克里斯托弗不仅是个有想象力的男人，而且他还是一个势利小人——这是一种充满想象力和诗意的野心形式。他不是萨克雷①笔下那种可怜的势利小人，他们只不过是入不敷出的职业人士。一个中世纪的势利小人，对他来说，血统的高贵不仅是必要的，更是充满诗意和神秘的美德。在1453年，一个织工的儿子不但会发现整个社会体系对他的野心充满了敌意，而且他可能永远不会鼓起勇气去和那些比他更好的人竞争，他们是征服者威廉②或者查理大帝军人的后代。这些享有美名的绅士有一个禁忌，而热那亚③的哥伦布只有像克里斯托弗④那样，他假装自己是其中的一员，并且相信这点。

大概是因为这个原因，那些喜欢给人们的小弱点冠上医学名词的人称他是个"病态骗子"。如果说假话是病态的，而这些假话只有自己咽下去才有说服力的话，那么哥伦布得了这种病，而且不仅是在他出生和家庭这个问题上。他以及他无辜的同谋，还有他的儿子⑤——传记的

---

① 威廉·梅克比斯·萨克雷(William Makepeace Thackeray，1811—1863)，英国作家，其代表作品《名利场》，尖锐讽刺英国上层社会的腐朽生活。书中塑造了19世纪初期英国资本主义社会下一个典型女冒险家的形象。

② 威廉一世，第一位诺曼英格兰国王。

③ 意大利西北部港口城市，哥伦布生于热那亚。

④ 克里斯托弗·哥伦布这个名字是拉丁文克里斯托弗·哥伦布的英语化。他的名字在利古里亚语中是克里斯托法·科伦坡，在意大利语中是克里斯托福罗·科伦坡，在西班牙语中是Cristóbal Colón。

⑤ 费尔南多·哥伦布。哥伦布的次子，他用西班牙语写了他父亲的传记，后来被翻译成意大利文。

作者，欺骗了这个世界，以致迄今为止都存在激烈争议，有学派坚信他是加利西亚的马拉诺人①或者是改变信仰的犹太教徒；还有学派认为他是出身于西班牙家庭的意大利人；第三个学派最能让人接受（我也同意），认为他是克里斯托弗，是多梅尼科·哥伦布（Domenico Colombo）和他的妻子苏珊娜·方塔纳罗萨（Susanna Fontanarossa）的儿子，是在热那亚的圣斯蒂芬小教堂里接受洗礼的。所有这些假设必定让他在九泉之下不得安宁，因为哥伦布终其一生都在坚持这些假设：他是蒙费拉托库卡罗（Cuccaro in Montferrat）城堡哥伦布伯爵的后裔，传说中罗马将军科尔内利乌斯②的后人，他征服了本都国王米特拉达梯六世（Mithridates），并把他当作战俘带到了罗马。在这个传说中（经过多年的实践，他当然已经相信了），他还补充了一些离奇的细节：另外两个贵族领主，一位名叫威廉·德·卡塞诺夫·库隆（William de Casenove Coullon）③的加斯科涅(地区)的海军上将，还有另一位希腊人乔治·比西布拉特·帕拉奥罗格斯（George Bissiprat Palaeologus），绰号叫作哥伦布·皮拉塔（Columbus Pyrata），也是海军上将，是君士坦丁堡帝王的直系后裔，哥伦布说这两人是他的嫡系表亲。

---

① 指1391年后为避免被处死或迫害而信奉基督教的犹太人。他们被怀疑秘密信奉犹太教，因而成为西班牙宗教法庭的迫害目标。

② 卢基乌斯·科尔内利乌斯·苏拉（Lucius CorneⅡus Sulla，前138—前78），古罗马政治家、军事家、独裁官。

③ 库隆实际上是一艘海盗船的船长。

多梅尼科·哥伦布是一个经营小本生意的织工，他开了一家酒馆，后又增加了一条奶酪生产线，最后破产——这在商业共和国热那亚是严重的犯罪——于是被关了一段时间。克里斯托弗也有一些值得炫耀的故事：他受过很好的教育，以拉丁语为特长。他肯定学得很快，因为11岁时候，他就按惯例做了父亲的学徒。随着多梅尼科的生意（如果不是他财产的话）的扩大，克里斯托弗和弟弟巴尔托洛梅奥（Bartholomew）帮助父亲推销，他们做商业旅行家，或者更确切地说，做布贩，把产品带到周边的农舍去叫卖。这种模式还没消失，在整个意大利北部，甚至远至普罗旺斯的马赛和阿维尼翁，时常能看到这些年轻的意大利人，他们一半是小贩，一半是手艺人，背着成卷的布料，在尘土飞扬的山路上拼命地推着他们的自行车。这些认真和疯狂存钱的年轻人流着汗水省下每一分钱。

18岁时，克里斯托弗就同意，或者是被迫同意加入父亲的投机买卖中。在一张保存下来的票据中，他和他的父亲承认共同向毛里齐奥港的彼得·贝利西奥（Pietro Bellesio）购酒赊账10美元。就在那一年，可怜的多梅尼科因为欠债被监禁，在他的父亲被释放之前，克里斯托弗不得不为自己欠给奶酪批发商吉罗拉莫·德尔·波尔托（Girolamo del Porto）的债做保证。

三年后，克里斯托弗开始他的第一次航行，不是以海员的身份，更不是以勒内国王舰队上将的身份，"对阿尔及尔的萨利人进行惩罚性的远征"（最后一次这样的远征是在克里斯托弗9岁的时候），正如他所宣称的那样。很自然地，他是作为一个旅行推销员，带着货物去黎凡特的，这种能力是他从小就被培养起来的。他的雇主是迪·内格罗（Di Negro）和斯皮诺拉（Spinola）合伙开的大公司——热那亚最大的公司之一，垄断了小麦的生产。1476年，克里斯托弗又起航去英国，英国人是热那亚货物的主要消费者。在圣义森特角附近，船队被由卡塞诺夫·库隆带领的12艘军舰攻击，正是此人后来收留克里斯托弗的。三艘热那亚的船只被烧毁，其余船上的人，连同克里斯托弗在内，被葡萄牙人解救并带到里斯本。

迪·内格罗和斯皮诺拉的公司在那里有分部。克里斯托弗和其他120个幸存者得到了照顾，同年秋天，他们登上第二支船队，这次比较幸运，他们到了目的地。在此次旅行中，克里斯托弗编织了一个关于去往冰岛之外天涯海角的大胆故事，几个世纪以来，评论家试图把这个与格陵兰岛对热那亚布匹需求的经济状况结合起来。今天有人指出克里斯托弗可能已靠近戈尔韦（Galway）①，他在那里有些生意。

第二年克里斯托弗回到里斯本，刚开始在迪·内格罗商店里工作，后来在琴图廖内（Centurione）的关照下，参与到非洲海岸的新贸易中，从事与新发现的马德拉群岛和加那利群岛的相关贸易。有一份日期为1479年4月25日的文件，是关于马德拉群岛的白糖诉讼案件，26岁的克里斯托弗被列为证人。他显然是因为这件事情被召回热那亚。公证人好奇地问他："你觉得谁会赢得这个案子？"克里斯托弗谨慎地回答："有理的一边。"他说自己有100弗罗林币②，而且第二天必须要出发去里斯本。

---

① 爱尔兰西海岸一港口城市。

② 弗罗林（Florin）是1252至1533年间铸造的一种金币。起源于佛罗伦萨，1252年由佛罗伦萨和热那亚共同铸造，重约3.5克，随后成为大多数欧洲货币的原型。

对当时人们宇宙学观点的认识，正因为如此才有了对美洲大陆的发现，如今流行的观点却存在极大的扭曲之处（这大部分是哥伦布和他传记作者所致）。根据他们的说法，在笨蛋和懦夫的世界中，人们相信这样的理论：世界是平的，大西洋布满了恶魔，由竖鸡蛋的故事可知，哥伦布有着伽利略外加哥白尼的双倍天赋，还有魔术师拨乱反正的智慧。但真相总是更有趣的。其实在这个有着飞行员、科学家、商业冒险家的世界里，没人相信地球是平的，而哥白尼正是凭借着他的航海故事成为这个世界的一员。1481年，教皇庇护二世——西尔维厄斯·皮科洛米尼（Sylvius Piccolomini）说："事实上每个人都同意世界是圆的。"至于航海的可怕之处，没有人比哥伦布更了解。在其一生中，《曼德维尔游记》（*The Travels of Sir John Mandeville*）和皮埃尔·戴利①《想象的世界》（*Imago Mundi*）始终是他的床头书，他对这些书的阅读鉴赏力远落后于那个时代。里斯本和热那亚的水手以及他们的雇主——那些大贸易商行，甚至远在北京都有其仓库或代理。从他们的地图和航海图（portulans）②中可以看出，他们都对旧世界有非常清楚的认识。是哥伦布看到了塞壬③，找到了人间天堂炙热的城墙，亲手记录下各种故事，

---

① 皮埃尔·戴利(Pierre d'Ailly，1350—1420)，法国神学家，教会改革的倡导者。

② 写实地描绘港口和海岸线的航海图。自13世纪开始，由意大利、西班牙、葡萄牙开始制作这种航海图。在地理大发现时代的西班牙或葡萄牙作为本国的机密，描绘了一系列大西洋与印度洋海岸线的这种海图。这些资料对于航海事业较晚起步的英格兰和荷兰而言是具有无上价值的珍宝。

③ 希腊神话中人首鸟身（或鸟首人身、甚至跟人鱼相类）的女怪物，经常降临在海中礁石或航行中的船舶之上，又被称为海妖或美人鸟。

包括曼德维尔关于满脸长毛的人们、植物羊和铺着金子的城市。哥伦布毕生坚信的地理信条，都总结在他的日志中：世界包括欧洲、非洲和亚洲（大约是真实大小的一半），陆地和水域的比例是六比一。

因此，他的观点和那个时代主流观点的分歧点在于：都很自然地忽略了美洲的存在，不过哥伦布相信从葡萄牙出发，向西走一段很短的路程就能到达亚洲，而其他人则觉得这段距离非常遥远。在这两个大陆之间的这个方向上，人们一致认定存在着某些岛屿，比如马德拉群岛或者主流观点认为的亚速尔群岛，根据克里斯托弗的书籍，这些岛上住着圣人和长生不老的人。

更严重的是，哥伦布的传说歪曲和低估了同时代水手的能力。抛开是否成功不谈，哥伦布远没有站在探索的一端，不过是众多探险者中的一个。葡萄牙、利古利亚和西班牙的沿海城市遍布有着探索雄心的勇敢水手。每个港口都充满故事，航海地图每天都在扩充，水手们每天都在计划着探索未知世界。出于难以理解的原因，我们很难估计他们究竟掌握了多少关于已知世界的信息，但对于精英阶层来说，哥伦布喜欢的那些不过是儿童读物的水平。特别是葡萄牙，早就开始沿着几内亚海岸做贸易了，他们已发现了马德拉群岛和加那利群岛，还与岛上居民进行了有利可图的贸易。在哥伦布航行四年之前，巴塞洛缪·迪亚士①绕过好望角，在看到通往印度的航道时折返。但是除了那些已经公布的著名发

_____

① 巴塞洛缪·迪亚士（Bartholomew Diaz, 1450—1500），葡萄牙贵族和著名航海家，他于1486年带领船队航行至非洲大陆最南端并发现好望角，为葡萄牙开辟通往印度的新航线奠定了坚实的基础。

现，必然还存在着其他发现，这些秘密是大商行和大银行严密保护的财产，和现在一样，他们也没有把他们所知道的、在工作中所得到的、对他们有益的东西全都泄露出去的习惯。从回乡度假的船长和代理人那得到些零星信息，当时的学者们急不可耐地相互交流，那些奇妙的地图被绘制出来。因此，当哥伦布仍然在热那亚的山麓兜售他父亲的布料时，彼得罗·托斯卡内利[①]，这个博学的佛罗伦萨人，已经以安迪利亚的名义进入到古巴的岛屿。

由于信奉伊斯兰教的土耳其[②]的崛起，阻断了意大利共和国使用了好几代的东进陆路贸易交通线，欧洲面临着黄金短缺的境况，探险热因此被激发出来，哥伦布也受到感染。经济史学家用他们神秘的方式得出结论，那时整个欧洲的金子不超过400万英镑，包括铸币和饰品，而且由于自然的使用和东方贸易的流失，使黄金数量急剧下降。唯一来源是萨克森[③]和西班牙的沙金，如此可怜，以至在发现美洲后，它们便被永远抛弃了。一系列不可抗拒的原因交织在一起，迫使政府和金融家竭尽所能尝试寻找新的金属供给来源：一是为了与土耳其决战；二是为了购买东方的奢侈品（欧洲商人从高度文明的东方带回了不少货物）；三则是为了铸币。探险发现的好处，简言之是让欧洲得到了救赎、获得了控制权，说的复杂些就是影响了哥伦布这样的一大批水手和船长，他们或多或少

---

① 彼得罗·托斯卡内利（Pietro Toscanelli，1397—1482），文艺复兴时期欧洲佛罗伦萨数学家。他根据多年的计算结果断定由欧洲向西航行可以到达亚洲（而实际情况比其稍大）。他的评估为哥伦布所知悉，为其航行计划做好了准备。

② 奥斯曼土耳其帝国。

③ 位于今德国东部。

都与船只有着间接的联系。

那些——当然是在克里斯托弗自己的谎言和虚张声势的影响下——把他塑造成他那个年代孤独的船长，这位伟大的航海家孤独地站在他那个时代的科学、想象力和胆量的前沿，却错过了真正属于他的荣耀。这是所有冒险者的荣耀：当一个了不起的局外人。直到最后一次航行，他都不一定会使用象限仪。他对航海的了解，比不上任何一个四肢健全的水手。他无法独自确定所发现地方的经纬度。第一次探险时，哥伦布没有任何指挥经验，也从来没学过。他按自己意愿行事，不受任何国家利益所控制，如果有人曾独自对抗整个社会世界，那就是哥伦布了。

本来没有资格的他却胜利了，这个冒险家的烙印让社会无比憎恶，那些严肃冷静、有能力的人精心策划想做的事，他用他的方式做成了；他是怪人和业余选手的榜样。在她和他的交往中，命运冷落了一切有价值和有能力的人。

我们已经看到哥伦布的社会策略。它的初次成果是给他赢得了一个富有的新娘。凭借"家族关系"，在里斯本，他认识了弗利帕·莫尼斯·佩雷斯特雷洛（Filepa Moniz Perestrello），此人的父亲是圣港岛的统治者，这个岛屿紧邻马德拉群岛。佩雷斯特雷洛有如此地位，得益于他的两个姐姐是主教迪诺罗尼亚（Noronha）的情妇，迪诺罗尼亚是里斯本的总教主，在王宫中很有权势，这么看来，克里斯托弗所伪装的高贵其实是可信的。他岳父的藏书室中有许多关于旅行的书，克里斯托弗也看过。在庇护二世的《历史成就无处不在》（*Historia reum ubique gestarum*）一书的页边空白处，简要地记录着他对地球是圆形的认识，克里斯托弗亲手写下："印度盛产许多东西，芳香的香料、大量的宝石和堆积如山的黄金。"这一点连佛罗伦萨的游荡者也知道，在他们《返乡致富的商人之歌》中这样唱道：

来自遥远的加尔各答地区，

辛辛苦苦做着生意，

我们已经带回各种香料。

从加尔各答的边界出发，

勤勉尽责，

我们在这里有更多的香料店。

在《想象的世界》的抄本中，克里斯托弗亲手写下一句更深刻、更不真实的评论："在西班牙和印度的起点之间有片小海域，几天之内可以通航。"他从来没有背离这条教义。

有了新的亲戚关系，克里斯托弗的处境有所改善，于是放弃了纺织品生意。他去了圣港岛，并可能在那儿以及在马德拉群岛待了很长一段时间。没有证据证明他曾到过几内亚海岸，克里斯托弗对几内亚海岸在地图上位置的认识是错误的，所以也就不令人信服。但在岛上的日子，克里斯托弗搜集到了不少有关海洋的故事，他最喜欢的，是有关安提利亚①和巴西的故事。安提利亚群岛位于西边，有七个主教曾在摩尔人入侵西班牙时移居到此，建立了七座城市。巴西生长着许多稀有树木，那些

---

① 安提利亚（Antillia）是中世纪晚期欧洲人虚构出来的一个幽灵群岛。构想中，安提利亚位于西班牙以西的大西洋，西非加那利群岛及亚洲的中间，更曾有人绘出虚构的地图标示它的位置。

木头不时会被冲刷到爱尔兰和马德拉群岛的沙滩上。法国查理五世罗浮宫图书馆的墙壁上，就以这种弃物（jetsam）为装饰。

葡萄牙人在集中精力探索非洲之前，就已经为到达安提利亚做了许多尝试。传说他们真的到达过安提利亚，这次探险的唯一的存活者是一个独眼飞行员——阿郎佐·桑切斯（Alonzo Sanchez），他们的船在圣港岛遇险沉没了，在克里斯托弗岳父的房子里，他还没来得及讲述自己的发现就死掉了。在热那亚宇宙学家贝达尔瑞（Bedaire）1434年绘制的地图上，安提利亚就被标记了：Isola scoperta。新发现岛屿——这背后还隐藏着神秘的故事。两年以后，在安德烈亚·比安科（Andrea Bianco）[①]绘制的一张意大利地图上，安提利亚又有了新的描述：它属于西班牙。这是西班牙海。[②]

在这样的时间和环境下，我们应该看看克里斯托弗的意志是怎样凝练而成的。他的意志不像亚历山大那样严格单纯，甚至不同于卡萨诺瓦的。他的航线在印度和安提利亚之间分叉，他的动机有时是为了黄金，有时是为了荣誉。还有些时候——到了最后，出乎意料——他既没有为世俗的天堂引路，也没有为任何方向引路。在同样的心情下，他希望所有的利润都用来发起一场新的"十字军东征"。这种潜在的模棱两可被他的装腔作势的沉默习惯所掩盖，就像所有成功的虚张声势者一样，他

---

① 15世纪的威尼斯水手和制图员。

② 原注释：比较并与前面所说的"秘密开拓"联系起来，马德拉岛在1351年的意大利地图上以伍德岛的译名出现，这比公认的发现早了50年。

在说话的时候也会时不时地装腔作势。

通过他妻子的家族，克里斯托弗很容易与葡萄牙国王若昂二世（John Ⅱ of Portugal）进行了私人会晤。我们必须把他看作是擅长说服别人的艺术家。他身材高大，金黄色的头发有些过早变得灰白，脸上有雀斑但面色红润，动作缓慢稳重，是个极其健谈之人。他说话有一些特殊的语调和表达技巧，完全避免了给人留下聒噪的印象。这个世界永远学不会提防这些平静直视你眼睛的庄严绅士，他们从不会开玩笑，也从不动摇，总是谨慎地暗示和影射，但总是在适当的场合保持沉默——这就是为什么这个骗局仍然行得通的原因。说来也奇怪，他的魅力对于底层阶级来说似乎完全无效——水手尤其不喜欢他，甚至鄙视他——这也是他航行中出现多次事变的唯一解释。不过国王们却无法抗拒他的魅力，若昂二世以最大的关注和尊重听从他的意见，他们唯一的分歧在于哥伦布所提的向西航行的条件。

哥伦布的条件是整个故事不可缺少的部分，也是主要的情节基础。他的努力都是为了得到这些条件，没有任何的犹豫不决。他向若昂二世、西班牙贵族、伊莎贝拉女王本人都提了这么一个不容商量的要求：航海（大西洋）总司令的头衔、所有他发现岛屿的总督职位、岛屿贸易总收入百分之十的提成以及提名总督的权力，所有这些权力都永远世袭。克里斯托弗所计划的航行并非史无前例，但是在整个探索史上，没有人能像他提出这样的条件。他的计划既低劣又没有独创性（（只有巧妙地运用沉默才能掩盖这一点），这点暂且不提，而当时也缺乏必要的条件，每一艘船只都被垄断了（他还要求一支舰队）。比如在威尼斯，按照法律，船只是归大贸易公司所有，因此他所要求的回报，意味着建立一个与国家本身的权力相抗衡的权力，这样的大胆行为就像是电弧灯一样照亮了他。如果这是个虚张声势，是某种讨价还价的第一步，那就太了不起了。但是国王和命运只会嘲笑，然后把放肆的叫卖商人踢回他的柜台和码尺。事实上，哥伦布不论在何时何地，即使它妨碍了他的事业，即使在他感到沮丧的时候，尽管所有相信他的贵族朋友对他争论和恳求，也没有把条件减少分毫。是的，贪婪也有它的英雄气概。

然后，国王拒绝了，但很有礼貌，很谨慎。哥伦布仅仅凭其坚定的毅力，就把他平庸的主张提高到了一个时代的主要海洋强国无法企及的尊严。命运也不再与他开奇妙的玩笑，这个伟人正追逐着命运女神。

1484年，哥伦布的妻子去世了，他带着他的幼子迭戈（Diego）来到西班牙。接下来的七年是这个传奇最感人的部分。不论愚蠢的国王、无知的贵族、妒忌的朝臣如何嘲笑，哥伦布仍穿着他粗布哔叽长袍，手牵着他心爱的孩子，许多学院的艺术家对这一题材很有兴趣，许多画廊也展出了此幅作品。现代历史学家必然略做润色。首先，我们不知道为什么哥伦布离开了里斯本。应该不是由于国王的婉拒，因为正如我们后来看到的，哥伦布并不是个一被拒绝就放弃的人。某些迹象显示，真正的原因有可能是源自一笔未还的债务——这是他在遗嘱里要求继承人去谨慎处理的债务之一。也许还有更糟的事情，他在西班牙收到的若昂二世的一封信，信里有所暗示。国王用奇怪的条款给他提供了一个安全通行权："由于一些原因，法庭也许会找你的麻烦，有了这封信，我们保证将来不论你是来这里、离开这里、还是待在这里的期间，都不会被逮捕、拘留、控告和传审，也不会在任何事件中被起诉，不管是民事性质的还是犯罪性质，或者其他性质。"而且，和他自述的殉道史相反，从到达西班牙至他开始探险的很长一段时间内，可以确定的是，哥伦布既没有挨饿，也未受到冷落。相反，他到处都能找到有势力的朋友，津贴、款待、公爵、伟大的教会人士，像路易斯·德·桑塔甘这样的金融家，追求最高品质的宫廷宠儿——这是一个无与伦比的个人推销纪录。他心爱的幼子迭戈，也没给他带来什么负担，因为到西班牙后一个月，迭戈就被托给了博学、善良的方济各会修道院。

　　哥伦布在西班牙成功推销了自己的观点，这是一个渐进式的结构，是运气、努力和技巧结合的成果。我想说的是后者，通过洗脑和对缄默技巧的灵活运用，他有推销的天赋。哥伦布有三个内心要塞，彼此相辅相成：他从不降低自己的要求、解释他的计划和透露他的身世。计划的第一步是通过虔诚、交谈和吹嘘抓住帕洛斯城①那些热情修道士的同情心。在他生命的危难时刻，哥伦布穿上圣方济各（St.Francis）第三会②的长袍和腰带到达西班牙。普里奥尔（Prior）是伊莎贝拉女王的告解神

---

　　① 帕洛斯德拉夫龙特拉或巴罗斯港（Palos de la Frontera）是西班牙安达卢西亚自治区韦尔瓦省的一个市镇。1492年8月3日，哥伦布从该港口起航前往美洲。

　　② 第三会（Third order）是天主教及部分保有修会制度的基督新教教会中有从属于一特定修会，且有别于所谓的第一会（男性修会）及第二会（女性修会）的团体，又称为在俗会。其成员由认同修会宗旨的平信徒或是教区司铎组成，他们与第一与第二会成员的差异在于他们没有发圣愿，但是有发誓遵守为其所设的规范。此外在某些修会，如方济各会，则有由修道士所组成的正规第三会。最早的第三会团体是由亚西西的圣方济各所成立的，就在他先后成立了贫穷小兄弟会和贫穷佳兰隐修会之后，他又为了跟随他而没有加入修道生活的信徒们成立了世俗的修道团体，后来的人就以他的名称称为方济各会第三会。之后其他修会也仿效成立了各自的第三会。

《哥伦布和他的儿子迭戈在修道院门口》，贝内特·梅尔卡德（Benet Mercadé）作

父，仍然保持对她很敬重。通过他，哥伦布直接走进王宫的圣殿，见到了梅迪纳·西多尼亚（Medina Sidonia）公爵，他是王国里最富有的土地所有人，也是一个崇高的爱国者。同样地，他也拒绝了哥伦布的要求，认为与格拉纳达摩尔人①的战争没有结束前，不能做别的事情。不过梅迪纳·西多尼亚公爵却把这个很有说服力的陌生人纳入麾下，并将他介绍给自己的朋友和堂兄——梅迪纳·塞利（Medina Celi）公爵。这位贵族立刻坚决地批准了这个计划，更精确地说是批准了哥伦布，并打算立即为他配备一支舰队。哥伦布所提的条件仍是唯一无法克服的障碍，即使梅迪纳·塞利公爵都答应了他的要求，同意给他海军上将的头衔、仅次于王室成员，等等。1485年他们召开了会议。直到1487年，哥伦布都吃住在公爵的宫殿中。此外，从1487年1月开始，哥伦布的朋友帮他在女王的王室津贴中获得了一笔拨款。

与此同时，通过权势在握的朋友，哥伦布得到了与女王面谈的机会。在他精密筹划的间隙，哥伦布用心熟读了《想象的世界》和《曼德维尔游记》，还勾引了一个很贫穷的良家女孩——比阿特丽斯·恩里克斯·德·阿拉纳（Beatrix Enriquez de Arana），她为哥伦布生下了费尔南多（Fernando），他未来的传记作者。

---

① 摩尔人是指中世纪伊比利亚半岛（今西班牙和葡萄牙）、西西里岛、撒丁尼亚、马耳他、科西嘉岛、马格里布和西非的伊斯兰居民。1492年1月2日，这个在格拉那达的最后一个伊斯兰堡垒臣服于新近统一的基督教西班牙王国。伊斯兰们被迫在离开西班牙和皈依基督教中选择。

哥伦布与女人的关系自然无法与浪荡子卡萨诺瓦相提并论。人们所知道的是，只有三个女人曾在他的生命中出现过。第一个给了他一笔小小的财富，他花光了；在他的无数资料中，没有任何一个文件提到了更多关于这个女人的信息；第二个是贫穷的比阿特丽斯，甚至当哥伦布发达之后，她仍然很贫穷；第三个女人则是可怕的西班牙女王伊莎贝拉。第三段感情完全是柏拉图式的，正因为对做大事的人来说，禁欲是最好的办法，所以第三段感情给哥伦布带来了最丰厚的利润。这个毁掉了格拉纳达①的女人，任命托克马达（Torquemada）②去加强异端审判，并就如何处置异教徒与他产生了分歧，最后驱逐了170万犹太家庭，没收了他们的财产，使火刑(auto-da-fe)成为国家制度。出于谦逊，她在临死前将脚藏于被单下拒绝教会对他们的受膏③。她的虔诚、政治上的才能和美德已经不用我再夸了。拉斯普京④或者巴纳姆⑤可能永远不会遇到她和她

---

① 西班牙安达卢西亚自治区内格拉纳达省的省会。1492年，格拉纳达的陷落，结束了伊斯兰教在伊比利亚半岛800年的影响，解除了内部的纷争。统一的西班牙开始了它在全球范围内最大规模的扩张时期，以致伊莎贝拉女王资助哥伦布到达了美洲。

② 15世纪西班牙天主教多明我会僧侣，西班牙宗教裁判所（天主教会决议处理宗教犯罪的法庭）首任大法官。卡斯蒂利亚女王伊莎贝拉一世的告解神父。

③ 受膏这个字是引用基督这个字而来的。受膏多数是以油或香油抹在受膏者的头上，使他接受某个职位的意思，就好像在《旧约》里的君王、祭司及先知，都是用橄榄油来抹在他们的头上，使他们受膏接受神所给他们的职分。

④ 俄罗斯帝国神父，尼古拉二世时期的神秘主义者、沙皇及皇后的宠臣。

⑤ 费尼尔司·泰勒·巴纳姆，美国马戏团经纪人兼演出者。1842年在纽约开办"美国博物馆"（American Museum），以奢侈的广告和怪异的展品而闻名。1871年建立了世界大马戏团。

贪婪的骗子丈夫——费尔南多所面临的困难（也许有托克马达做她的靠山）。从一开始，哥伦布就征服了他们俩。不过，哥伦布所提的条件再一次成了拦路虎。

　　此后的几年，英雄仍然坚持着自己的立场，后来他回忆说道："我饥寒交迫，被世人所拒绝，只有一个穷和尚愿意和我做朋友。"有时哥伦布与公爵待在一起，有时待在王宫请求得到女王再次接见，仍锲而不舍地争取海军上将的头衔、总督的职位和那百分之十。有一次，门多萨主教[①]，也就是"西班牙的第三国王"，出面帮他调解，建议女王接受他的条件。此外，贵妇人交际花比阿特丽斯·德·博巴迪利亚（Beatriz de Bobadilla）[②]，或者公爵，或者犹太金融家路易斯·德·桑坦格尔（Luis de Santangel）[③]，甚至托克马达都帮他说情。最后，强大的方

---

① 佩德罗·冈萨雷斯·德门多萨，西班牙大主教。1473年任维塞利亚大主教、卡斯蒂利亚大法官，支持伊莎贝拉继承卡斯蒂利亚王位，次年被任命为首席大法官，成为女王主要顾问。其创办了巴利亚多利德的圣克鲁斯学院，并推行新教育制度。后参加对格拉纳达王国的征服，支持克里斯托弗·哥伦布的航行。保护文学、艺术，翻译过荷马和萨卢斯特的作品。由于其声望，历史上有"西班牙第三国王"之称。

② 西班牙贵族和朝臣。她被认为是伊莎贝拉一世的心腹。她是伊莎贝拉的童年好友，在她执政期间一直担任她的宫廷顾问，曾因被误认为女王而遭到暗杀。作者在书中说她是高级妓女（courtesan），没有确切的证据支持这一论点。

③ 西班牙改教皈依天主教的犹太人第三代（converso）。桑坦格尔为西班牙的费迪南德二世国王和伊莎贝拉一世女王的皇家金融的主管。他在1492年哥伦布的航行中发挥了重要作用，因为他设法说服天主教君主资助哥伦布的远征，并亲自提供了大笔资金。

济各会①也下了命令，哥伦布(和女王)对其都有特殊的贡献。除了待在法庭和宫廷的时间，哥伦布还回到帕洛斯，在修道院住上一段时间，翻看修道院图书馆的藏书，希望能从古人那里得到一些引证，以便下次与女王会面时用到。

就是在其中的一次撤退，哥伦布遇到了马丁·阿隆索·平松（Martín Alonzo Pinzón）②。在帕洛斯，马丁的家族拥有船只和领航员，由三个兄弟主持，马丁是年纪最大的一个，也是最有钱和最有权势。马丁也有一个探险计划，为了记录自己的情况，他甚至还去罗马咨询过最有名的宇宙学家，并带回了一张宝贵的地图，上面标记了安提利亚群岛。马丁打算先到这个岛屿，重新储备粮食，然后继续前行，最后到达马可·波罗曾去过的Zipangu（日本国）。据《马可·波罗游记》所载，"那里有大量的黄金，取之不竭，但是国王不允许出口。因此君王的宫殿非常奢华，有幸去过君王宫殿的人说，整个屋顶都镀上了一层金"……看来，在遇见哥伦布之前，马丁就已经决定要开始此次航行（为了他自己，无论盈亏）。在修道士们的安排下，这位神秘又有影响力的陌生人与那位顽强的当地巨头进行了一场会面。他们达成了一些协

①方济各会，亦译"法兰西斯派"。亦称"小兄弟会"。1209年由意大利人方济各所创。元代时，1294年，约翰·孟德高维诺首次将该会传入中国，并在北京、泉州等地设立教区、建造教堂，时称"也里可温"。明代中下叶，又从海上进入闽浙一带。清代中叶以后在中国辖有众多教区，主要传教于鲁、晋、两湖、陕、甘等地。

②马丁·阿隆索·平松（Martín Alonzo Pinzón），（约1441—1493年），西班牙水手，造船厂厂主，航海家和探险家。1492年，作为"平塔号"的船长，他与克里斯托弗·哥伦布一起进行了首次前往新大陆的航行。

议，除了日后哥伦布含糊不清的指控，和法庭上关于如何处理他遗产时两位证人出具的证据外，他们协议的具体内容和原因，我们知之甚少。两个证人一个是马丁的儿子阿里亚斯·平松（Arias Pinzon），他宣誓作证说："上述协议是，将女王赐予的所有好处平分。马丁·阿隆索给哥伦布展示了所说的文件（意大利地图），这对这位海军上将来说是莫大的鼓舞。他们达成了协议，而且马丁·阿隆索为他下次面见女王提供了资助。"韦尔瓦省的水手阿朗佐·加列戈（Alonzo Gallego）证实这个说法："我听到哥伦布对平松说，平松先生，我们一起航行，若是上帝保佑我们成功发现了陆地，我以王室的名义起誓，会与你像兄弟般分享一切。"若你要问是不是真的，哥伦布到底能给平松什么好处，那是一个谜，就像哥伦布的其他谜一般的谈判一样，这是推销术的秘密，是人生经历中许多不合理的事情之一。只有当它们出现在历史中时，我们才会惊讶。

1492年，西班牙摩尔人的最后一座城堡——格拉纳达沦陷了，基督教世界的梦想实现了。伊莎贝拉急于要消灭比自己更早的文明，让自己的文明取而代之，这是最后一搏的时刻。与此同时，哥伦布假装去拜见法国国王，愚弄了不少人，最终签下了一份协议①。他得到了一笔100万

---

① 《格拉纳达协定》。1492年4月17日，克里斯托弗·哥伦布与女王伊萨贝拉一世和国王费尔南多二世达成的协定。协定规定：封哥伦布为海军上将，他的继承人将世袭他的这一职务和所享有的一切特权；委任哥伦布为他所发现和占有的所有岛屿和陆地的总督和首席行政长官；在哥伦布的管辖范围内，通过购买、交换和其他方式获得的所有商品(珍珠、宝石、黄金、白银、香料或其他物品)在扣除各种费用后，他将拥有十分之一，其余十分之九上交国王。依据此协定，1492年8月3日哥伦布率船队开始第一次向西航行。

马拉维迪（Maravedí）①的拨款，按照撒切尔（thatcher）的换算，大约等于6000美元出头——整个探险的花费是116.7542万马拉维迪，相当于7200美元，这是美洲欠欧洲的主要债款。让我们避免对这笔款项过于轻松幽默，这样的计算太过简单，这七年的艰难不是为了什么，而是新海军司令勒索远不止此，（要不是律师在他的合同里狡猾地加进一个欺诈条款，这一点他是完全没有注意到的）直到独立战争②之前，整个西班牙所属的美洲地区都将给哥伦布的后人缴纳百分之十的税收，此外还得忍受哥伦布准君主的统治。

带着这份华丽的，虽然是双底模式的文件，克里斯托弗回到帕洛斯。现在既然有了钱又拥有了船只征用权，他要做的第一件事自然是抛弃马丁·阿隆索。商业规则就像道德法则一样是不可改变的。但一个愚蠢的困难出现了，不经意的小疏忽都会让最伟大的组织者付出代价：帕洛斯的水手拒绝为哥伦布干活。在他所有的高级外交活动中，哥伦布从不把这些地位低下的伙伴放在眼里，水手们将他当成骗子、陆地上的笨蛋和虚张声势的人，他们拒绝登上他的任何一艘船，甚至拒绝在港口登

---

① 11世纪至14世纪期间各种伊比利亚金币和银币的名称，也是11世纪至19世纪期间不同伊比利亚会计单位的名称。

② 西班牙拉丁美洲独立战争。从1492年哥伦布登陆美洲开始的3个世纪里，西班牙在美洲大陆和加勒比海地区就不断地进行着征服和殖民，先后占领了大部分加勒比海岛屿（西印度群岛）、墨西哥、南美大部、中美洲地区、北美西部太平洋沿岸（直达阿拉斯加）和北美中部内陆。在19世纪初期，西属美洲陆续爆发了独立运动，西班牙因此丢失了在美洲大陆的殖民地。1898年西班牙在美西战争中的失利，更使其丢失了加勒比海上的古巴和波多黎各等地，并最终结束了在美洲的殖民统治。

《克里斯托弗·哥伦布的返回》。尤金·德拉克鲁瓦（Eugene Delacroix）作

陆。在这个小城里，哥伦布很出名——也许和在皇家委员会面前的表现相比，他说话不会那么保守谨慎，没有一个水手志愿跟随他。

面对如此难堪的境况，哥伦布冒出一个怪异的念头：他建议用罪犯来当船员。幸运的是，他没有触及航海家的大忌，哥伦布对这门科学一无所知。于是，哥伦布被迫与平松三兄弟谈判，对方同意既往不咎。很快，他们装备两艘最好的船只——"圣玛丽亚号"（Santa Maria）和"尼娜号"（Nina），后又另外找到一艘"平塔号"（Pinta）。对哥伦布来说，要熟悉理解船舶的性能是很有难度的，他在航海日志的开头对这几艘轮船大加赞赏，但后来，尤其是其中一只在岸边搁浅后，他又指责它们破烂不堪、不适合航海。前一个看法应该是对的，因为平松三兄弟也参加了探险，他们不可能为了卑鄙邪恶的目的拿自己的生命开玩笑。最大的一艘是"圣玛丽亚号"，是大双桅帆船的尺寸，这位海军上将给自己选了这艘，还把请了平松的朋友——著名的胡安·德·拉·科萨（Juan de la Cosa）拉过来做这艘船的领航员和船长。马丁和他的兄弟弗朗西斯科（Francisco）乘坐"平塔号"，而最小的"尼娜号"由三个兄弟中最小的维森特（Vicente）指挥。船队共有90名水手，还有女王派来的官员负责记账，以及名叫路易斯·德·托雷斯（Luis de Torrez）的翻译，他是犹太人，会说希伯来语、拉丁语、希腊语、阿拉伯语、科普特语和亚美尼亚语。这样当船队抵达大汗国时，也就是明朝帝国时，此人可以做中间人帮助两方交流。

初次的航行深受这位海军上将目的地的模糊不清的影响：他打算驶向何方？是去安提利亚、印度群岛还是大可汗的帝国？或者是按平松的意愿去日本国？如果是去安提利亚群岛，那带翻译有什么作用？如果去印度或者大可汗的帝国，那总督的特权能给他带来什么好处？因为在那个年代，难以想象成吉思汗和忽必烈的继承人会被90名水手胁迫或说服，和哥伦布平分国土。

也许连海军上将自己都不知道，不过虽然在他的遗嘱中有矛盾之处——此次西行即使不是长矛，也是三叉戟，什么情况都可能遇到。哥伦布对于能找到另一个马德拉群岛①有偏执，否则他对总督职位锲而不舍坚持了七年就是精神错乱。

不管怎样，1492年8月3日早上8点，他们起航了。路线不是正西方，而是转向西南方加那利群岛的方向。不管目标在哪，它总是在北纬28度的某个地方，哥伦布和颜悦色地对他的部下保证，目标就在正西方向700里格②的地方。

此次航行由拉斯·卡萨斯总结记录（不幸的是，原稿已丢失），是探索的文献中最完美的文件记录。因为对这个哥伦布如果你还没有怀疑的话，他就是一个诗人。即使他的日志全部遗失，他的性格特征仍让人难以抗拒——势利、虚伪的力量，尤其是他的过分行为——和那些强硬

---

① 马德拉群岛，位于非洲西海岸外，由含火山的群岛组成，隶属于葡萄牙。"航海家"亨利最初派出的非洲航海探险队因风暴意外流落到马德拉群岛的一个岛屿上，从而取得了大航海时代的第一个重大地理发现。作者在此处描述的意思是哥伦布应该也希望能有这样的探险奇迹发生。

② 里格（League）是欧洲和拉丁美洲一个古老的长度单位，在英语国家通常定义为3英里（约4.828公里，仅适用于陆地上），即大约等同一个步行一小时的距离，或定义为3海里（约5.556公里，仅用于海上）。

的生意人都不一样，他秉承着一种局外人主义。美洲是由一名诗人发现的，命运不允许这样地奖给任何一个不那么好的人，或者更好的人。请看他是如何描写9月11日晚上看到的一颗流星——"夜幕降临时，我们看见它从天空中陨落，离我们的船大概有4到5里格，那是一团神奇的火焰。"9月18日——"这天风平浪静，仿佛是停靠在维塞利亚的桥下。"9月20日——"空气甜美宜人，只不过少了夜莺的歌声，而且大海平静如河。"10月8日——"今天的空气散发着芳香，以至于连呼吸都让人欣喜万分。"10月8日晚上他这样写道："整晚我们都听到鸟儿飞来飞去的声音。"若还对此有怀疑，那自己去读读他的整本日志吧。

有三个重要的进展值得一提。关于海军上将的故事中，说他每天篡改航海日志，这样"水手们就不知道他们航行了多远，也不会感觉气馁"，若干年来，历史学家们不加辨别地称赞这个伟大的策略，说他足可与尤利西斯媲美。也许足以说这是难以置信的，只可能出现在一个陆地游民的想象中。克里斯托弗没有也不可能进行计算；如果他进行了计算，他也不可能欺骗他的军官。在另一段文字中，他说他对领航员发出指令"到达700里格后就不要在夜间航行了"，进一步驳斥了这种故弄玄虚的说法。第二件事情是传说中关于船员们暴动的描写，据说哥伦布许诺再给他三天时间，一定能找到陆地。他日志中唯一一篇与此事有关的文章如下："10月10日，这一天水手抱怨航行太久且不想继续。不过上将（他以第三人称来写）尽可能安慰他们，给他们得到利益好处的希望。"这是上将笔下一系列关于船员士气低落描写中的最后一篇。不过只在"圣玛丽亚号"出现这种情况，另外两艘船上的气氛，从航行开始到结束，始终非常平静。水手们也提供了证据。水手弗朗西斯科·巴列霍（Francisco Vallejo）是其中之一，看不惯上将，曾作证陈述说，这位海军上将向邻船的马丁·平松抱怨，马丁很直白地回答："在我的船和'尼娜号'上，一切都是那么平静。如果你有麻烦，就绞死那6个船员；或者你同意的话，我和我的兄弟很乐意到你船上接替你。"

第三个事情更加令人费解。就在同一天——根据同一证人的说法，是6号而不是10号——哥伦布向马丁·阿隆索请教关于航向的问题。难道他自己气馁了？他们已航行了700里格，却还没看到土地。马丁回答说他们必定是已经错过安提利亚了，催促说应该转向西南方向，往日本国前进。"但那会更远。"上将犹豫了一会，然后同意了，不过他们仍然对距离有争议，哥伦布说再航行几里格也许就能到达陆地（因为按照他的理论，安提利亚就在中国海岸附近）。航向随之改变。1492年10月12日凌晨2点，月光下一位名叫罗德里戈（Rodrigo）的水手在瞭望台观察到一块白色的舌头状的土地。他点燃了事先准备好的炮弹，喊着："陆地！陆地！"他们很快扬帆起航，黎明时分，美洲就这样被发现了。

这显然是巴哈马群岛中的一个岛屿，虽然沃特林岛①出于某种官方原因是最受欢迎的，但由于哥伦布的诗歌，人们永远无法对它作出判断。听听海军上的描述："起初我有些害怕，因为我眼前是一块巨大的山

---

① 圣萨尔瓦多岛（San Salvador Island）又称沃特林岛(Watling Island)。圣萨尔瓦多岛原名瓜纳哈尼(Guanahani)，为哥伦布1492年10月12日登上美洲的第一块陆地(但有些学者主张哥伦布首先登上的瓜纳哈尼岛实际上是圣萨尔瓦多岛东南105公里处的萨马纳岩礁)，后改现名。18世纪沦为英国殖民地。

岩，环绕着整个岛屿。中间有一个山谷和口岸可以容纳下欧洲所有的战舰，但入口非常窄。防波堤肯定很深，不过这里的海水却很平静，它的运动还没井底的水频繁。"在另一段文字中他说："那里的花园是我人生中见过的最美的花园了，还有大量甘甜的水。"巴哈马群岛并没有被礁石环绕，更别说有无边的大山，就让巴哈马群岛的居民去决定，将海军上将诗意般的想象提升到如此高度是谁的功劳。

哥伦布给这里命名圣萨尔瓦多，从此出发，舰队又继续去往其他岛屿，找到了迷人的土著居民、鹦鹉、棉腰带和吊床，却没有发现金子和香料。这位海军上将讲述了他与他们的漫长而复杂的谈话，其中有一次非常感人的神学的讨论——关于罪恶和救赎——都是通过神迹来完成的。最后，他们到达古巴（10月28日）。这里让哥伦布觉得非常困惑：刚开始他以为这肯定就是日本国——"那座金瓦宫殿必定就在另一边。"但后来他又写道："我相信所有这些国家只不过是与中国的大可汗交战的土地罢了。土著居民称这里是古巴，我却觉得它是在行在①和萨伊多②（汉口和厦门）的对面，离这两座城市大概一百里格。我这样说，是因为这里海洋的流向完全不同……"

---

① 行在（Quinsay），又称行都，字面上的意思是天子"行銮驻跸的所在"，指在名义上并非帝都，但实际上是皇帝、皇宫和朝廷所在并行使首都职能的地方。因帝权年代以皇帝为中心，被称为行在的地方是彼时全国的政治中心，例如咸丰北狩热河时的避暑山庄，而陪都、行宫则未必。陪都成为行在之后，反而经常成为政治中心。《马可·波罗游记》和同时期的西方著作均将杭州称为行在，可见直到元代早期，行在仍是对杭州最通行的称呼。

② 萨伊多(Zayto)，是《马可·波罗游记》中Zaitun（刺桐）的变体，指的就是泉州。

基于这样的认识，哥伦布派博学的犹太人——让那些以殖民主义为乐的人记住，那是个犹太人，而不是英国人或德国人——路易斯·德·托雷斯带着女王的信，去呈递给中国皇帝。在岛上丛林中寻找皇帝无果后，托雷斯只好返回，还受到了训斥。经过一番思索，上将开始设想，这个古巴并不是日本或中国，而是印度。所以在寻找黄金方面，哥伦布就不那么小心谨慎。印度的君王可没有大可汗那样可怕。他询问每一位碰到的土著居民，是否有金矿的线索。他将每个人的回答都理解为这里有大金矿，只是还要再往前走一段。在与其中一人通过点头和手势成功交流后得知，一整座纯金的岛屿就在附近，至于具体方位，哥伦布却不得要领。爱好和平的加勒比人举行了探险者期望的所有仪式，他们将他当成上帝，当看到不会变形的珠子和镜子时，加勒比人竟高兴得哭了。海军上将对他们很满意，他交代说因为"他们都很温顺，还很容易被说服"，所以传教士的努力就有了一个光辉的领域。

　　与此同时，平松驾驶"平塔号"按自己的意愿在周边巡游。上将不太喜欢这样的擅自行动，在平松走后第三天，他就陷入了最悲观的想法中，觉得他背叛了自己，还担心他是不是返回了西班牙去掠夺自己发现新大陆的荣耀。不过没过几天，"平塔号"就驶回来了。平松为自己的离去向哥伦布道歉，还说他发现了安提利亚群岛。于是他们跟着"平塔号"，登陆到海地岛。由于粗心，上将的船"圣玛丽亚号"搁浅了，并且无法再度浮起。一番努力之后，他们决定将船拆掉，然后用船上的木头在当地村庄旁边建一个堡垒，取名为纳蒂维达德。当地人非常友好温顺，女人们也讨人喜欢，所以40名水手很愿意待在这儿，其余的人包括海军上将在内，则返回西班牙准备新的探险。

在返航路上，他们在加那利群岛附近遭遇了暴风雨，上将看不到"平塔号"和马丁·平松被吹到哪里。他又一次起了疑心，他日志的最后几页是一篇关于背叛的生动的"血泪史"。不过"尼娜号"经受住了这次的暴风雨，开往里斯本，经过七个月的航行，终于在1495年3月15日抵达帕洛斯。而平松还没有到。这也许是上将人生中最快乐的时候，他组织了一场横穿西班牙、从帕洛斯码头到巴塞罗那的游行，君王在巴塞罗那举行受觐礼。身材高大、头发灰白的克里斯托弗站在游行队伍的最前排，一言不发且表情冷漠，他穿着方济各会的长袍，被满脸胡须、全副武装的水手包围着。跟随者们扛着大竹子和鳄鱼皮。接着是一排印第安人，手上提着装有鹦鹉的笼子，微笑着并做着十字架的动作。游行队伍走进路上的每一个教堂，并且在每一个十字路口都停下祷告。

就这样，他抵达了王宫，伊莎贝拉和费尔南多允许他坐在他们的右边，贵族们也请他为他们的儿子寄语。其间，哥伦布提醒女王给第一个发现陆地的人每年60美元的终身抚恤金，看得出来，他是个很在意细节的人，为了自己的利益，水手罗德里戈①的功劳被上将抛在了一边，哥伦布要求把这笔钱都给比阿特丽斯——他儿子费尔南多的母亲。这是她从他那里得到的所有东西。

平松比哥伦布晚两三天到达西班牙加利西亚的一个港口。不幸的是，他很快便死了。由此，哥伦布的传说中多了一个反派角色，而不用担心任何来自他的抗议和辩护。

---

① 原注：据说罗德里戈厌恶地去了摩洛哥，后面皈依了伊斯兰教。

当财政部官员列出这次探险的损益表时，却令人很失望。资产方面，有40只绿鹦鹉、小孩子的一小把薄薄的金色鼻环、几卷粗糙的布料（这些布料比西班牙本地的质量都差），还有6个容易上当受骗的野蛮人、一副不完美的动物标本和一些竹子。甚至连海军上将去了什么地方都不确定，他提到了日本国、安提利亚、中国，但似乎最终还是选择了印度——皇家抄写员这样写，在印度附近（印度的拉帕特）。然而，女王却感到很满意。凭借着女人的敏感，她将注意力投向了拥有众多人口的海地（实际可能有一百万），对他们进行基督教化，还可以当廉价劳动力。克里斯托弗的想法就是把他们作为奴隶出口，女王最后拒绝了。女王为这位海军上将授予了勋章。哥伦布用金色和蓝色填满了属于祖先的四分之一空间。[①]一次新的探险即将开始。这次女王坚决要让一个熟练的宇宙学家当领航员。她之前就曾写信给哥伦布："为了更好地理解你的日志，我们需要知道你发现的岛屿和大陆的经纬度，以及你经过的路线的经纬度，请把这些度数告诉我们，并附上一张地图。"

这次海军上将率领的是一支1500人的庞大舰队，其中有工匠、农学家，也有一部分人是伶牙俐齿的绅士冒险家。这笔资金部分由梅迪纳·西多尼亚（Medina Sidonia）公爵提供，部分来自驱赶犹太人的战利品。

哥伦布在1493年9月25日开始航行，还是走同样的路线，但后来自

---

① 四分法，指的是将纹章分成四等分，将两件或两件以上的盾徽组合在一起，以表示继承、对财产的要求或对某一职位的占有。右侧的那一面被认为是最荣耀的一面。纹章学最严格的规则在于用色。金色、黄色和金黄色代表宽容、宽大、丰饶。蓝色代表忠诚与真理。

作主张迷了路，暂时停留在安得列斯群岛①，在那里待了一段时间寻找金子。然后在11月22日抵达拉纳维达德（NatⅣidad），鸣了礼炮却没人回应。登陆之后才发现，堡垒已被烧成灰烬，守兵残缺不全的尸体散落在灌木中，血肉模糊，惨不忍睹。没有幸存者来向他们解释这场灾难，但是原因并不难猜。事实上，新来者开始重复这个故事中发生的一切，只不过没有将悲剧结果留给自己。一上岸，他们当中的大部分人就扔掉了"对海军上将的尊重和纪律"，在岛上以海盗的身份开始生活。"他们习惯了抱怨当地人脑袋太硬，以至于把他们的宝剑都磨得凹凸不平。"修道士记录者如此写道。那些遵守命令的"来自天堂的男人"也好不到哪去。比河流里数量众多的短吻鳄更血腥更危险的事物，让当地人猝不及防。半个世纪后，这里以及大部分周围岛屿的土著居民，即使是那些人口更密集的岛屿，都被灭绝了。

哥伦布在这儿待了三年，有时进行更深入的探险，有时组织寻找黄金，其余时间花在统治岛屿上面，这是他最得意的时候。只有他的手下对他的头衔有争议，他希望通过奴隶贸易来弥补长期以来找不到黄金的损失。1495年，哥伦布送了500个加勒比女人到维塞利亚去贩卖，"她们像出生时一样赤身裸体""她们是如何诞生，如何在自己的土地上行走"。根据王室的规定，这是被禁止的，但是在这个哥伦布自己统治的岛屿上，整个种族都被逐渐囚禁起来。哥伦布处于事业的最高峰，他颁

---

① 安得列斯群岛（Antilles）为美洲加勒比海中的群岛，是指西印度群岛中除巴哈马群岛以外的全部群岛。在南美、北美两大陆之间，由大安得列斯群岛和小安得列斯群岛组成。

布了法律，要求所有的欧洲移民签订这样的声明：古巴不是岛屿，而是印度大陆，任何食言的人都将被割下舌头。冒险家已经厌倦这样的问题了。用此简单方式，他宣布冒险已结束，印度已经被发现，剩下的就是如何冷静地进行组织管理了。

管理并非他的天赋之一。可怕的争执在这个小社会的中心爆发，绝望的土著人一有机会就逃到灌木丛中，用弓箭射杀寻找他们的人，并且挖了不少捕兽陷阱。丛林中土著的数量不断增长。"人间天堂"对这群破坏它的人——欧洲的先锋队，进行了奇怪的报复行为，并且持续了好几代人。海地岛的加勒比人是脆弱的种族，在哥伦布首次到达海地时就发现了这里的人并不强壮，后来还经常被奴隶贩子抱怨。事实上，他们遭受一种疾病的折磨，这种疾病在他们身上流行了好几代，对他们来说只有使人衰弱的效果，可一旦他们与"主人"有了接触，"主人"就会从这些女人身上染上这种疾病（这种疾病后来被称为梅毒①），并且导致非常严重的后果。一百多年后，加勒比最后一位美人去世，在如此长的时间内，欧洲一直被这种疾病毒害污染。

哥伦布以克制节欲著称，也因此逃脱了这个几乎是《圣经》中的复仇女神，他在1495年底开始返航回家。由于一些原因，他避开了帕洛斯，选择在加的斯②靠岸。此次他两手空空，而西班牙到处是被疾病迫

---

① 原注：取自意大利人弗拉卡斯托罗（Fracastoro）诗歌中的名字。

② 加的斯（Cadiz）是西班牙西南部的一座滨海城市，属于安达卢西亚加的斯省，而且是加的斯省的省会。

害而变得苍白的男人，他们咒骂着哥伦布的印度群岛。国王对他的回来，也反应冷淡。不过，上将仍然举行了一次游行，带领着15名赤身裸体的印第安人，他们因为寒冷而瑟瑟发抖，但在他的命令下戴上羽毛头饰。他们穿过整个西班牙前往王宫，以表示敬意。哥伦布穿着他的方济各会衣服。当时是1月。直到他解散游行队伍的时候，仍然离王宫很远，这支由垂头丧气的土著和故作严肃的上将组成的队伍沉重地走过安达卢西亚①。

是时候停下来表示愤慨了。这项伟大的任务，是命运给她最爱的欧洲人的恩惠，却选了一个自负、撒谎、无能、完全不适合的布匹商人去完成，这个选择既不让人满意，也不光彩。我们所期待的命运让她在云端之外被人发现后，和他开了一个可恶的玩笑。这是一种小学生的恶癖，一种在自己被愚弄后不负责任的傻笑，这非但不好笑，反而让我们感到深深的恐慌，因为我们也是凡人，我们只希望信奉的神灵能够稍微成熟些。在哥伦布最后一次长途跋涉中，涉及了整个人类的尊严，我们有权像李尔王②一样抱怨：

我们之于神明，如同苍蝇之于顽童，

他们以杀死我们为消遣。

---

① 安达卢西亚（Andalusia）是组成西班牙的17个自治区之一，下辖阿尔梅里亚、加的斯、科尔多瓦、格拉纳达、韦尔瓦、哈恩、马拉加和维塞利亚8省，是西班牙人口最多以及面积第二大的自治区。首府位于维塞利亚。

② 即莎士比亚剧四大悲剧之《李尔王》。

《克里斯托弗·哥伦布预测月食》，卡米伊·弗拉马利翁（Camille Flammarion）作

给我们的英雄挂上尾巴，用软木塞塞住我们圣人的鼻子，在我们为他们修建的神殿的抛光地板上放橘子皮。

但当你稍微冷静下来时，把有关冒险者命运的数据收集起来，看看命运女神是如何暴露自己的，不也很有趣吗？从这个可怜冒失鬼的经历中，我们明白了，命运女神爱的是诗人，当她能自由选择的时候，她选了一个没有资历的人，轻蔑地消灭了一个有着所有资格的男人——马丁·平松，而选择的这个门外汉——克里斯多弗·哥伦布，是一个甚至连图纸都看不懂的男人。她是如何允许温和善良的加勒比人被灭绝，然后又因为他们的温和与快乐，用无情的慷慨来帮他们报仇，不仅报复邪恶的西班牙人，而且还报复了善良友好的德国人、英国人和法国人。他们绝不会像西班牙人那样残酷，至少他们在第一波殖民潮中并没有被我们看到。然后，因为一些怒气——从亚历山大和卡萨诺瓦的经历来看，可能是因为哥伦布试图在找到印第安群岛后，就颁布法律停止冒险——命运女神以全知的优势利用了海军上校的弱点：他重复的习惯、他未经培养的浮华的举止、他糟糕的教育和他的欺骗技巧，让他和那群可怜的带着羽毛装饰的印第安人，去接受被村民们夹道鞭笞取笑，还有市民们长达几百里格的喧嚣吵闹，直至西班牙的王宫中心——就这样结束了人类最伟大的成就。自始至终，这都是不公平的。

如果这样的不公平就是冒险生活，那该怎么办？能把赌注下在轮盘赌盘上的人，并不想要公平，或者也不想将赌注原原本本拿回来。对于克里斯托弗来说，公平是在热那亚的一家小商店，或是他因欺诈破产被关进那一英尺厚的墙的葡萄牙监狱，或者是距离加那利群岛几里格远的海底软泥的一个洞里。对于亚历山大来说，公平是另一把杀死他父亲的匕首。对于卡萨诺瓦来说，公平是一顿鞭打，或是终身的赡养费的判决。从这个角度来看，冒险就是去为了追求不公平，冒险者的祷告词是"给予我们比我们应得的更多"。马丁·平松这类人可能会为他们的权利祈祷，而冒险者对他的上帝会更加谦卑，因为相对于他大部分的同胞、相对于由王公贵胄组成的社会金字塔，他有作为局外人的傲慢。他不是这个世界中的一员，他甚至不属于这个群体。他是孤独的，这个不虔诚的崇拜者，信奉的是一个不公平的上帝。他以智慧裁定文学教授绝不会是伟大的诗人，学校里的尖子生很少能得到生活的奖赏，最富有的女人绝不是最美丽的，所谓的优等民族不可能垄断世界上所有的乐趣和健康，不可预料的邪恶力量不会承认任何债务，引人发笑比落泪容易。雨之灵，随它的意愿而降，风之风无预兆。

哥伦布还没有结束，生活总是不会按照情节进行。在他的第三次探险中，海地发生了一场叛乱。此次西班牙当局对哥伦布已感到失望疲惫，在他之后派了一名行政长官——弗朗西斯科·德·博瓦迪利亚（Francisco de Bobadilla）前去。博瓦迪利亚，法官，一个高尚、能干、文雅、明辨是非的人。国王授予他全部的处置权。到了海地，他首先看到的是一排被吊死的人在港口上空摇摆。而他做的第一件事就是逮捕这位海军上将，用了半小时听他辩解，然后判定他背叛国王，戴上镣铐押回西班牙。当船驶入大海，脱离了博瓦迪利亚的视线时，船长就下令让这位落魄老人能在甲板上自由活动。但克里斯托弗拒绝了，他把锁链拴在他的骄傲里。自此以后，他不会忘记他们，这些都是他耻辱的顺势疗法①。

女王态度很和善，向他道歉。但是她没有命令或要求博瓦迪利亚道歉，也没有采取任何措施让谁官复原职，或让谁受到处罚，尽管她善意地掩饰了这一点。这足以驳斥所有的哥伦布故事版本。如果哥伦布没有做什么有罪之事的话，他不会被如此报复。此外，他被永远禁止再踏入海地一步。

即使这样，海军上将还是坚持谱写另一首诗篇。1502年5月11日，他离开加的斯，开始第四次航行。这次他跟伊莎贝拉女王承诺会到达黄金半岛（Golden Chersonese）②，这个半岛是书中描写的海市蜃楼——交趾支那(越南南方一部分的旧称)。《预言书》（book of Prophecies）是哥伦布在等船时为女王写下的，现在只有几张碎片还保留着，他在书中提到，世界末日即将在1650年到来，所以他必须尽快找到黄金，以便女王能用于征服圣地，为上帝准备好一切。瓦斯科·达·伽马③发现了一条绕过好望角去印度的航线，对此大家议论纷纷，哥伦布却认为是无稽之谈。他已经发现了印度。如果不是因为背叛和撒旦，他肯定已经找到了黄金。哥伦布有了一个新的头衔：上帝的使节。在他看来，耶稣基督以幻象

---

① 顺势疗法是替代医学的一种。顺势疗法的理论基础是"同样的制剂治疗同类疾病"，意思是为了治疗某种疾病，需要使用一种能够在健康人中产生相同症状的药剂。

② 古希腊和古罗马地理学家对马来半岛的称呼，最著名的是在克劳迪亚斯·托勒密的《二世纪地理学》中。

③ 瓦斯科·达·伽马（Vasco da Gama，1469—1524），出生于葡萄牙锡尼什，是葡萄牙航海家、探险家，从欧洲绕好望角到印度航海路线的开拓者。

的形式出现在他面前，并许诺他七年之后会发现黄金。此后，他将会去北极，基督徒在那里居住，这些教徒都将在伟大的"十字军东征"中发挥作用，诸如此类。哥伦布是疯了吗？一点也没有，只不过话多了些罢了。

这次航行，历尽艰辛和挫折。哥伦布提到南美大陆，他比淘金者亚美利哥·韦斯普奇（Amerigo Vespucci）等人早好几年发现和绘制地图的南美大陆，将这里记录为"许多不重要的岛屿"。他让船员们又饿又渴到了极限，然后在古巴病倒；他策划抓住印第安人拿去贩卖，却差点被印第安人残杀；他遇到了文学作品中描述的最可怕风暴之一。他没收了领航员的航海图，这样除了他没人能知道"人间天堂"的情况，那个真正的、曼德维尔所说的"人间天堂"，就在恒河、幼发拉底河、底格里斯河和尼罗河之间的一座山上，四周被火环绕着，其实哥伦布曾经非常接近这里。

他终于受够了。航行的最后，哥伦布能做的只有等待。回国后没几天，伊莎贝拉女王就去世了，她贞洁的双脚蜷缩在被单下面，没能等到听哥伦布日志的最后一个章节。宫廷也不再为他的事烦恼，两年之后，哥伦布默默无闻地去世了，没有一位当代编年史家提到他的死。他要求把他的枷锁和他埋在一起，他如愿以偿了。

历史上真正发现美洲的人——克里斯托弗·哥伦布就这样结束了他的一生，没有任何音乐为他伴奏。

哥伦布死后六十年，他的最后一位后人也去世了。家庭财产被贵族哥伦布（Colombos）和库卡罗的康茨（Counts of Cuccaro）所得，而且因为哥伦布故事的吸引，他们几乎保全了这笔财产。

第四章

洛拉·蒙特兹（Lola Montez）

《洛拉·蒙特兹（1847）》，约瑟夫·卡尔·斯蒂勒（Joseph Karl Stieler）作

女性冒险家的例子越放在后面，就越让人觉得重要。这就是为什么先介绍那些男性冒险家，再引出我们这一章的人物——洛拉·蒙特兹，这种介绍人物的顺序是一种延后，而不是不协调。的确，从第一步开始，这项调查就令人痛心地漏掉了一项数据，而在此之前，我一直犹豫着，也许是犹豫得太久了，就没有去寻找它：我们在探索过程中只打开了一侧的前灯，假设人类是只有一种性别的生物，而不是两种性别，这样的假设并不充分。我们的军队全部都是男人，女人只是一个方向、一个动机、一个奖品，甚至是一个灾难。

　　大多数情况下，冒险家与女性的关系是由男性占主导地位的。对他们而言，女人是他们欲望追逐的重要对象，他们要么将她视为猎物吞噬，要么将她当作兰花或宝石般的珍品；要么将她玷污，要么对她爱慕崇拜，这取决于不同冒险家的不同性情。但是性别取向，正如我们之前所看到的，并不是人类对冒险家定义的一部分。至少在我们所举的例子中，亚历山大和哥伦布在他们的生活轨迹中不受两性之间这种类似万有引力的吸引的影响，而他们的冒险活动也没有因此降温或衰弱，当然他们并不是最具代表性的类型。在冒险法则中，对男性冒险家来说，爱情超不过黄金或名誉——这三者都在地平线上闪闪发光，如同天上的星辰一样让人心动。

　　可是，对女性冒险家而言，爱或恨就是她的一切，是她的唯一支柱。男人就是她的冒险，她可不是寻找金矿的探勘者，而是交际花。也就是说，她的冒险是一种逃避，不可避免地会与婚姻制度作斗争。在这种情况下，她必然会与社会上最强大、最活跃的社群为敌，那是建立在道德、法律、利益、嫉妒、虚荣和恐惧之上的力量。她必须学会保护野兔，如何应对独行的母老虎的反击。每一次冒险都是违法的，那些冒险家就是她的敌人。冒险者本身就讨厌女人。因此，她的冒险可以和最伟大、最惊心动魄的赌博相提并论，因为这是一场注定会失败的冒险，仿佛是与最厉害的骑兵抗衡的敢死队，虽然规模很小，但它的辉煌壮丽却不应该被埋没。从物质上来说，洛拉·蒙特兹的冒险是无法和本书中提及的其他冒险相比，不过，我希望你们会有自己的比较和判断。

洛拉（1818年生）出身于一个很模糊的社会阶层。在那里，要想生存下去，首先需要的是集中的想象力和坚定不移的天赋。她的父亲是步兵团的军官，更确切地说，是一名士兵副官。换言之，勉强算是贵族吧，没什么可炫耀的，也没有显赫的出身和财产。在这个由军队驻防的小城的练兵场和已婚军士宿舍构成的空间里，而他必须得像一个从乡绅转变的游侠骑士那样生活和思考，靠的是薪水，却有比助理牧师更多的限制。他的生活就像他穿在制服下的衬衫一样，在官方诗意生活的表象下，只有破旧和拮据。他的女儿多洛雷丝·伊丽莎（Dolores Eliza），就在这么一种不断需要心理调整和适应的奇怪环境中长大。尽管他有一件不错的制服，但他确实算不上是绅士，这种生活就是一种寒酸的状态，这样的环境滋生了许多冒险家、诗人、女演员、职员甚至是先天性的自杀者。这个副官［步兵少尉（Ensign）①］吉尔伯特（Gilbert）和

---

① 中古英语。指在某些国家的武装部队中服役的军衔较低的军官，通常在步兵或海军中服役。

"奥利弗城堡"的一个奥利弗（Oliver）小姐结婚了，正如洛拉曾经所说，像奥利弗小姐这样的女子，在本地爱尔兰上流社会中很有吸引力，因为她们大都轻率、贫穷却有美貌。那时，在她的幻想中，充满拜伦式风格的西班牙有着磁极般的吸引力。所以这位吉尔伯特夫人给自己编排了一列西班牙祖先，用华美的衣裙和历史作装点。

多洛雷丝·伊丽莎（后来被简称为洛拉）的名字源自她的母亲，这个字是诺瓦利斯（Novalis）[1]的变体，意思是，生命不是梦，但应该或许也会变成梦。[2]洛拉在26幅美人画作中展现的容貌，是母亲遗传给她的，这点也符合孟德尔遗传学规律，因为她的母亲就美得令人销魂。

婚后第四年，这个家庭从利默里克郡[3]搬到了印度，直到蒙塔古[4]宣布脱离关系之前，印度一直是英国中产阶级的天堂。在那里，所有的预算都要公开理清，所有的老爷们都出身高贵，所有的仆人们既廉价又彬彬有礼，每年去一次西姆拉[5]。那是1822年，他们航行历时四个月。途经昆虫成群的马德拉群岛、潮热的圣赫勒拿岛和开普敦，一路上他们忍受

---

① 诺瓦利斯（1772—1801），德国作家，耶拿浪漫主义文学的代表人物之一。

② 原注：Unset Leben ist kein Traum， aber es soli und wifd vielleicht einen worden.（我们的生活不是梦想，但它应该并且将会成为梦想。）

③ 位于爱尔兰西部。

④ 埃德温·塞缪尔·蒙塔古（Edwin Samuel Montagu，1879—1924）英国政治家，协助制定《1919年的印度政府法案》，这一立法标志着印度宪政发展到一个决定性的阶段。

⑤ 西姆拉，位于印度北部喜马拉雅山山区，英属印度时期以此为夏都，将西姆拉建成著名的避暑胜地。

了热浪和暴风的洗礼。他们从加尔各答出发，沿着古老的恒河，最终到达丹纳普尔的要塞。

我们已经注意到早期移民对人类发展所造成的叠加效应，它对人类思想的影响则更加显著，就像园丁会有意移栽幼苗一样。不论是国家和种族的崛起，还是文明自身以及个人的发展，在其早期历史中通常都包含了一些类似的事件，这一现象里可能存在某种生物学上的普遍规律。太多时机和个性的微妙因素掺杂其中，这本是可以避免的。从利默里克郡那种奇特的环境中过渡到各种民族混居的东方，让这位小女孩的身心都体会到强大可怕的反差。在那里，"人就像是杂草"，比丛林里的植被更繁茂奇特，人们聚集在比丛林还古老得多的大帝国之中，他们用岩石建造了神秘庞大的城市。众所周知财富和肮脏的、无休止的贸易是最激烈和最富有色彩的，因为它不可避免地扎根在那里发生过的无数生与死的记忆中，如同植根于热带森林下的由枯枝烂叶形成的厚厚的发酵层一样；这一点值得我们注意。不管怎样，人头脑中留下的最早印象是一种不可言喻的因素，它对一个人的性格形成有潜移默化的作用，它神秘地影响着一个人的喜好、动机、欲望，这种影响是爱所不能替代的（也许艺术家不是这样）。生命中的第一次巨大变化，让洛拉的潜意识里的梦境充满了芬芳、渴望、图像和声音，而她的这个秘密，也是我们唯一无法干涉的。至于她的其他秘密，逻辑上看，都是引人注目且很简单的。

吉尔伯特很早便去世了，他在迪纳普尔得了霍乱，两天后就死了。他的朋友克雷吉（Craigie）上尉诚挚愉快地接纳了他的遗孀，二人结了婚；洛拉态度的转变加快了他们之间的节奏。克雷吉有些手段，很快就得到了提拔。一两年后，他就成了陆军上校；吉尔伯特夫人俨然军团中的英裔印第安王后，洛拉则成了军团和公国中人见人爱的精致偶像。

　　不过在印度的英国统治者们一直有一个习惯，这个习惯很有寓意和预兆性，就像从割礼到斋戒，尽管这些精神仪式都有无懈可击的医学借口，其真实本性却被隐藏起来。统治者们总会将他们的孩子送回英国，印度也是他们的帝国范围，但却永远不会成为他们的栖息地。在苏格兰蒙特罗斯有克雷吉熟识的商人，洛拉就被送到了那儿。这些人都是严谨保守的加尔文教徒，不过这并不意味着他们会让洛拉感觉压抑或痛苦。就像所有逻辑教派，被加尔文教所吸引的人，大都缺乏想象力；但它有大胆的构想，它在天堂和地狱、善与恶之间设置令人眩晕的高山和深渊，它让所有的现实带上不可避免的危险色彩。所以，像R.L.史蒂文森^①和洛拉这种截然不同类型的人，也并不会被它所排斥。事实上，在她一生最令人震惊的冒险中，她都一直是一个堕落的加尔文教徒。首先，这增加了她的勇气，她的鼻孔里带着地狱之火的气味，又怎会担心小小的危险呢？正是这种特殊的香味，令她的崇拜者神魂颠倒，不过他们忽视了，这种香味起源于苏格兰，而不是西班牙。在蒙特罗斯，洛拉也像在丹纳普尔时一样深受宠溺；她的灵魂在风雨中依然有趣地成长着，正如在阳光下那样。当然，她的肤色也因为这种变化而变得更加美丽。

---

　　① 罗伯特·路易斯·巴尔福·史蒂文森（Robert Lewis Balfour Stevenson，1850—1894），苏格兰小说家、诗人与旅游作家，也是英国文学新浪漫主义的代表之一。

命运仿佛要在她身上尝试所有的化学反应。几年后，洛拉被送到巴黎，由退休的将军贾斯珀·尼科尔斯（Jasper Nicholls）爵士照顾。他是个有钱人，但脾气不好，他用可观的退休金抚养着洛拉和他自己的女儿们。在那里，洛拉听到了一种新的教义：婚姻是一种习俗，而爱情才是目的；这种方法对她自己的事业来说是完全行不通的。

洛拉的事业当然就是婚姻、性嫉妒、契约法、古老禁忌以及一些和叙利亚基督教①相关的玄学，融合在这种抽象的形式当中。简而言之，就是她的母亲注定要让她嫁给有钱人，她将在熟悉的富商中为女儿挑选夫婿，这是女性能够获得可观财富的唯一方法。她需要接受一些精心培训，这种培训和巴黎学校里妙龄女孩接受的培训完全不一样。最必不可少（当然美貌和年轻是基本前提条件）的就是商业意识，要发自内心地接受最严格的商业原则，就像只有在贫民窟的市场里摸爬滚打多年、经验丰富的老商贩才拥有这样的意识。她必须梦想卖个好价钱，厌恶廉价，不要被慷慨大方这种品质"玷污"，贪婪地衡量自己每一个微笑的价值。对于一个18岁的女孩来说，这自然是非常困难；洛拉败得一塌糊涂，固然是很愚蠢，却也不失光荣。在一次和母亲去巴黎采购嫁妆的途中，洛拉和一个身无分文的副官詹姆斯（James）私奔了，最后轻率地嫁给了他。

---

① 叙利亚基督教（Syriac Christianity），是东方基督教里面的一些文化和语言方面的特殊社群。起源于近东地区，并且用以代表一些现今的基督教教派，主要是分布于中东地区以及印度喀拉拉邦的教会。

自此她的生活轨迹陷入了一种循环，一个经济学家和天文学家都很熟悉的恶性循环。就像人生可以彼此相互复制一样（这毕竟比指纹的相似性更多），洛拉重复着她母亲的生活。吉尔伯特小姐变成了詹姆斯夫人。甚至在再次经历了爱尔兰驻军小镇的卑劣环境后，她又去了印度。詹姆斯中尉很像她的父亲，迟钝无趣之人本来就很相似；酗酒之后，英国式的阴沉表情仍然难掩他的帅气。他并没有很明确的目标，他所梦想得到的东西，可以用"美好时光"来总结，那就是：金钱、军衔、女人、仆人和马匹，越多越好。到了印度之后，他们没有再去丹纳普尔，而是到了位于亚穆纳运河边德里与西姆拉之间的卡尔纳尔。

　　如果有天意及时伸出了援助之手，在霍乱的帮助下，洛拉原本可以从这一切中解脱出来，达到像她母亲那样的成功，然后获得母亲的原谅，这样，所有人都可以避免一场历史悲剧。可是，詹姆斯中尉并没有死，也没有放了她，而是在一个清晨早餐前，就和一个军官好兄弟的妻子私奔了。于是，洛拉又活了过来，回到欧洲。那是在1841年。有人提议把她送回蒙特罗斯，这样法律可以判定她是法定分居，她便可以在那儿身体僵硬地度过余生。可是在航行过程中，她顽强的生命和美貌给了她无穷的力量，就像一个象棋博士先抛出一个小卒，却在后面积蓄力量一样，这种力量将她带进了一个危险却无法避开的新领域，瞬间就让她和过去的旧生活割裂开来。从那以后，多洛雷丝·伊丽莎·詹姆斯夫人不在了，取而代之的是洛拉·蒙兹。她冒险的工具是一些不知道姓名的男性，在船只穿过赤道时，她打着爱情的名义结识并利用了某位暧昧的专员或军官。这就像一只游荡着的小小雌蜘蛛，召唤来她的追求者们享乐一个小时之后再把他们吃掉一样微不足道。

女性的冒险总是"往坏的方向发展"，就像男性的冒险总是以"离家出走"为开端一样。它们的区别在于给予和索取；人性凭借其坚定的原始本能可以原谅一个小偷，却无法原谅轻率的慷慨之举，它所带来的仇恨，比侵权行为更难以平息。送礼是一种危险的艺术，与其他社会活动相比，你必须要变得更加老练圆滑。男性欲望的最高自然目标也是如此，可以按照等级由高到低来划分，已婚女性在收到维系终身的法律合同后，身价陡降，不过仍然可以计算得出来，而情妇的条件就更宽松了（不过她必须找个有钱人，而且得表明，他为自己花了一大笔钱）。在英语俚语词典中，用来形容妓女的污名占据了36页。她们就像廉价零售商一样。当女人不计回报地付出自己，甚至连一个承诺都不要求的时候，在这张等级图中，男性欲望如纵坐标线以极陡峭的姿态直接穿过坐标原点，向着负值无限地延伸，混杂着轻蔑和嘲笑。即使在很长时间里他们也利用了这一点，却很少有人能原谅。当然这样的情况的确很少见。因此，自从在船上将自己无条件委身于那个男人之后，洛拉切断了与所有家人朋友之间仅存的联系，以及她对社会生活中的所有要求，除了生命受到法律的最基本的保护外，没有一点别的权利。这一点，比奋不顾身地投入冒险更糟糕。他们说："她做了一件让鳄鱼和朱鹭都会颤抖的事情。"

　　母亲听闻之后，便披上了黑纱。从此，洛拉再没能听到她的任何消息，也没有同她或者她的其他亲人联系过。她的情人也匆匆离开，而她，被困在了伦敦。

　　1842年的伦敦，正处于现代化的全面孕育之中，加上如火如荼的清教主义，那是一段野蛮如同无赖般的生活。那些不记得伦敦在十点半之后上床睡觉的人，向我们讲述着维多利亚时代那些天真的儿童故事，我们绝不能让这些故事掩盖了洛拉的真实处境。今天，法律的控制如此完备细致，幸运的年轻人能够从微小的自由中获得邪恶以及勇敢带来的鼓舞人心之感。英国人的味觉水平较之从前也大大提高了，他们可以品尝出姜汁啤酒中酒精含量的百分比。可是1842年时原则是"不受法律约束"，由曼彻斯特的寡头以狂热的方式强加于人，按照李嘉图（Ricardo）①的"自由放任"理论，人们都在疯狂地避免破产，紧紧抓住繁荣。

英国人狂暴、绝望的性情加上贪婪的欲望，不断冲击着这样的自由；不平衡，再加上暴力繁荣的滋养，这一切原本可能会在某场灾难性狂欢中结束——英国人是唯一真正有独创性的民族——这样的灾难如同一场规模宏大的集体闹剧，和尼禄式的壮举相比有过之而无不及。但是，随着群体生命本能表现的适当增长——英国人是唯一真正有本能的民族——便进入了这样一种领域，这个领域产生于商业阶层，由于轻信，他们放松对兽性的抑制——这是禁欲主义的可怕驱动力之一，无疑类似在驱邪舞者的激情

---

① 英国经济学家，资产阶级古典政治经济学的完成者。曾从事证券交易活动，后参加当时经济问题争论，代表产业资产阶级利益，反对英格兰银行发行不兑现的银行券，要求稳定通货；反对谷物法，和代表地主阶级利益的马尔萨斯相对立。在经济理论上，制定了在资产阶级眼界内所能达到的最彻底的劳动价值论；并以此为基础，说明资本主义生产关系的内部联系，指出资本主义社会阶级利益的冲突，对经济科学的发展有很大影响。但他还不明确劳动的二重性，价值与交换价值的内在联系，混淆了价值和生产价格等，因而未能解决劳动价值论、剩余价值论、平均利润论等所存在的矛盾。1819年曾被选为下院议员，极力主张议会改革，论证自由贸易有利于相关的贸易国。主要著作有《政治经济学及赋税原理》。

达到最高点出于狂热而自残时，将他们牢牢抓住，摧毁了世界历史这一整个篇章的可读性：阿尔比主义[1]，再洗礼派[2]，反传统主义等等，本质上是悲观主义，因此具有破坏性。把维多利亚时代的虔诚想象成拘谨呆板甚至谨小慎微，是最大的错误；把它描述成神秘莫测也同样糟糕。1840年的清教徒因为苦不堪言而弃权；他们的艺术野蛮拙劣，他们丝毫不允许谈论性爱，不是因为性爱让他们震惊，而是因为这使他们感到恶心和愤怒：确切地说，就像1918年美国民众对德国或其他任何令人恼怒的民族主义态度那样。误入歧途的独裁者，冒着提到长裤或衬裤的危险，也和那些在1917年为"卢西塔尼亚号"[3]沉没辩护的小丑一样，不敢轻举妄动。那些绣在婚床上的文字也不是叹息，而是内战的旗帜。道德和特许之间的斗争已到了穷尽的程度——洛拉发现自己陷入了两难的境地。

一方面，整个社会打着善良纯洁的旗号，对她进行无休止的迫害，她不仅被逐出了教会，生活的各个方面也都受到了影响，人们在公共场合对她谩骂，仆人的态度也傲慢无礼。她花了更多的钱才勉强找到栖身之所：因为整个地区的人都禁止向她提供住处。在公众舆论的支持下，打杂的女佣肆无忌惮地欺骗和侮辱她。不虔诚之人自然得不到欢迎。这位刚到这座小镇的美女，所到之处皆受尽嘲笑和推搡，地狱最严酷

---

① 中世纪西欧基督教的"异端"派别。因其活动中心在法国阿尔比（Albi）而得名。相信善恶二元论，灵魂和肉体对立，基督不是神而是最优越的受造者，其肉身不具有实体等。

② 16世纪欧洲宗教改革运动中在德意志、瑞士、荷兰等地出现的基督教派别。不承认教会为婴儿所施的浸礼，主张成年后需重行受洗。一般流行于下层社会。

③ 1915年5月7日，德国潜水艇U—20号在爱尔兰海面击沉从美国驶往英国的英国"卢西塔尼亚"号(Lusitania)邮轮，船上1959名乘客中有1198人遇难，其中美国人115名。

的惩罚也不过如此；对她的咒骂，让镇上男人、纨绔子弟、傻瓜和花花公子们很是满足，露出满嘴的笑容。当他们发现这个真相：洛拉比他们想象得还要坏——因为她并不爱他们——这时他们的兽性占据了上风。她在国王剧院找到了扮演西班牙舞娘的角色，但是由于拉内拉赫（Ranelagh）勋爵和他俱乐部的朋友们搞鬼，她第一晚就被轰下了台。第二天早上，她便去了布鲁塞尔，她说自己没有足够的钱去巴黎。

因此，她年轻时的冒险在第一阶段就改变了方向。第一次面对乌合之众，洛拉选择了自己的职业：舞台和舞蹈。并且，她一路沿着通往巴黎的方向逃亡。这些特征在女性的冒险路线中如此常见，以至于它们可能会出现在一张图表上。至于城里那一套的诱饵，则是一个简洁的例子，说明对她施用那种以绝望和兴奋为作用的兴奋剂是必要的，显然也是平常的，正如女冒险家在决定全身心投入冒险之前，要为她送上一杯饯行酒。一方面，她无法后退，必须面对难以克服的风险，她所陷入的窘境让她不得不对卑鄙之人宣战。另一方面，与男性的感情用事相反，面对充满敌意的人群，对女性来说，仿佛一剂补药，苦涩却刺激。莎拉·伯恩哈特①有句名言"如果他们愿意，就让他们说我的坏话吧，至少是在谈论我"，这句名言在性别心理学上就如同广告一样深入人心。那天晚上，洛拉第一次成为人们发泄情绪的对象，虽然是负面而非正面，但这可以忽略不计。洛拉并未因此被打垮。而这使她感到恐惧，而这种

---

① 莎拉·伯恩哈特（Sarah Bernhardt, 1844—1923）是19世纪末和20世纪初一位法国舞台剧和电影女演员。正如罗伯特·戈特利在《莎拉》中所说的那样，她被认为是"世界上最著名的女演员"，以及是圣女贞德之后最有名的法国女人。

《洛拉·蒙特兹》。儒勒·劳尔（Juleslanre）作

恐惧却令她兴奋。冷漠或许可以摧毁她，几声慵懒的掌声取代了震耳欲聋、强烈的咆哮，这会将她送回蒙特罗斯，而不是欧洲大陆。

逃亡一定也是女性冒险中的常事。离开家确实是所有冒险家真正的本能行为；对一个女人来说，踏上穿梭于地球和未知世界的双桅横帆船，第一站就得去巴黎这座女人的城市，仿佛蜜月一样必不可缺。巴黎、舞台、舞蹈：这些不是经过精确计算、深思熟虑的结果；但这个决定不止正确，而且是可以延长她冒险轨迹的唯一方法。因为洛拉虽然曾选择过布鲁塞尔等城市作为替代，但是在巴黎，或者说在日渐衰退的巴黎，她的力量可以发挥到极致，舞台是美人的堡垒，而舞蹈则会最大限度地保存这个堡垒的战斗力。因为在舞蹈中，美是免于审视的，动作和节奏可以掩盖一切，其效果是任何服饰都比不上的。

洛拉在回忆录中说，在布鲁塞尔，她沦落到"在街上唱歌"。可怜的洛拉唱得比跳得还糟糕，虽然"热情奔放却很不熟练"。这种"歌唱"是不是一种浪漫的委婉说法——所有的女主人公都得在街头唱歌，正如所有的英雄都曾受过不公正的指控——历史无从知晓。不管怎样，洛拉被一个德国人救了。那位德国人"是个穷人，但是懂很多种语言"，然后这位和蔼的学者带她去了华沙。碎片化的描述，都是关于真实的印记。因为在洛拉·蒙特兹身上，有一种高贵的特质，这种特质和她还是多洛雷丝·伊丽莎·吉尔伯特或者多洛雷丝·伊丽莎·詹姆斯时截然不同，也让她从有历史记录以来的绝大多数女性中脱颖而出，那就是：她热爱学习，也有天分。这不是出于算计，而是出于鉴赏力。但这其实没比她不经意间流露出的慷慨大方好到哪里去，因为这毕竟与她们这种人的利益是相违背的。

在华沙，洛拉开始了一段成功的自我表达时期，她第一次瞥见了自己的内心，有可能会发现那些并非转瞬即逝和探索性的路线和方向。成功自身是统一连贯的，除了最愚蠢的失败之外，任何失败都不可能会是这样。因为这只是无组织的一系列错误的开始。属于她的时刻终于来临了，她正在竭尽所能地往一个目标努力着，无论是她的直觉还是智慧，都无法给这个目标一个明确的解释。

现在，洛拉唯一的创造力，就是像亚历山大或我们讨论过的其他英雄那样，是心无旁骛地去追求那个目标，因为这个目标就是浪漫的爱情。谨慎与怯弱、审慎与贪婪、性竞争和其原始卑劣表现、对美的渴望退化成单纯的虚荣，在被这些层层包裹之下的女性，有谁能像洛拉那样，对生活有着不同的期望？但是它们不可避免地交织在社会结构中，法律这根纬线使它变了形。洛拉如同一条飘忽不定的线，被卷入风中，被女冒险家悲惨的自由所诅咒。传统的道路、地位、安全感、孩子，对她来说没有一点吸引力；她就像是一道爱之光，在茫茫人海中直直地照向远方，将隐藏的方向点亮。

后来，那个德国人离开了她，他们分道扬镳。在他们最后一次谈话中，他为她与戏剧的结缘打开了一扇门。那是1844年，也是波兰军队哗变后的第七年。一场卑鄙的迫害变成了一场并不完全光荣的叛乱；愚蠢与无能进行着搏斗，而帕斯基维奇（Paskievitch）王子成为波兰的暴君。这个冷酷的家伙，像大多数华沙人一样，看过洛拉跳舞。她正处于她爱情的鼎盛时期，她明白，舞蹈只会令男人喘息，而并不敢倾慕，这也让她摆脱了困境；洛拉这个例子是很奇特罕见，就像特洛伊战争的绝世美女海伦或维永①所颂扬的女士们那样，通过独特的、不可描述的现实，终结了关于品味的讨论，对所有人来说都像是一种幻觉的震撼。我记得有两三个这样的女人：其中一个比较特别，她是开普敦旧城区的工人，通常会乘坐每天下午五点的火车去近郊。我不能确定她是否像海伦一样是个金发碧眼白皮肤的女人，或是像洛拉一样有着一头黑发（黑皮肤？），但当她一到月台，整个火车的男人，从一等座车厢中抽着烟的冷酷商人到列车尾部贫穷的霍屯督人（Hottentots）②，全都挤到窗边，他们只是为了看看她，因为我从未见过谁有勇气上去和她搭讪。很久之后我听到一个大八卦，那个女孩非常"傻冒"，最终和一个已婚的木匠私奔去了澳大利亚——很有可能，洛拉几乎可以算是历史上唯一的头脑与心灵兼备的天生美人。帕斯基维奇想得到她，并派人去请她。这个60岁的老男人，五短身材，自负且残暴，自然是个令人讨厌的人，但是他为洛拉这个身无分文、四处逃亡的流浪儿提供了财富、头衔，他对洛拉所表现出来的惊叹和热爱也不那么让人反感。起初，洛拉温柔地回应了他，但后来，帕斯基维奇疯狂幻想着要与美人共同生活，甚至对她进行威胁，遭到了洛拉的嘲笑。

　　歌剧院的导演和警察局长被派去说服洛拉。就像洛拉在面临她生命的重要时刻时所一直表现的那样，她大发脾气并挥舞鞭子命令他们离开。那晚，一群谄媚者向舞台上的她发出嘘声，这是她第二次面对暴

---

① 维永（François Villon，约1431—1474年），中世纪末法国诗人。

② 非洲南部部落集团。17世纪欧洲殖民者侵入非洲南部时，又被从好望角一带排挤到纳米比亚。

徒。这一次，这些怪物并没有轻易放过她。她一直狂冲到了舞台脚灯的位置，尽可能地将暴徒的意图暴露出来，她的复仇行为获得了剧院中绝大多波兰人的支持。他们狠狠教训了谄媚者并把他们扔了出去。一大群波兰人为美人洛拉呐喊，反抗者们护送她回家，不让警察接近她，就像特洛伊人保护海伦那样。

她的故事被写进"回忆录"里，这篇"回忆录"是一位记者专门为了扭曲她而写的，文章陈腐且平庸，不过从中也不难发现些微的真相。关于这件事情有更详细的记载：

"因此她发现自己居然成了女英雄，这是她没有想到的。一气之下，她说出了全部实情，无意中引起了轩然大波。这些波兰人找到了一个好机会来表达他们对政府强烈的怨恨，不到24小时，华沙就沸腾起来，显现出革命的初期迹象。当洛拉·蒙特兹得知她被下令逮捕的消息时，她将房门死死抵住；等警察一到，她就拿着手枪坐在门后，大声说她一定会开枪打死第一个闯进来的人。警察们都吓坏了，或者他们无法达成共识，谁应该成为那个倒霉鬼。他们回去向上级汇报说他们遇到了一只彪悍的母老虎，并请示下一步的行动。与此同时，法国领事勇敢走上前来，声称洛拉·蒙特兹为法国国民，这才使她免于拘捕；不过，洛拉也被勒令必须离开华沙。"

我们有理由相信，洛拉在首次成功的关键时刻所表现出来的勇气和暴力，将会成为她最为人所知的独特气质。离开华沙后，有人说她去了圣彼得堡并和沙皇进行了亲密会面，但这种说法没有证据。还有一次更严重的，她在柏林卷入了一场与骑着马的宪兵的斗殴之中，而当时为了表示对沙皇的敬意，普鲁士国王腓特烈·威廉（Frederick William）

正在举行阅兵式。洛拉的马闯进了皇家围场，宪兵勒住缰绳想把她赶出去，而洛拉就用鞭子抽他。这一事件，加上有关她在华沙时壮举的各种传言，洛拉的名声开始传遍欧洲各国首都。随之产生的附带后果之一，就是她引起了让伟大的弗朗兹·李斯特[①]的关注。

　　和洛拉一样，彼时李斯特也正处于他魅力的巅峰时期。他有着拜伦一般的相貌，却不像拜伦那样装模作样，他更有见识，也更有心机，有些人说他还更有天赋。即使是在今天，李斯特年轻时候的肖像画也能让女人们浮想联翩。如果关于洛拉的冒险有任何话题，那一定和李斯特有关；这个钢琴家正深陷于复杂混乱的阴谋或者私生活中，正把他无情地引向某种最终的家庭生活。这位钢琴家像绳子或彩虹那样，紧紧抓住了洛拉。两人相遇、相爱并生活在一起——没有人知道他们的关系维持了多久。无论如何，应该不超过几个月。1844年冬天，他们来到德累斯顿（Dresden），李斯特在那儿的演出大获成功。然后1844年的春天，他们就到了巴黎。因为洛拉，李斯特和他孩子的母亲达古尔特伯爵夫人断绝了关系。可是，巴黎之行后不久，他们便分了手。两人都没有对外说明到底发生了什么，人们不知道他们是怎么开始，又是怎么结束的；除了这件事，他们乐意谈论其他任何秘密。这个秘密没有任何人知道。这真是一件蹊跷的事。

　　在这次现实之旅后，我们的探索者又很快全速前进，投入到另一场林荫大道的冒险中，其中的细节似乎是从当时那些既诙谐又枯燥的小说

---

　　① 弗朗兹·李斯特（Franz Liszt, 1811—1886），匈牙利作曲家、钢琴演奏家，浪漫主义音乐的主要代表人物之一。

《李斯特肖像》，弗朗茨·汉夫斯坦格尔（Franz Hanfstaengl）摄

中引用而来。路易斯·菲利浦统治时期的巴黎，还没有被拿破仑三世居心叵测地变成世界性大城市。它正处于传奇的全盛时期，是人类文明中最大的群落。人们在城市的主要街道上逗留徘徊，这条街道便是林荫大道。他们说，所有的年轻人都彼此认识，他们非常聪明，而所有的姑娘也都美丽且有声望。

佳肴美酒物美价廉，住宿也几乎是免费的，烹饪仍然是一门艺术；因此，诗人们过得非常开心，经常有佳作问世。每一间咖啡馆都很热闹，文学和戏剧史上最杰出的二流作家每天都会去三次。他们身后，闪烁着真正伟大的光芒，尽管这些人常常因为太忙而无法出现，他们是：巴尔扎克、雨果和缪塞。在那里，洛拉选择了杜贾利尔（Alexandre Dujarier）[1]，一位恶毒且笨拙的年轻记者，后来他在一场决斗中为洛拉丢了性命。洛拉是用他来取代李斯特吗？这同样也是她的秘密。杜贾利尔留给了她一些钱，之后洛拉便出发去德国旅行。她的冒险之旅很快就要面临终结，毕竟女人不能像哥伦布那样为一支舰队等待七年。洛拉已经27岁了，她越来越感到害怕。无论她和李斯特之间发生了什么，从她将自己委身于杜贾利尔这件事中可以看出，她的势头日渐衰弱，很快就要撞到地面了。运气是冒险家的燃料，可是如果这个燃料迟迟未能到来，洛拉可能会被迫堕落成一个职业交际花，也许只有在毛头小子的眼中，她会比安静的老处女更有点吸引力。洛拉忧心忡忡，在德国境内徘徊迂回，就像亚历山大曾经在小亚细亚的地图上来回穿梭那样。她四处

---

[1] 当时法国发行量最高的报纸的老板，也是报纸的戏剧评论家。

受挫，有时还遭到羞辱。她和卢埃斯王子可怜的亨利十二世之间有一段插曲——他们一起走过花圃，加上没有支付的账单，这些故事都让他们的关系复杂扑朔——而洛拉的表现，只显得她缺乏教养、脾气暴躁。任何追求幸福的人，先知也好、女冒险家也罢，都面临着成为一个普通的讨厌鬼的危险；她一开始本想将自己献给天才，后来却成了一个低俗的妓女。她眼睛周围出现的第一道皱纹，还有不断遭遇的失败，最重要的是其中的性质，反过来加深了她的皱纹和忧虑。

奇怪的是，这是我们第一次遇到这样的情况——由于完全没有运气而夭折的冒险；她也是我们冒险名单上第一位女性。到目前为止，洛拉独自一人在暴风雨中走来，她只得到了自己应得的一小部分东西。但是，黑暗中却突然出现了生命的迹象。一只手伸了过来，将她从平凡中拯救了出来。

这个人这就是巴伐利亚的国王路易斯一世①。当时他61岁，头发花白，忧郁却不令人讨厌，是个不错的男人。他的许多美梦和幻想，和洛拉最初时所拥有的那些一样。他拥有所有的浪漫主义精神，毕竟他经历

---

① 也译作路德维希一世。执政之初，他的政治倾向较为宽松。1830年法国七月革命以及欧洲革命运动日益发展后，他的政治倾向日益反动。普法尔茨人民与巴伐利亚当局的矛盾日益加深，于1832年在普法尔茨爆发了汉巴赫节起义。路德维希一世加强了书刊、信件的检查机制，这遭到了人民的普遍反对。与情妇洛拉·蒙特兹的绯闻加深了人民的反抗情绪。最终路德维希一世在欧洲1848年革命中被迫退位。路德维希一世是一位古典艺术的爱好者。登基后他将慕尼黑建设成一个艺术的城市，现今慕尼黑的许多建筑都是路德维希一世时代的产物。路德维希一世也鼓励工业的发展。他下令建造了德国的第一条铁路。他还发起了连接美因河和多瑙河的路德维希运河的修建，从而将北海和黑海连接了起来。

过拿破仑时代，有爱国主义、骑士精神和民主政治，不过总的来说，他是整个欧洲最有教养的人，没有几个国王能像他这样。他走过和洛拉同样的路，也曾为生活中难以名状的不真实的美丽而奋斗。他的理想也和洛拉一样，非常真实却不切实际。他只希望自己的王国能够在良好的统治下变得繁荣昌盛，希望艺术能蓬勃发展，希望街道上充满着歌声，希望每一位农民小屋的烟囱里都挂着火腿。就在洛拉意识到，自己应该要适应粗俗且忧愁的生活，就当一个像科拉·珀尔①那样的交际花时，路易斯做了个神圣的决定，他打算退而求其次，放弃破灭的幻想，从宗教中寻求丢失的希望；牧师替代了吟游诗人，钟声替代了集市，教权主义替代了普遍善意，这些他都要忍受。事实上，教皇绝对权力主义党派（Ultramontane）②正在各处同新欧洲战斗，从塔霍河到伏尔加河，在巴伐利亚，他们取得了胜利。耶稣会士，这支基督的军队，迫不及待地蜂拥而至。路易斯将他崇拜了40年的宙斯和欧丁神藏了起来，任其自生自灭。

这一刻，两条平行线交汇了。洛拉请求在慕尼黑宫廷剧院演出，导

---

① 19世纪法国上流社会的一名交际花，在法兰西第二帝国时期声名鹊起。

② 又称越山主义，源于拉丁语Ultra Montes（意为"在山的那一边"，指越过阿尔卑斯山者）。亦称"教宗极权主义"。11世纪时居该山以北者用以指追随教皇格列高利七世(居于山南)而反对神圣罗马帝国皇帝亨利四世(Heinrich IV，1056—1106年在位，1084年加冕)的行为。13世纪时，对来自山北的非意大利人而当选教皇者，曾称为"越山教皇"。16世纪宗教改革运动以后，又被山北抵制教皇势力者用以指称追随罗马教皇者的行为。例如17世纪法国高卢主义者、18世纪神圣罗马帝国皇帝约瑟夫二世(Joseph II，1765—1790年在位)、19世纪德国宰相俾斯麦等，均曾用此称以贬斥教皇权力至上论。

演是圣会的成员，他拒绝了洛拉的请求：宫廷剧院是路易斯一世的佛罗伦萨计划里残存的遗迹，担负着教诲启发的使命，这可不是洛拉或者她的舞蹈能做到的。洛拉没有认输。正如我之前所说，她已经变得相当粗俗莽撞。于是她利用了国王副官雷切伯格伯爵的办公室，见到了路易斯本人。正如许多命中注定的邂逅，路易斯是勉强同意此次会面的。"我有必要去接见每一位巡回演出的舞者吗？"他问。"这一位很值得一见"，也的确如此。

正当国王怒气冲冲、犹豫不决之时，洛拉推开了前厅的门；带着惊喜和沉默，他们就这样第一次相见了。两位命中注定要将彼此的生命纠缠在一起的人，这匆匆一瞥就让人感到似曾相识，于是省去了许多策略技巧。他们刚刚开始交谈，就仿佛是重新再继续一段过往的对话；看到这一幕，介绍人默默退了出去，让他们单独待着。洛拉还没说话，这位不讨女人喜欢的国王就对她的美丽发表了一长串让人听不太懂的赞美。她一直看着他，当他开始恭维她的身材并提出了一些疑问时，洛拉就那样冷静直接地解开了自己的胸衣，给他看。

这段奇特而动人的关系，让无聊的时光变得炫目。国王在议会上面对惊讶又愤慨的大臣们说："我不知道怎会这样，我着魔了。"几乎是从第一天起，洛拉就把国王当成了她的李尔王，而她就是他在监狱里的科迪莉亚，他们心灵相通，相互鼓励，这是一种非同寻常的伴侣关系。

国王重新找回了自己的热情，现在他终于有了一个盟友；洛拉抛下了自己的粗俗和恐惧，就像扔掉一个沾满烂泥的旅行包，成了一个伟大的女性。一些痴迷的英国理想主义者认为，她对他而言不过是比阿特丽克斯或洛拉，是十四行诗中充满幻想的角色，是狂喜且略带邪恶的禁欲主义的借口，这些都是荒谬的想法。她是他的情妇，但是她也是他的女儿，更多的时候，她是他的盟友和救世主。他们没有经历求爱期，因此也没有争吵、复合，以及所有恋爱关系中令人萎靡不振的例行公事。他们接吻、拥抱，然后并肩作战。他要为夺取希望和权力而战，在生命之火再度燃起来之前，他以为自己已经放弃了这些。

因此，"洛拉政权"出现了，这是19世纪时期政府所进行的最令人好奇和同情的实验之一。虔诚保守的成果一个个被摧毁；首先废除的是普遍审查制度，然后是牧师教师职位的主要附带条件，这是路易斯在遭受挫折时所允许的。洛拉是从哪里学到她的自由主义①的呢？也许这个地方是不存在的；关于她共济会纲领、她在帕墨斯顿岛的任务等各种故事，都是内陆人惯常的狡黠，将所有的政治活动推理成阴谋，就像一位老奶奶面对报纸上刊登的所有灾祸，不管是地震还是土著保护法案，她的评论只有永远是"这是一伙的"或者"情况很复杂"。洛拉的政治主张就是路易斯的梦想，她准备用自己前所未有的力量、智慧和勇气去为之奋斗。这种突然冒出来的大胆入侵之举，让对手们仓皇失措，他们甚至愚蠢地想要给她一笔钱。梅特涅自己就犯了这么一个低级错误，提出如果她愿意离开巴伐利亚，他可以每年给她一万美元。洛拉异常冷静地

---

① 自由主义，亦称"传统自由主义"或"古典自由主义"。19世纪初至20世纪初资产阶级的一种政治思潮。以法国的贡斯当、英国的边沁和穆勒等为代表。"自由主义"一词提出于19世纪初，把资产阶级革命时期的"自由""民主"口号，按照资产阶级政权确立以后的要求加以修改和补充。主张个人活动和发展完全自由，提倡个人权利，实现毫无拘束的企业主的自由竞争，拥护有财产限制的选举权和两院制议会。

《国王加冕礼上的巴伐利亚国王路易斯一世》，约瑟夫·卡尔·斯蒂勒（1781—1858）
（Joseph Karl Stieler）作

拒绝了。

　　不过敌人很快便重新振作起来。巴伐利亚在当时是一个重要的政治阵地。在邻国瑞士，独立联盟战争（the war of the Sonderbund）①正在进行，这是一个泛政治天主教主义（political Catholicism）非常关注的问题，只要它能在世俗问题上妥协，就能全力参与进来。在斗志昂扬、凶猛的领袖帕麦斯顿（Palmerston）②的领导下，欧洲反对反动派的力量已经击退了以梅特涅和教皇绝对权力主义者为代表的叛乱天主教发起的所有冲突：除了巴伐利亚之外，因为距离遥远，它还没有看到英国好斗的拳头。在鲁伯特③式浪漫中，没有一种情形能够与洛拉相提并论，仅凭她的美貌（如果你能从她的性格中分离出这一点），她拿着她的小鞭子，站在帝国、党派和教会之间，重塑历史长河中那个富有诗意的路易斯。无数恶意的寓言在欧洲教士君主政体国家的坊间流传：路易斯是一个戴着王冠的色狼，他的身边是一个裸体女神，拿着一支长笛，"一

---

　　① 1845—1847年瑞士7个天主教邦中执政的上层阶级为反对联邦政府而缔结的联盟。宣称支持天主教会，反对联邦议会放逐耶稣会士的法令，企图保持各邦割据的局面。1847年被瑞士议会宣布为非法，并在政府军进攻下，战败瓦解。

　　② 亦译"巴麦尊"，（Henry John Temple, Lord Palmerston, 1784—1865）。英国首相（1855—1858、1859—1865）。三度担任外交大臣（1830—1834、1835—1841、1846—1851）。原为托利党人，后成为辉格党人。奉行内部保守、对外扩张政策。两次发动侵略中国的鸦片战争，迫使清政府先后签订《南京条约》和《天津条约》。挑起克里米亚战争，与俄国争夺势力范围。镇压印度民族大起义。美国南北战争时，支持南方奴隶主集团。

　　③ 安东尼·霍普的作品《亨佐的鲁伯特》中的人物。《亨佐的鲁伯特》与《禅达的囚徒》这两部作品是英国文学的"小经典"，以同时代虚构的鲁里塔尼亚国为背景，并催生了被称为"鲁里塔尼亚浪漫主义"的流派，即以虚构的欧洲地域为背景的书。

只小狗，一头尾巴上系着皇冠的驴子"，此外还有颇具煽动性的滑稽作品……这就是我们所说的宣传。针对洛拉和路易斯的负面宣传充斥着为博学的德国人所提供的大部头画册，并且在他们自己不审查政策的掩护下，呼吁慕尼黑人民要毁灭他们。在墨水风暴下，路易斯畏缩不前，不过洛拉已经习惯了暴徒的嘘声。她甚至教路易斯去享受它。

他们俩相遇后不久，国王在1846年12月15日颁布了一项皇家法令，将学校恢复到无宗教信仰的现代管理体制，之前他气馁受挫的时候，曾将学校交由基督教兄弟会管理。这引起了轩然大波。敌人利用阿贝尔①备忘录予以反击。这位阿贝尔是内政大臣，也是他政党中最为核心的人物。他起草了一份文件，这份文件国王是不必阅读的，除非是在国王退位之前。在这份文件中，亚伯以官方礼貌的最低限度抗议"洛拉·蒙特兹夫人"所带来的影响。他说，"奥格斯堡的主教们每天都为眼前发生的事而痛苦流泪"，为了证明他的陈述，还附上了"深受好评"的各种最恶毒攻击，指出"整个欧洲，从穷人的小屋到富人的宫殿，都能感受到这种情感"。洛拉"让王室蒙羞，陷入生死存亡的关头"。国王与她的友谊"威胁并会破坏一位备受爱戴国王的名誉、权力和人们对他的尊敬以及他未来的幸福"。

他们还特意将这份文件抄送给了他们的报社。

如果路易斯是单枪匹马，他可能就默默忍受了，毕竟他已看不到什么希望。不过，如果玛丽·安托瓦内特（Marie Antoinette）能有洛拉八

①卡尔·冯·阿贝尔（Karl von Abel），巴伐利亚州的政治家。

152

分之一的魄力，网球场宣誓的那个夜晚[①]，第三等级就会被全部绞死，历史也会因此被完全改写。洛拉的反攻迅速而决绝，就像一颗正中靶心的子弹。她给了阿贝尔24小时，让他改变态度，然后立刻剥夺了他的职位，由冯施芬格（Von Schenk）接替。就在整个内阁成员紧张地讨论下一步计划时，他们却发现，洛拉以他们的名义提出了集体辞职。洛拉获得了兰茨菲尔德女伯爵的贵族头衔，成为罗森塔尔男爵夫人，并拥有两万克朗的年金。此举在自由的欧洲得到了喝彩。伦敦的《泰晤士报》发表了重要社评，对这次胜利大加赞赏；此外俾斯麦和伯恩斯多夫等人也都对她表示了热烈的支持。洛拉几乎成为全世界最令人厌恨、可也最令人爱戴的人物。

在失去了政府这块防卫工事后，大学成了洛拉敌人们的主要堡垒。学生和教授对洛拉本人，以及对国王建立一个佛罗伦萨式新公国的梦想有着极大的敌意。学生总是会被鼓动起来，用暴力去从事不受上一辈欢迎的事业：不论是左翼还是右翼，社会主义还是保守党派，这取决于当代历史，而不是他们自己。在慕尼黑，学生们对路易斯在年轻时提出的异教民主反应激烈，作为具有象征意义反基督教徒的洛拉，受到了学生们孩子气般残忍而狡猾的迫害。当洛拉和她的英国小猎犬出现在公共场合时，一些年轻的学生会成员就会故意激怒她，想让她像以前那样大发

---

① 法国大革命前夕，第三等级代表在三级会议会场（在凡尔赛）附近网球场上所作的宣誓。法王路易十六反对将三级会议改为国民议会，封闭会场。1789年6月20日，第三等级代表庄严宣誓：在制定宪法以前，决不解散。法王被迫同意召开国民议会，这是第三等级的一大胜利。

雷霆，这样就会对她的声誉造成最严重的损害。不过大多数时候，吃亏的总是恶作剧者。佩奇曼男爵挨了一耳光，差点跌倒在地上；另一个人也被洛拉用鞭子打得脸颊开花。

更糟糕的是拉索克斯（Lassaulx）教授严重的背信弃义，他发表了一篇演讲，充满了对冯·阿贝尔这位被解雇大臣模棱两可的同情和祝贺。洛拉以自己的方式予以反击，立刻忍痛解雇了拉索克斯。学生们聚在拉索克斯家的楼下为他加油。他家刚好与洛拉的"仙女宫殿"在同一条街上，伴随着"毁灭洛拉"的叫喊声，学生们接着发起了游行。仆人们瞬间不见了踪影，凸窗的窗帘也卷了起来，这位慕尼黑的女主人手拿着一杯香槟，一小口一小口喝着，还轻蔑地朝他们举杯。暴徒们将石头扔过来，组织者试图指挥愤怒的年轻人冲进前门。洛拉从窗台边的盒子里拿出一块巧克力，一边咀嚼，一边看着整场暴动如何激烈而尴尬地进行下去。国王自己乔装打扮，混在人群的外围，欣赏他这位"驯狮者"的新表演；最终，等他看得厌倦了，便下令骑警来收拾残局，清理街道。那天晚些时候，又发生了一次暴动，直到骑兵拔出军刀才平息下来。

洛拉在写给伦敦《泰晤士报》的一封信里简要描述了这件事：

"我可以举个例子，上周，本地大学的一位耶稣会信徒、哲学系教授拉索克斯被除名了，因此他雇用了牧师，组织了暴徒，将我宫殿的窗户打破，还袭击了宫殿；不过，多亏了另一政党对我的好感，以及士兵对国王和国王权威的忠诚，这些暴动以失败告终。"

此后，洛拉对大学进行了重组，出售给学生的书籍无须再经过审查，并且她进一步推进着国王重建慕尼黑的建筑计划。这对伴侣的权力和想象力进入全盛期；慕尼黑也成了世界的中心。

国家的政治立场也发生了改变，当独立联盟战争在瑞士被粉碎时（即1847年11月），耶稣会信徒难民也在巴伐利亚边境遭到遣返。英国漫画杂志《笨拙》（Punch）[①]发表了一幅漫画，建议巴伐利亚塑这么一个雕像：洛拉手举一条标语，上面写着"自由与卡楚恰舞（Cachucha）"[②]。

现在，1848年就近在眼前，这是辉煌的一年，欧洲为了投票真理而殉道。诗人们为政客把守路障，以战争来结束战争，这是为新耶路撒冷而进行的革命。那时候一切都很简单；所有的国王都是坏的，所有的共和党人都是高尚的。洛拉和国王的这艘只有两个座位的独木舟，也摇摇晃晃驶进这些激流中。她与学生之间的战争有了新的转变。一次在她跳舞时，一些普法尔兹（Pfalz）[③]军团或兄弟会的学生戴着他们与众不同的帽子出现在舞台下。凌晨两点的时候，洛拉抓过其中一顶帽子戴在自己头上；第二天一早，兄弟会把这个帽子的主人及他的朋友们开除了。于是，这些人成立了一个新的团体，并立刻被国王赋予拥有所有古典的特权，并命名为阿勒曼尼亚（Alemannia）兄弟会。从一开始，它就是洛

[①] 1841年创刊的英国漫画杂志《Punch》（中文译名《笨拙》）是英国最早的漫画杂志，其办刊时间延续150多年，对世界的影响很大，它以一种新型的美术形式在欧洲掀起了热潮，并使这种热潮迅速席卷到世界。亚洲的日本、中国也在世界化的进程中感受到这种浪潮。

[②] 一种优雅的西班牙三步独舞。

[③] 德国历史上一种特殊领地的名字。这种领地的领主称为普法尔兹伯爵，这个头衔的意思是"王权伯爵"（或译为"行宫伯爵"）。在普法尔兹领地内，普法尔兹伯爵拥有行使王权的能力。

拉的忠实保镖，为她站岗，也受邀参加她的所有聚会。1848年1月30日，法兰克尼亚兄弟会、巴伐利亚兄弟会、伊萨尔兄弟会以及苏阿比亚兄弟会等其他团体，加上数千名的革命分子和数百名的神学院学生倾巢出动。经过一些整合调整的过程，最终，"杀死洛拉"的口号将他们拧成一股绳，朝着她的住所进发。绝望的阿勒曼尼亚兄弟会寡不敌众，很快败下阵来。只剩下希尔施贝格（Hirschberg）、佩斯纳（Peisner）、莱宾格（Laibinger）以及努斯鲍姆（Nussbaum）中尉四人，努斯鲍姆后来因参与这件事而被军队开除。他们和洛拉一起，淡定地走上街头，直面"丑陋的暴徒"。这几位年轻人神奇地为她打开了一条路，洛拉得以站到人群中央；洛拉（自然有一些惊慌——每个壮举都有缺憾）大声叫骂、威胁他们，拿着手中的鞭子猛烈还击。到最后，舞台的脚光已不能将她和她的敌人分开，而刚开始，洛拉并没有被打败。

直至她筋疲力尽，再无力举起鞭子，而她的警卫也不见踪影，不管是谁都会被撕成碎片，此时，洛拉向后撤退，高昂着头与他们保持距离，一直退到铁阿提纳教堂（Church of the Theatines）①门口。宽容的牧师将出色的加尔文教徒带了进去，这无疑救了洛拉的命。纵观历史，很少有人，不论男性还是女性，能像洛拉这样，在面对愤怒人群的攻击中能保住性命，还几乎毫发无损。

年迈的国王开始动摇。首先，他下令关闭大学，然后这个法令迟迟

---

① 德国慕尼黑的一座教堂，其地中海外观和黄色色彩成为该市著名的标志，并对德国南部巴洛克建筑产生了很大的影响。

被搁置，短短一周之内，大学又重新开放。敌人川流不息地涌进他意志的缺口中，即使洛拉也无法即时合上这个缺口。另外一股示威力量此次巧妙地绕过了洛拉的宫殿，将她隔离起来，可这一回，路易斯这位新的李尔王，抛弃了他的科迪莉亚，给这场悲剧带来了新的变化。他已经受够了，梦想、爱情、美人、浪漫，他用颤抖的手将它们打包，来换取他现在渴望的一切——和平。投降的当晚，路易斯派遣警察去逮捕洛拉。一大群人聚集着想一睹结局，这可是一笔好交易。洛拉首先为年轻的努斯鲍姆和他的朋友们将门锁上，防止他们再受到伤害，他们原本打算要在这里为她最后背水一战。然后，洛拉不允许胆怯的警察碰触到自己，她走过人群，而两边的人也默默为她让出一条道路。到了车站，那三位气喘吁吁的阿勒曼尼亚兄弟会成员追了上来，他们是从窗户跳下来的。当晚，人群将她的宫殿洗劫一空。不知道是不是为了折磨自己，国王专门过来目睹这一切，却不敢阻止。当他搜寻残骸时，有人认出了他，结果他便挨了一棍子。

这一集的结尾很精彩。显然，洛拉提出要见国王最后一面。在告解神父的建议下，她被告知首先要向住在慕尼黑的教区的驱魔师吐露心声，这位驱魔师名叫贾斯廷·肯纳（Justin Kerner）。后来他在公开发表的信件中提道："前天，洛拉·蒙特兹在三位阿勒曼尼亚兄弟会成员的陪同下到了我这里。国王让把她送过来，真是个麻烦的事情，不过他们告诉我，洛拉已经着魔了。在用魔法和磁学来治疗她之前，我正在尝试饥饿疗法。我只给她十三滴覆盆子水和四分之一的薄饼。"

另一封信件中又写"洛拉瘦得惊人。我的儿子希欧多尔对她实施了催眠术，然后我让她喝了驴奶"。

157

几天之后，洛拉出现在瑞士。出于感激，他们同意她留下来。三位追随者同她待了一段时间，然后因为各自的原因都相继离开了，毕竟不管怎么样，此时都永远无法与他们在困境中支持洛拉的那段日子相比。

至于国王，他犯下了亵渎神明的大罪，无论在天堂还是在人间都不能得到宽恕。我指的不只是他对所爱的女人、忠诚和友谊的背叛。感谢上帝，一个人可以这样做，但不会迷失。但是，他却用他的毕生追求和他的生命意义来交换和平与安全，这个不正当的交易违反了生存法则。六个星期后，从判决到执行一般也需要这么长时间，他被迫退位并被逐出首都。

洛拉大势已去。她仿佛是一只在笼子里等待被剥皮的动物，一个接一个摇晃着已经锁死的牢门：旅行、隐居，甚至结婚。1849年，她说服了一个可怜的小保镖同她登记结婚。但很快，男方的家人就立刻因重婚罪将她逮捕，因为詹姆斯中尉还活着，不过后来，这件事不了了之。1851年，洛拉去了美国跳舞，取得了一定程度的成功，但人们对她是好奇多于尊敬。从纽约到新奥尔良，途中她赶上了一场淘金热，然后经由陆路去了加利福尼亚州。那个自命不凡的英国战地记者拉塞尔①，在中途遇见了她，据他所述："偶尔会有几位尊贵的旅客，在充满流氓卑劣行为的浪潮中走过。一天，在她最恶名昭著的时候，洛拉·蒙特兹来了，

_____

① 威廉·霍华德·拉塞尔（William Howard Russell），《泰晤士报》记者，是第一个著名的战地记者。拉塞尔一生主要以采访军事新闻著称。在克里米亚战争中崭露头角，赢得声望，后来又相继采访报道过许多著名战争，如南北战争、普法战争等。在采访南北战争时，还受到林肯接见。

她穿着一套奇怪的服饰前往加利福尼亚州。她是个漂亮而大胆的女人，有一双漂亮却邪恶的眼睛，举止坚定，穿着一件完美的男士服装，天鹅绒翻领外套里面是一件做工考究、有着前襟的衬衫，她戴着一顶黑色的帽子，内衣是法式的，脚上是整洁光亮的马刺靴。她手中还有一根漂亮的马鞭……这个讨厌的女人第二天一早就骑马离开了，我很高兴。"

此后，还有一些关于她的故事，她的婚事、情事，每段故事很模糊，很粗糙，也没能长久。有一个叫赫尔的新闻记者；还有一个叫阿德勒的德国猎人。她的双手从铁栅栏中伸出来，绝望地挣扎了一会儿，又松开了。到了1854年，洛拉独自一个人住在位于内华达山脚草谷（Grass Valley）中的一间小木屋里，她拥有半个农场，养了不少动物。有份报道这样写："上周二，洛拉·蒙特兹坐着雪橇来看我们，拉雪橇的马匹身上装着牛铃做装饰。她像流星一般闪过雪花和人们肆意扔过去的雪球，然后消失在通往草谷的方向了。"

然后，洛拉又为了淘金去了澳大利亚的巴拉瑞特（Ballarat）[①]，但最后却淘到了一个澳大利亚人。英属殖民地所特有的轻率和粗鲁，让她经历了一系列可悲的争吵，在这里，母国精妙的社会文明已经发酸变质，最后，她像一只伤痕累累的兔子一样被赶了出来，回到了自己的起点——爱尔兰和加尔文教。在"忏悔"中有个奇怪的秘密，那些被事实征服的人们都逃到温文尔雅的浪漫主义中去，这是加尔文教中那种高贵

---

① 巴拉瑞特是澳大利亚维多利亚境内的第三大城市，澳大利亚第二大内陆城市，距离墨尔本113公里，是澳大利亚最著名的金矿产地。

的忧郁；但是像洛拉这样厌倦了爱情、冒险和生活的人，就成了清教徒。她在自己的灵程札记中写下评论，详细记录了她虔诚的布道、日渐贫困的生活，以及做礼拜和祈祷之事，我们就不打扰她了。

"但现在，我的心理发生了奇妙的变化。以前我喜欢的，现在我讨厌。"1861年，她去世了，终年43岁。

第五章

卡廖斯特罗(和塞拉菲娜)

[Cagliostro（and Seraphina)]

《卡廖斯特罗肖像》

既然我们已经走到了这一步，双人冒险的例子，这是不可避免的猜想——比如卡萨诺瓦和洛拉，或者亚历山大和某个蜜色肌肤的女酋长，而不是他的小波斯羚羊罗克珊娜（Roxana）[①]。如果男性注定因没有许多运气而失败，女人则会因她的无精打采而消沉，天生的二人组——夫妻，在冒险的生活中，不是比任何单个冒险的人活得更久和更健康吗？在任何情况下，人们都会寻求对那些似乎支配着冒险的法则（或者说是不断动态变化的习惯）做重要且有趣的修改。这些很融洽，却不符合逻辑，因为生活憎恶逻辑；由于此类例子极少，所以也增加了其复杂性，仅仅局限于某种特定的冒险活动。确实，亚历山大、哥伦布，或者卡萨诺瓦、洛拉，若是他们有个搭档，会做些什么呢？他们的独行并没有瑕疵，有缺陷的是他们所做的和所遭受的一切的结构秩序；这种秩序的毁灭，就会把所有都变成最枯燥乏味的童话故事和短篇小说。说到二人组合，我们必须要选以冒险为事业的冒险者，而不是欺骗和交易——所以我能想到的只有卡廖斯特罗和塞拉菲娜，他们是旧欧洲的最后一抹落日余晖。

　　这个男人的真名是吉约塞普·巴尔萨莫。更名对冒险者来说是常

　　[①] 亚历山大大大帝的第一个妻子，巴克特里亚贵族巴尔赫（Balkh）的奥克夏特斯（Oxyartes）的女儿。

事，我们也已习惯，在寺庙、舞台和红灯区工作的人也常常会更改名字。改名几乎意味着一种仪式：象征着对家庭和社会关系、任务和责任的放弃；改名还有一种最普遍的动机，是野心抱负最朴素的体现，甚至到了自命不凡的程度。吉约塞普，简称为贝波，1743年生。他父亲是巴勒莫的一个小店主。他逐渐成长为一个结实、面相粗鲁的"贫民窟英雄"，他偷窃成性、胆大冷静，是家庭主妇和懦弱邻居们眼中的熊孩子。他剪短晾衣绳、煽动斗狗，引起大混战，欺负胆小的人，诱导胆大的人去破坏街边小贩的马车，他尽其可能造成混乱，让这座炎热喧嚣的老城更加嘈杂。在这里，无论是白天还是黑夜，任何时候都能听见吵架声和讨价还价的声音。12岁时，贝波被送到罗克圣徒神学院学习，由于经常被老师和门房鞭打，他跑了。后来，他的父亲去世。母亲的兄弟为他争取到进入巴勒莫修道院的机会——对他这个阶层有点小聪明的男孩子来说，这是他们所能拥有的唯一事业的入口。过了一段时间，他被送去给一位药师打工；清洁小药瓶、称量草药、护理蒸馏器、扫地，也接触到了这门最具感官性、最令人兴奋的科学——化学。即使是在现代的苦行生活里，对那些足够幸运能拥有强烈好奇心和嗅觉的人来说，化学实验室也是世界上最迷人的地方。在18世纪的西西里修道院，每一个瓶子都像一件玩具，都藏着秘密，药品就像是天方夜谭，每一个仪器都是神秘的民间传说，贝波的能力被点燃了。他如有神助，学得又快又好，所以师傅很喜欢他，当门诊病人如乞丐般的排队等着他们发放药剂时，师徒俩还在阴暗芳香的密室中忘我地讨论和操作着。为了让他不要如此沉醉，修道院的人便给贝波一个任务，让他在吃饭时读书给他们听。他们喜欢的是本冗长的殉道史——这是对贝波想象力的又一剂烈性刺激物，他已经对与超自然之物打交道充满了渴望。但是在大斋节期间的某一天，他突然厌烦了那些打倒魔鬼的大主教、驯狮的处女、不怕火的游方僧以及刀枪不入的忏悔者的故事。看着他们一本正经严肃地喝汤，贝波突然看到了凌乱的庄严下的幽默，他的本性促使他想做个恶作剧，于是就这么做了。他朗读时用巴勒莫臭名昭著的妓女名字替换掉书中的圣人名字。为此，他就被人拿皮带追着打，然后被赶了出去。

他一定比他应该知道得更多，才会玩这种顽劣的把戏；毫无疑问，在被正式赶出修道院之前，贝波肯定有过许多越轨行为。他并不是在那时作为一头小羔羊，一头扎进罗马大审判官、也是他唯一官方传记作者所写的那种"散漫生活"。接着，他又想当画家。对他以及他所在的城市和国家来说，画家是一个落魄、涉猎广泛的混合体，既是冷酷的伪造者，又是坏脾气的人，还是画油画招牌的人，能创造出海上的风暴，还能创造出远处喷发中的维苏威火山；他的作品（包括多愁善感的石膏模型雕像）直到今天，仍是意大利最大的艺术品。

不过即使是那个时候，艺术界也是人满为患。贝波被迫或者说是选择做点别的事情来维持生计；他做的这个活，在所有女性被严格隔离的社会中，都不可缺少地存在着，那就是，拉皮条。他的第一个客户是美丽表姐的情人，他替他传递过信件，却把礼物给截下了。精力充沛的贝波又顺便开辟了新的业务，专门帮那些签名有困难的人提供定制签名服务。据说，有一次，他为一个宗教团体伪造了一整份遗嘱，还以罗马修道院院长的名义给一个修道士颁发了通行证。

凭借这些低劣的小聪明，贝波赚了不少钱，足以衣食无忧。在他的一生中，他对食物总是有着极大的胃口，越是紧张的时候，食欲就愈加旺盛。伴随大量的食物摄入，贝波变得很强壮，过着恃强凌弱的暴力生活，他故意与海员吵架、殴打守夜人，成了令人厌恶恐惧之人。所有这些荒唐文章与他即将经历的辉煌命运都不相符合，并且在表面上也毫无关系。对这位后来被叫作卡廖斯特罗的人，卡莱尔和审判官这两位脾气暴躁的传记作者如此描述：一半是流氓，一半是骗子，这两种是人类最普通最无趣的特质。由此可以推断，在贝波最后一次出现在巴勒莫的时候，肯定有什么事情逃过了他们的调查。这个"讨人厌的笨蛋"似乎突然获得了金匠玛拉诺（Vincenzo Marano）的信任，并且邀请他在午夜时分去海岸洞穴寻宝。在卡莱尔唠叨和控诉不休的笔下，他将这件事描述成一个荒唐的骗局，一个无赖让他人上当受骗（历史上有关贝波的大部分事情，也都是这样描述的），并为自己苏格兰式的精明露出欣慰的笑容。可是，作为陪审团的我们，必须注意到，有些事实并不符合这一观点，正如接受审讯的贝波和卡廖斯特罗并不一样，他没有那么多一面之词来证明自己。这件事当中的神奇之处，不仅在于有关探测术、分叉榛竿等的讨论探寻，还有月光下的晕圈、燃烧着的大地、恶魔的祈祷，这些与我们所认识的笨拙的贝波完全不相符合。与金匠发生争吵后，贝波逃离了巴勒莫，此时我们才默认了这一事实。

此后数年，有关贝波的故事，都必须放在合适的背景之下来讲述，即人物性格；而他性格的塑造，离不开塞拉菲娜的促进。事实上，贝波肯定向东去了罗马帝国的古老右翼，遥远的亚洲仍然吸引着富有冒险精神的意大利人。开罗、巴格达、士麦那、阿勒颇甚至君士坦丁堡可能都接待过他，他用自己的奇谈和骗术维持生计。他那些数不清的同胞们，仍然穿梭在各个城市之间，贝波和他们一样，四海为家，只要远离人

群，在任何地方都能感到自在。他一定在罗马出现过，露宿街头，穷困
潦倒只能做一些杂乱的小本生意（但很少有人认为这是不道德的，尤其
是卡莱尔），向中产阶级出售劣质艺术品，用钢笔画出常见的纪念碑。
贝波可算得上是绘画明信片生意的先驱。

　　就在这种混乱的状态下，贝波遇见了塞拉菲娜。她的真实名字，
或者说是社会强加的名字，是洛伦扎·塞拉菲娜·费利西亚尼(Lorenza
Seraphina Feliciani)。洛伦扎的父亲，是一个从事腰带或手套生意的
小商人，塞拉菲娜生得健美漂亮，和许多女孩一样，也有许多浪漫的想
法。不过，她的不同之处在于，她准备把这些浪漫的想法付诸实践。事
实上，她天生就是一个女冒险家。事实上，假如能有更多关于她和她在
她丈夫丰富生活中所扮演角色的记录，那么塞拉菲娜很有可能会被称为
有史以来最伟大的冒险家之一。然而，在他们共同经历的冒险生活中，
她的意志却常常被忽视，成为和弦中听不见的那部分，因此总是被作家
们所遗忘，甚至仅仅被他们当成一个勇敢却可怜的东西。多愁善感的好
处是，它是通往心理学的捷径。事实上，这个事例不能带给我们格丽塞
尔达(Griselda)①传奇的另一版本。但是，贝波·巴尔萨莫这只肥大的
毛毛虫之所以能蜕变成美丽的蝴蝶，成为亚历山大·卡廖斯特罗伯爵、
阿尔曳塔斯圣人喜爱的学生、麦加王子的养子、特拉比松最后一任国王
公认的儿子，被命名为艾尔索·阿查雷特，被称作是"大自然不幸的孩
子"，担任埃及高等科学共济会(Egyptian Freemasonry)的超级大师，

_____

　　① 欧洲民间传说中的一个人物，以她的耐心和服从而闻名。

都离不开小洛伦扎——他神秘的塞拉菲娜的功劳。虽然关于这点的记录不多，但很多重要的事件节点，都证实了我的观点。从女性的角度来看，这是双人意志的合体，正如洛拉和路易斯的合体一样。在合体冒险开始前，洛伦扎单身且成功。这是一个转折点，一个贫穷说谎的笨蛋会变成他本应该成为的那种人。

借用一些体面的词汇来说，对贝波性格的塑造、意志的教导，就是洛伦扎冒险的主音符。女人冒险的主体，就是男人，这点和我们从洛拉·蒙特兹的冒险故事中所得出的结论相符合。她从他的不雅中看到了尊严，从他的粗俗行为中发现了未开发的极大潜力。他对自己的经历大肆炫耀、谎话连篇，可洛伦扎却从中发掘出不同寻常的想象力，以及难得的自我暗示和自信的闪光，这就是生活中想象的光辉。我们可以将洛伦扎的冒险分为对贝波的发掘和对卡廖斯特罗的塑造两个阶段。首先，她穿过了他所处的泥滩和险恶沙漠，发现他也许可以变成的热带腹地。这样的说法可能会令人信服，毕竟他对自己还是有几分自信。即使对一个罗马的束身衣小作坊主来说，对她所爱之人的这种见解，虽然大胆，但也并非很了不起。也许某种潜意识的准经济评价，是所有陷入爱河的女性所与生俱来的。但是，洛伦扎却通过建设性的努力，让直觉的探索有了实际价值，这点极其罕见，也很具有原创性。尽管有许多杰出的范例（事实上大多数都失败了），对性格（区别于精神和肉体）的塑造和教育，都是严格按照经验办事。

学识当然不是洛伦扎所具备的，但这对她也没有任何帮助。当她与贝波走过明亮的广场和罗马没有尽头的街道，当他们坐在西班牙广场的台阶上或巴洛克喷泉的边缘，燕子在空中飞旋，身处朝圣者的旋涡之中，她肯定学过一些东西，并付诸实践。订婚后的那几个月，她也一定在栅栏里、在废弃的堡垒中，将贝波的野蛮精神大胆发挥得淋漓尽致。

洛伦扎决定驱除掉巴尔萨莫（即贝波）的恶习，而巴尔萨莫又是个脾气暴躁、性格敏感之人，所以他必然会像斗牛犬一样做顽强抵抗；如杂草般的性格特质是卡廖斯特罗始终如一的形象。她要治愈他那种西西里岛人对金钱卑贱的热爱，去除他在危险时候撕咬吼叫的习惯，改掉他卑躬屈膝和趾高气扬的特点，这些都与上流社会格格不入，还要用无可置疑的冷漠取代他的恐惧和憎恶。要做这些事，必须得非常小心谨慎，因为哪怕是一根小小的羽毛，都会让巴尔萨莫的自信心失去平衡，那么一切就全完了，爱人和冒险都将不复存在。利用他现有的东西进行双重操作，才是更高明、更容易的做法。洛伦扎让巴尔萨莫变成了预言家，从他华丽的吹嘘中挑选一个连贯的故事，将他限制在其中；并且让他放下其他生意，转向专攻商品贸易，这比夏娃的肉体更加精神化也更加有价值。她挖掘了他对舞台管理的潜在天赋，他的这种天赋从西西里金匠那件事便能看出；她还整理了他杂合思想中所装的传奇与迷信碎片，加深了他对魔鬼的恐惧和对非比寻常力量的期望，最终，她自己也对此、甚至对他深信不疑。

总之，洛伦扎有运气，也有判断力，但是没有道德。她为一个无足轻重的人塑造了性格，解开了人类动力学中最黑暗的问题，从一团贪婪的矛盾体中构建了单一、敏锐的意志，这意志不需要弹药筒，就能像一颗子弹一样在世界上自动发射。与她的冒险经历相比，她是冒险家的创造者，这波操作可比卡廖斯特罗所知道的所有魔术都更加罕见、更加危险。

这位聪明的小店员用爱、虚荣和灵感释放出了一股新的力量，这力量通过时代的精神，发展成为一种个人的力量，他们都希望这力量能够尽可能强大，能够不受限制。在这个理性的时代，神秘的热爱即是精神。无法掩饰的是，对人类所处的宇宙的认识常常发展成一种想要逃避现实的强烈愿望。伏尔泰时代也是童话故事的时代。据说玛丽·安托瓦内特带了几卷《童话集锦》（*Cabinet des Fées*）到囚牢里阅读以寻求安慰，就将它摆放在《百科全书》（*Encyclopaédie*）[①]旁边。《爱丽丝漫游仙境》也属于这个时代，7年后的同一天，《物种起源》出现了。事实上，所有民间传说的开始都应该推迟到原始人类失去他们最耀眼的幻想之时。这种厌恶的印象和逃避的冲动在18世纪是非常强烈的，因为18世纪已经对支配我们生存的规律、人类的本质、它的激情和本能，它的社会、习俗和可能性，它的范围和宇宙环境以及它的命运的可能长度和广度有了一个非常清晰的看法。这种逃避，既然离开了真理，就只能是进入幻觉，即我们已经称赞过的实用主义虚构的崇高安慰和庇护。人类常见的贫穷有各种可能的形式。众所周知，离开曼彻斯特的捷径就是喝上一瓶哥顿金酒；巴黎的海市蜃楼能让人远离商业生活；而要离开巴黎，

---

① 1751年至1772年间由一批法国启蒙思想家编撰的一部法语百科全书。参加编纂的主要人员有孟德斯鸠、魁奈、杜尔哥、伏尔泰、卢梭、布丰等不少法国启蒙运动时期的著名人物，他们被称为"百科全书派"。《百科全书》是启蒙时代思想的代表之作，成为历史上第一部致力于科学、艺术的综合性百科全书。正如主编狄德罗所述，《百科全书》的目标是"改变人们的思维方式"。

那些天赋和想象力缺乏的平庸之辈，只能靠各种麻醉品，当然，还有宗教、音乐和赌博。它们都能给人带来很多快感。不过最奇怪古老的还是魔术这样的旁门左道，而这对夫妻就选择了在这里建立自己的地位，牧师还是小贩，由其选择；有点像普洛斯彼罗岛的移民机构，专门为那些厌倦了米兰公国的人服务。从最深的层面来看，这种魔术与意志的创造力有关；而从最肤浅的层面来说，它只不过是一种野蛮的理性主义，是我们迫使上天变得合理的尝试中的一个。在这个绝望的背离真理的故事中，是否有任何真理并不重要；在这个故事中，重要的是我们得明白，卡廖斯特罗的操作完全依赖于意志的集中，也就是所谓的信念，不仅是追随者的信念，最重要的是领导者自己的信念。以"伪君子"或"谎言大师"来形容像卡廖斯特罗这样的人，是一种聪明的无知，这是历史、甚至基本的心理学都无法接受的。他们所选择的冒险、意志和信念的必要条件，是一种绝对单一的意志，至少是一种可行、短暂的信念。缺少其中一个，他们都没办法将金砖卖给农业劳动者。虽然他们的受众接受过教育，大都细腻机智，但他们也和那些付费观众一样，在第一次看戏时同样挑剔。即使是在政治部门，或者是任何蛊惑人心的部门中，只要魔术师仍然在滔滔不绝地说个不停，他就必须相信他自己。

但是，意志和信念需要借助一项工具才能有销路，这项工具就是人格。而人格的实质在于它的过去。洛伦扎——当时她还不是塞拉菲娜——便开始着手对他爱人丰富却不连贯的奇谈进行改写，成为一个精彩非凡的故事。他曾经在巴勒莫的经历被删除了，他性格中的巴勒莫元素也被清除掉了。人们都同意一致相信，卡廖斯特罗是特拉布宗

《卡廖斯特罗的妻子塞拉菲娜》

（Trebizond）①最后一任君主不幸的儿子，因为那遥远国度的覆灭而被迫流亡天涯。在逃亡过程中，他遭遇土匪，并被带到麦加的奴隶市场。贵族谢里夫将他买下，并传授给他神秘的犹太哲学智慧。可是，长大之后，纵然谢里夫对他非常喜爱，都不能使他的野心和使命停留在原地，最终谢里夫准许他离开，并赐予他一个浪漫又怜悯的头衔——"不幸的大自然之子"。旅途中，他结识了一群旋转的托钵僧（Dervishes）②、遇见了欧里西斯互助会的成员，还认识了所谓的"炼金术士"，他们都对他十分尊重，邀请他参与到他们的秘密活动之中，最后依依不舍和他惜别，让他继续踏上无休止的旅途。在大马士革，他找到了有着一切神秘智慧的圣人——阿尔叟塔斯圣人（Althotas），并与他一同去了马耳他，诺斯替派骑士的秘密残余力量在那里拥有一个地下实验室。在那里，阿尔叟塔斯和他一起在精神化学领域做出许多伟大成就，每一个成果都涉及恒量物质的转化与改变，专为想象力服务。人们还暗示说，后来他不得不杀了阿尔叟塔斯。

至于洛伦扎，她很满意塞拉菲娜这个名字，觉得它充满神秘又有启示性。她的故事则给人们留下了想象的空间，只有一些若隐若现的提示，比如她的衣服上的异域样式，还有她讲任何语言都带有一种外

---

① 拜占庭帝国崩溃于第四次十字军之手后建立的三大割据政权之一，是格鲁吉亚人协助建立的傀儡国家。

② 伊斯兰教的一种修士，在波斯语中是乞讨者、托钵僧的意思。最早出现在10世纪。他们是苏菲派的一种。他们出家隐居，或云游四方。他们的生活方式与苦行僧出奇的相似。他们对突厥人有相当大影响。

国口音。

性格、意志和信念都已装备齐全，他们的冒险可以开始了。不过一开始就发生了意外。当时，这对夫妻住在女方父母的房子里。卡廖斯特罗从来没有这么舒适过。他比塞拉菲娜更加了解这个世界，他向她保证，继续冒险是件愚蠢的事。一日三餐有了着落，还能有一张羽绒被床铺得以安睡，卡廖斯特罗感觉自己的天赋在罗马得到了最好的发挥。他们完全可以按部就班地生活下去，这样也可以继续衣食无忧。

塞拉菲娜感到困惑。此时，命运不得不向她伸出援助之手，或者说是援助之脚吧。眼看一切似乎都被破坏了，这对夫妻就要将他们的精力消耗在这条小街上给人算命、看手相和占星。此时，他们却突然被塞拉菲娜的父亲赶出了家门。他说他既不喜欢他女婿的脸、故事，也不喜欢他的自负。尽管不情不愿、闷闷不乐，亚历山大·卡廖斯特罗伯爵还是穿上了他的普鲁士陆军上校制服，塞拉菲娜所创造的故事又多了最后一笔。这件几乎崭新的制服，花掉了他神秘的塞拉菲娜十二分之一的存款。在一位盖着天鹅绒头巾的人陪同下，卡廖斯特罗坐着马车去了米兰。

他们接下来几年的冒险经历，我们所知道得不多。即使是一篇枯燥无味的叙述，也比当时所有的诗歌要好。只有一个宗教裁判所的审讯官充当了传记作家的角色，记录下了一些有关他们诈骗行为的描述——这是"异教徒"皈依者的官方同义词。这份记录中所出现的角色足以上演一部历史剧：意大利伯爵、法国特使、西班牙伯爵夫人，还有公爵以及戴面具的时尚女士们。这对夫妻到过威尼斯、米兰、马赛、马德里、加的斯、里斯本和布鲁塞尔。他们乘坐一辆黑漆的马车，门上镶着朴素的金饰，带着六个穿着黑制服的随从以及大量的行李。

每到一个地方，他们采用同样的入门技巧，这可能就是他们可怜又可疑的开头。那辆浪漫的马车会在城里最好的旅馆停下来。他们在包厢点餐，用沉重的嗓音和浓厚又难以捉摸的外来口音询问奇怪的菜色。一开始，为了引人注目，肯定是由塞拉菲娜在窗边上演一出小喜剧，带着难以名状的悲伤和甜蜜，或者是由卡廖斯特罗伯爵在楼道制造偶然的碰撞，然后做出冗长又令人印象深刻的老式道歉。不过等他们有了仆人可以充当帮手后，引荐就变得容易得多了。

魔术是最危险，最需要专门想象力的行业之一。这对流浪夫妇在魔术这一行业中，正朝着不易达到的高度上升。一方面，必须提防来自宗教和警察的敌意；另一方面，魔术像音乐一样困难，像诗歌一样深奥，像舞台艺术一样巧妙。从技术层面上来说，在卡廖斯特罗和塞拉菲娜飞翔的高度上，魔术又是社会性的。它致力于满足人类心中最深处的愿望，而这种愿望很少与个人相关；此外，它的工具是秘密社会群体。对死亡的恐惧、对超自然的恐怖和美丽的隐晦性渴望，以及所有其他的复杂动机，让人们不得不求助于贝多芬和卡廖斯特罗，因为只有教堂、管弦乐队和互助会能让他们感到满足。从大众的视角，这种组织和运作方式必须秘密进行，因为它不是为了救赎，而是为了逃避；从现实的监狱逃跑到另一个世界，一个没有生与死、置身于有机循环之外的世界。在这里，除了永不停止的出与入、孕育与坠落、饮食排泄外，还有另一种节奏。卡廖斯特罗曾经挂钥匙的小侧门上刻着这样几个字：

勇敢

意志

沉默

所以，要更好地描述这对夫妻在欧洲游历的所作所为，应该说，并不是像《吉尔·布拉斯》或者《欧伦施皮格尔》（*Eulenspiegel*）①那样毫无情节可言的一连串突发奇想；而是如传教士那般庄严珍贵，他们在宣扬一种信仰，建造一座教堂。他们的工作不是制造黑名单，而是制造狂热的崇拜。他们的俘虏是受保护的皈依者，是登记在埃及高等科学共济会创始成员名册上的信徒，而不是逃跑的上当者。该协会的会长，是一位未知名姓的大人物，居住在月球山脉的未知角落。亚历山大·卡廖斯特罗伯爵是享誉欧亚的所谓的"巫术大师"；塞拉菲娜是他尊贵的夫人。

这种网状的有机体，在它还没有建成之前，就已经在欧洲绵延了一千多英里，但它本身并没有神奇地从黑夜中孕育出春天。这对夫妻和他们的信徒的第一次接触，是在路上旅馆里紧闭着门的起居室里的那些会面。对于这台还没有齿轮的巨大机器来说，其一定是暗示和影射的杰作，而不是明确的宣传。那个为他们冒险之旅第一顿晚餐买单的好奇询问者，一定是被他们表演中非同寻常的艺术价值所折服。卡廖斯特罗的滔滔不绝配上塞拉菲娜的沉默，才能使骗局获得成功，这和后来埃及仪

---

① 又为《梯尔·欧伦施皮格尔》。德国民间故事集。梯尔·欧伦施皮格尔相传为14世纪德国北方的农民。他四处流浪，讽刺富人，嘲笑强盗骑士，开行会师傅的玩笑，作弄统治者，揭露人间的不平和社会的弊端。关于他的故事传自萨克森的不伦瑞克，后人将其编为笑话故事集，在德国和整个欧洲广为流传。萨克斯、魏德金德、豪普特曼等都曾以他的故事为题材进行创作。他的故事在德国乃至欧洲家喻户晓。

式中精心安排的表演不一样，就像抒情诗是有别于戏剧的。不过，即使没有这些社会组织，这对夫妇肯定还是会做大概类似的生意。

他们的冒险从这颗贫乏的胚胎开始，迅速发展起来，而且很快分支。在旅途的第二站，他们已经能够将"魔鬼"具像化。到了第三站，他们已经能做出一系列的变化，这些是"巫术"的第一批产物，如鹅卵石变成珍珠、粉末变成玫瑰。他们有一个水晶球，并能在其中产生小的、五彩缤纷的场景，如果长时间盯着水晶球看，会发现里面有卧室内景、莫名怀旧的风景和集中的视角，过去的和未来的人物在这些视角里走进走出。只要给钱，卡廖斯特罗会给你变出神奇的曼德拉草（Mandragora），这些尘世的小生物到了夜晚会在树脚下哭泣，它们是由上吊之人"撩人又模糊的泪水"变成的。他和传说中的笛卡尔一样，他胸前包着缎子，缎子上画着一个六英寸高身材苗条的女人，有着最完美的美丽与生命。他再现了库夫施泰因伯爵（Count Kueffstein）的秘密，科夫斯廷伯爵知道如何从稀有的蒸馏与发酵中制造"精灵"，这"精灵"能回答人们的问题，居住在密封得很好的瓶子里，以放它们互相争吵。

但所有的这些奇闻轶事都是作为序幕，卡廖斯特罗更大的、不可估量的秘密即将到来。他展示这些东西时，就像巡回马戏团在售票处前的平台上放了一个杂耍者和一个小丑，为里面的主要表演做广告。那些想要进去看表演的观众，会被视为是第一批加入他埃及共济会的会员，随着人数数量的增多和卡廖斯特罗理念上的膨胀，他又进一步对他们的等级进行了区分。这个组织所留下的唯一细节，都不幸地遭到破坏。对于一个怀有敌意的侦探，如果他只听换景师的唠叨，那是不可能知道一部秘密演出的新戏剧的真实情况。我们现在所掌握的，只有宗教法庭那些记录，没有音乐，没有情节，甚至连一点点光芒都没有。

"男人一旦上升到主人的位置，就会被人称为先知；女人则会被称为西比拉（sibyls）[①]。

"伟大的塞拉菲娜夫人对着刚入会的女性成员吹气，从额头一直吹到下巴，并对她们说：'我将这口气息赠予你们，让它在你体内生长，让真理的精神在你心中生根发芽，这是我们以太阳神赫利俄斯（Helios）、弥尼（Mene）和上帝之名所拥有的。'

"受赠者通过一条黑暗的小路进入一个大厅，大厅的天花板、墙壁和地上都盖着一块绣有蛇的黑布。三盏墓灯闪烁着微光，寿衣掩盖下的似乎是人形的残骸，若隐若现。祭坛由一堆骨架堆砌而成，两边都是厚厚的书籍。对曾发过虚假誓言的人来说，这样的景象还是有点威慑力。而对其他人而言，则会感觉到房间里有种隐形复仇精灵的气息。他们要在这儿呆8个小时。然后，"幽灵"慢慢穿过大厅过来了，又沉到地底下，连活板门都没有发出任何声响。

"新手就在这片寂静中度过24个小时。粒米未进，他的思考能力变得虚弱。再加上酒精的作用，让他的决心消磨殆尽，沉沉欲睡。

"他的脚边有三个杯子。最后，三个人出现了。他们将一条苍白的丝带系在他的前额上，丝带浸满了血，上面还有银色的字符，其中一些是基督教字符。接着又在他的脖子上挂上一些铜制的护身符，其中一

---

① 意为"女先知"，指古希腊的神谕者。

个是铜十字架。然后，受赠者被脱掉衣服，他们又在他的身上画上血迹符号。在这种屈辱的状态下，五个滴血的'幽灵'拿着剑，大步向他走来。他们铺上地毯，让他跪下。火堆被点燃了，烟雾中可见一个高大透明的身影，嘴里重复着誓言的条款，等等。"

现在来看，和世界上任何一个秘密团体的狡猾诡计相比，这对夫妻所采用的手段其实不算什么。但是这些残迹斑斑、支离破碎的东西中，寻找那曾经极其兴奋的灵魂所留下的褪色片段是徒劳的，因为它既不简单，也不琐碎。它是配乐中烧焦的一页，而演奏着音乐的乐器已经遗失，无法补救了。

在翻找这些垃圾的过程中，还会发现一些其他的东西：一条关于他们探险过程中隐藏的线索。这个冗长复杂的过程并非魔术仪式，而是一种宗教仪式。也就是说，其目的和所有神秘教派一样，是为了引导灵魂找到获得永生的方法。受到人类思想潮流的影响，这对夫妻已经完全偏离了他们的原本轨道。这种潮流源自人们心灵深处，那就是对死亡的恐惧。他们的要求也随之降低，从逃离宇宙变为逃离坟墓。魔术表演变成了宗教马戏。他们交易的不是精灵，而是鬼魂。与其说他们提供的是对抗人类生活厌恶的止痛剂，不如说他们提供的是"延长生命的灵丹妙药"。

夫妻二人坐着这辆载着他们命运的闪亮喷漆马车在欧洲主干道上往复来回，除了马儿的变化之外，还有一些变化值得注意。这位"自然的不幸之子"在所谓的"超自然科学"中的进步，赶不上他对人类科学方面的进步。卡廖斯特罗发现，对抗生活的药远比对抗死亡的药更受欢迎，所以他便为人们提供这些药。他能够灵活地领会命运的暗示，这点和卡萨诺瓦一样。据审判官说，当他发现塞拉菲娜的肉体比她的气质更能取悦人的时候，他甚至愿意供应这些。塞拉菲娜也是如此。卡廖斯特罗堕落到了（这是一条往下的道路）魔法的庸俗分支，完全放弃了它的微妙之处。他开始制造爱情迷幻药，掌握了变铜为金的秘密。他要求他的空气精灵不再唱空想的音乐，而是索要治疗痛风的方子。他高贵优雅的悲伤，到最后只变成对健康、女人、生存，特别是对金钱的庸俗渴望。令人好奇的是，随着卡廖斯特罗智慧的增长，他的药典是如何缩减到炼金术的单一章节，为人类的单一基本欲望提供单一的药方——黄金。根据他的经验，悲观厌世（Weltschmerz[①]）的治疗很复杂，但是可以分为对单相思的治疗、对身体状况不佳的治疗和对死亡恐惧的治疗；其实，只要他能教人们一些快速简单致富的秘诀的话，所有这些，从科学的经济学来看，都是多余的。所以，卡廖斯特罗走了老路，从魔术转向医术，又从医术转向心术。

卡廖斯特罗身边的同伴塞拉菲娜，也以她自己的方式追求着知识。她恼怒地认识到，所有的男人都喜欢女人的神秘感；不过，比神秘感更吸引人的，是诗意，而比诗意更吸引人的，是爱情。但是比爱情更重要的，是满足欲望的迫切需要。欲望之后是满足感，然后是利用，而卡廖

---

① Weltschmerz来自德语，字面意思是世界的痛苦，也是世界的疲惫，是德国作家让-保罗在1827年的小说《塞琳娜》中创造的一个术语。在格林兄弟的《德语词典》中，它的原意是指对世界的不足或不完美的深深悲伤。这种世界观在一些浪漫主义和颓废主义作家中普遍存在，如拜伦、王尔德、海涅等。

斯特罗正是利用她来赚钱，这个发现在她经历了一次不舒服的旅行之后达到了顶峰。

至此，他们的联合"事业"走出了迷雾，按部就班，朝着精准的目标前进，这个目标可比研究人类内心的埃及科学更加庄严尊贵。他们成了生意伙伴，媚药与炼金术固然是永恒的贸易，也有其周期性的繁荣与萧条。很有可能的是，廖斯特罗为了满足人们的需求，提供了药效可靠、起效快的毒药，这种药品在大家族处理错综复杂关系时常常会用到，比如简化继承程序或者解决家庭隔阂。在拉瓦赞（La Voisin）①和布林维列侯爵夫人（Marquise de Brinvilliers）②的那个时代，卡廖斯特罗与整个欧洲大陆高级警察之间的矛盾逐渐升级，并不是因为这些毒药的原因，也不是因为有人抱怨他炼金术的秘方太贵。炼金术和占星一样，不会产生怀疑论者。真正的原因是，他所作所为中所带的宗教和政治色彩吸引了上流社会的斗牛犬和狐狸，他的埃及共济会侵犯了基督教的垄断地位，他的宗教仪式中已经植入了民主主义教条的古怪分支。

卡廖斯特罗自己也看得清楚，他希望放弃或者是减少让迫害者不悦的东西，即埃及科学分会，只从事能带来丰厚报酬的实用"巫术"。不

---

① 女巫，是法国国王路易十四时期的算命师和占卜师，善用调制各类药物，1679年卷入法国宫廷的"投毒事件"，1680年以犯有巫术罪被烧死在火刑柱上。

② 17世纪法国著名连环杀手。因为用毒药毒死四位家人包括父亲、一位兄弟与两个姊妹以争遗产，所以被警方人员逮捕，还有人报警说她在医院探病的同时下毒毒死无辜的病人。被抓之后她被判水刑，连续喝下16品脱的水后被斩首并被炮烙。

《1786年，在伦敦共济会会议上对卡廖斯特罗的讽刺》，詹姆斯·吉尔雷（James Gillray）作

过，塞拉菲娜并不是仅仅为了利益才踏上冒险之路的。塞拉菲娜怀着真正的女性理想主义，喜爱金钱能买到的东西，特别是美食（她和卡廖斯特罗一样，胃口也很不错）、衣服和舒适的生活。可是，对于赚钱这项充满物质主义的活动，她却表示厌恶和不理解。她违背自己的意愿，帮助卡廖斯特罗开展着充满想象力的化学事业；可能除了"爱情魔药"之外，她从未停止抱怨，说卡廖斯特罗忽视了"超自然魔法"这个有着纯粹理想却不太赚钱的项目。

因此，他们的统一意志已经开始有分裂的迹象了。卡廖斯特罗一门心思地实践着他民族和世袭的野心，希望能成为百万富翁，然后金盆洗手。而塞拉菲娜一直盯着权力与头衔，即拥有一个庞大地下宗教的联合教皇地位，身披他为她创造的庄严长袍，通过希望和一些敲诈勒索相结合的手段，在欧洲所有浪漫主义者思想中占据一席之地，塑造生活，接受尊敬。

冒险的结束已经拖累卡廖斯特罗的事业方向；他爱上了知足感，而她喜欢冒险。她的音调更高一些。

在巴勒莫的那段日子是个灾难时刻。每天卡廖斯特罗都愈发阴沉，他们经常为钱吵架，不过最根本的分歧，还是他们想走的道不同。更重要的那个人占了上风。他们到了巴勒莫，卡廖斯特罗希望能在那儿挣到足够的钱，然后圆满退休。他所编造的过去抹去了真实的自己，却没能抹掉他的敌人，他们正带着复仇的心态等了他很长时间，仇恨也在等待中越演越烈。他被指控伪造（在修道院遗嘱问题上）、欺骗，还有"巫术"（与金匠的往事），锒铛入狱。

为了救他，塞拉菲娜付出了许多，也经历了很多困难。巴勒莫有一个埃及高等科学分会，分会会长或者说大师是西西里一位贵族的儿子。

塞拉菲娜知道如何打消此人对卡廖斯特罗真实姓名和经历的疑虑，她不仅让他对这位囚犯产生了兴趣（当时卡廖斯特罗面临着可能被判死刑的危险），而且还对他充满了狂热的崇拜。由于以未能以和平方式阻止此案的审理，这位要员带着随从一起来到法庭，抓住起诉人，并将他打得半死，直到他同意放弃起诉。看到卡廖斯特罗背后有如此有权有势之人做靠山，法官们也都无心顾及这个案子，一致同意他们什么也没看见，什么也没记住。最后，我们的伯爵就被释放了。

此后的很长时间里，这对夫妻再度珠联璧合，形成了内在动力。接下来就是他们的辉煌时期。他们运用一切想象资源，丰富着这个无形王国的仪式之门。埃及分会悄悄渗透到欧洲社会的每一个角落，成员有数千人之多，其中不乏王子、百万富翁和宫廷贵妇。每一个有好奇心的人都听说过卡廖斯特罗的名字，即使是他们对他所做之事不感兴趣。卡廖斯特罗、塞拉菲娜以及他们的马车，都成了时代的标志。如今也许在一些真正的却不太起眼的古玩店里，你偶尔还能看见用石膏或瓷器做成的他的半身塑像，"一张最无赖的脸，露齿、平鼻、油腻，露出贪婪好色的神情，像牛一样固执、傲慢无礼、恬不知耻，然后两眼无精打采地转着，也有一丝疑问，完全就是十足的江湖骗子"……至于塞拉菲娜，据我所知，没有什么相关的实物留下来，即使是严重歪曲的肖像也没有。不过直觉告诉我们，她的眼神肯定比卡廖斯特罗更热情，姿势不会像他那么浮夸，会比较含蓄一些。

卡廖斯特罗那令人困扰的人格缺陷——节俭，已经完全消失。他们花钱大手大脚，却没见他们怎么挣钱，所以对他们财富的各种猜测和想象，也成为人们津津乐道的话题。卡廖斯特罗有意或无意地模仿着他历史上唯一的劲敌——提亚那（Tyana）的阿波罗尼奥斯（Apollonius）[1]，给医院和穷人一些获得他科学成果的优先待遇，此举为他的人格加了分。富人们想要拜访他，只登门一两次的可连面都见不上；而他每到一座城市，却会立刻声势浩大地去当地医院，为所有病人分发他从土星提取的"精华"，说那是最出名最纯正的"灵丹妙药"。

1780年，卡廖斯特罗在圣彼得堡受到了更多"迫害"，尤其是来自一位苏格兰宫廷医生的。这位医生向国王报告说，卡廖斯特罗的"炼丹食物"，声称可以将服用者的寿命延长到两百岁，其实确是"连狗都不能吃"的东西。德国使节也一起合谋控诉他非法使用普鲁士上校制服，于是，卡廖斯特罗遭到了驱逐。

在这趟糟糕的旅程中，卡廖斯特罗所失去的比他所能承受的还要多。在华沙，他把一项制金的试验搞砸了，被一位理性主义的朝臣痛斥，再次遭到驱逐。不过，在柏林、法兰克福和维也纳，卡廖斯特罗又再次重振名声。于是，等他们在1783年到达斯特拉斯堡的时候，这对夫妻的冒险之旅达到了一个最高点。

在那个富裕的城市里，屋顶透着迷信的色彩，人行道上的鹅卵石铺得就像阿尔萨斯人矛盾纠结的性格一样。主教罗昂王子有着布列塔尼的

---

① 古希腊诗人、语法学家。约生活于公元前3世纪。曾主持亚历山大城图书馆。主要作品史诗《阿尔戈船英雄纪》共4卷，六千余行。另有铭辞及语法方面的著作，已散佚。

皇室血统，这个伟大的男人，是历史上最尊贵的蠢货。他在各个方面都无懈可击，人品、财富、地位、虚荣心和脾气，这些注定会让他、法国王室、君主制和由此衍生出来的整个欧洲历史，都陷入史无前例的混乱之中。

钻石项链丑闻[①]、全球剧变的第一个震中点、法国大革命，这些事件都接二连三即将到来，它们如同地心引力一般将这对夫妻的冒险径直引向混乱的中心。卡廖斯特罗一到斯特拉斯堡，就接到罗昂的书信，说希望与他会面。伯爵以一贯的风格回复说："如果主教阁下生病了，让他来找我，我会治好他的。如果他身体无恙，那就没什么需要我的地方，我对他来说没用。"王子的回忆录作者杰奥尔杰尔神父（Abbé Georgel），描述了他们更深一层的关系：

"王子最终得到允许，进入到卡廖斯特罗的神殿，根据他对我所述，王子在那个沉默寡言的人的脸上看到了一种庄严肃穆的东西，让他油然而生一种宗教般的敬畏，虔诚地与他对话。这次见面很短暂，不过王子已经迫不及待地等着下一次会面。这个江湖医生似乎没有怎么努力，就获得了王子的全部信任，征服了他的意志。'你的灵魂，'有一天他对王子说，'配得上我的灵魂，你值得参与我所有的秘密之中。'

[①] 在1785年的法国发生的一起恶性事件，它是由让娜·德瓦卢瓦-圣雷米策划的。此事将法国王后玛丽·安托瓦内特卷入。本来就受到各种小道消息玷污的王后的声誉，在这次事件中被彻底摧毁。有人暗示王后参与了欺诈王室珠宝匠一款非常昂贵的钻石项链的犯罪。这个事件是众多导致法国民众对君主制好感幻灭的历史事件之一。与其他的缘由一起，对君主制的不满在法国大革命中达到顶峰。

对一个执着追求着炼金术和植物学秘密的人来说，这样的一番话让他全然入了迷。他们的会面越来越频繁，持续时间也越来越长。我记得听过一个很可靠的消息，说斯特拉斯堡的大主教宫里经常举行奢侈的狂欢会，用以款待卡廖斯特罗和塞拉菲娜的托考伊葡萄酒，就像水一样源源不断地奉上……"

　　在同一时期，格廷根大学教授迈纳斯，提供了另一份证词，从中提示了一个重要事实。"卡廖斯特罗在如何维系其必要庞大支出的收入来源上显得黑暗神秘，这甚至比他的慷慨和神奇的'治疗法'更让人们认为他是一个非凡的人。"他曾目睹造物主的操作，并从她那偷走了制金的秘密……又是炼金术……这一次，卡廖斯特罗也遭遇了交友不慎。此人名叫让娜·德瓦卢瓦·圣雷米（Jeanne de St. Remy de Valois），是法国王室的一个穷亲戚，此人嗓门很高，时而冒险、时而诈骗，并以此为生。她也像卡廖斯特罗那样受到罗昂王子的青睐。不过她吸引王子的，并不是靠什么装备设置，而是全凭她的智慧、娇小的身材，以及她对王室丑闻的了解。其中最生动有趣的丑闻，是罗昂与玛丽·安托瓦内特王后之间的长期不和，罗昂也因此被半驱逐在斯特拉斯堡。让娜知道那条钻石项链的事，她清楚宫廷珠宝匠伯默尔和巴森面临着破产，想要找到买家，却一直未能如愿。他们竭力想要劝说王后买下这条项链，宫廷里众所皆知，罗昂也知道。不过由于王室财政紧张，加上国王的劝说以及她自己的理智思考，王后并未接受。让娜有计划地打断了卡廖斯特罗和罗昂的秘密会谈，而这位大师在经历了许多怨恨和犹豫之后，决定参与进来，助她一臂之力。卡廖斯特罗急切地想尝到甜头；只需要发动一场政变，就足以让他的冒险变为西西里岛上坚固的实体城堡，这点我们之前曾经提过，那是他单人命运的转折点，迄今为止，是塞拉菲娜的支持拯救了他。

他能分享到的甜头很多，准确地说，就是钻石项链的价值。王后想要这条钻石项链，而罗昂王子是全法国唯一能买得起它的人。不过让娜的打算比这纯粹的巧合要更高明，因为赤裸裸的事实不是傻瓜的诱饵。她认识罗昂王子，并且告诉他，王后深深爱上了他，希望他能够把钻石项链买下来送给自己。

有关让娜在这件事情中所起的作用，关于她那些显而易见的谎言的总结和要点，人们有不少猜想。我们知道，她是个骗子，不过玛丽·安托瓦内特也很奸诈、行为轻率，她喜欢行使漂亮女性的权力；此外，我们还知道，王后非常憎恨罗昂。故事的一部分就是，罗昂落入了不知道谁设的圈套之中，而卡廖斯特罗有关灵魂、科学、预测和超自然的那一套东西，起到了推波助澜的作用。这位尊贵的蠢货买下了项链交予让娜，让她转交给王后；此后，我们就没再听到关于项链的确切消息了。

这两位专家所利用的是人类的愚蠢，但是，它和风、水、火等其他任何元素力量一样，非常奸诈危险，也不可估量。这一次，它把他们害惨了。假若罗昂当时有点理智的话，他们的阴谋就得逞了。相反，这个蠢货却必须去找珠宝匠伯默尔和巴森，享受他们的致谢，然后再洋洋得意地告诉他们，这次交易他们应该感谢的不是他，而是女王。两位珠宝匠果然按照他的提示这样做了

历史上有些时刻，我们的头脑中充满了惊奇和兴奋，而不是惊愕；我们会突然意识到，它所见证的这一系列事件不过是一个前奏而已，比如1914年在萨拉热窝大桥发生的事情。伯默尔和巴森去凡尔赛宫对玛

丽·安托瓦内特的拜会也是如此。我们仿佛被命运之神指挥棒的敲击声和随之而来命运管弦乐队的击鼓声吓了一跳，之前我们早已忘记了命运之神无形的存在。

革命的第一场大幕拉开了。我们所提到的这些角色们，仿佛专门学习了如何做愚蠢之事，愣是一点错误都没犯，把所有的理智抛在脑后，都发挥了他们应有的作用。1785年8月15日，当整个宫廷都在听罗昂宣讲圣母升天节的时候，王后却在此刻下令逮捕了他，全然不顾这会对她的声誉带来最大的杂声和最严重的破坏。为了确保让该事件保持神秘，以此带来最大的破坏，王后的警察允许罗昂将相关文件销毁。随后，对卡廖斯特罗的逮捕，使整个欧洲极大的好奇心都集中在王后的敌人——巴黎议会对王后的品德和整个政权的威望的公开审查之上。愚蠢建立在愚蠢之上，人类历史上所有的悲剧篇章都是以这种真正的滑稽风格写成的。

这座大厦的尖塔就是裁决。裁决的结果十分模糊神秘，卡廖斯特罗的无罪释放是对被判有罪的让娜的无罪开释，她与卡廖斯特罗串通一气是对她的案件的必要组成部分；罗昂被说成是一个傻瓜而并非无赖；而王后的名声上留下了一个多管闲事的致命标记。

卡廖斯特罗蹒跚着从历史中走了出来，他的魅力四分五裂，他的神秘主义被撕碎了，更糟糕的是，无可救药地不合时宜。他在英格兰避难，那里是过时者的避难所。如果当时只有他一个人，他就会在伦敦城里某个破烂不堪的监狱里度过余生，或者到某个传说中，在一家经营旅游生意的不地道的小酒馆里乞讨，痛饮一番。那些小酒馆是舰队街

（Fleet Street）①附近流浪汉们的财富所在。

卡廖斯特罗在伦敦销声匿迹了几个月后，出现了一阵骚动，他那失去的、英勇的二人组塞拉菲娜循着踪迹前来拯救他。他的意志曾在斯特拉斯堡受到致命打击，而如今意志这颗已经分崩离析的原子又重组了，曾经的卡廖斯特罗又突然痛苦地出现在我们面前，如同一个溺水之人再次从泥潭中浮了上来。"有个叫德-莫兰德（Morande）②的人，他是伦敦出版的《欧洲信使》（*Le Courier de l'Europe*）③的编辑，有段时间他曾以成为卡廖斯特罗的头号敌人而闻名。卡廖斯特罗默默地隐忍着。一次，卡廖斯特罗在一个公开场合提到，自己曾在阿拉伯半岛看到过一种习俗：那里的人们似乎习惯每年都用混着砒霜的粮草来喂养猪，然后把这些吃过砒霜的猪放到树林中，被狮、豹和其他凶猛野兽猎杀；后者自然因此而丧了命，因此树林里的野兽都被清理干净。莫然德先生觉得这

---

① 舰队街是英国伦敦市内一条著名的街道，依邻近的舰队河命名。一直到20世纪80年代，舰队街都是传统上英国媒体的总部，因此被称为英国报纸的老家。根据新闻工作者间的传说，舰队街的核心不是编辑，而是日记作家和八卦专栏作家，这些人的文章通常能够登上头版。流言总是在诸如葡萄酒（El Vino）这类旅店里饮酒午餐时交换。

② 查尔斯-泰维诺-德-莫兰德（Charles Théveneau de Morande，1741–1805），18世纪居住在伦敦，一位声名狼藉的记者、勒索者和法国间谍。

③ 法英双周刊，从1776年到1792年。这份报纸使法国公众熟悉了英国政治生活的现实、它的词汇、它的主要人物和议会生活的概念，这些概念在1788年至1789年之间发生了变化。因此，《欧洲信使》在法国大革命前政治思想的形成中发挥了重要作用，可以作为了解法国在美国独立战争中所扮演角色的工具。

是个调侃的好话题，于是在他报纸的第十七期以及接下来的两期中，都以此为题，尽情取乐。随之，一个名为"厚脸皮伯爵"的人，在1786年9月3日的《公共广告》上发表了一则广告，挑衅这位聪慧的莫兰德先生，要与他在来年11月9日当着全世界的面共进早餐。早餐的食物便是由卡廖斯特罗喂养的乳猪，由莫兰德先生负责烹饪和切割，并且开出了5000基尼英镑为赌注，赌第二天早上他与莫兰德先生都会一命呜呼，而卡廖斯特罗伯爵则还活着。这位可怜的先生不敢应战，只能面容扭曲地放弃了此次交易。于是，紫铜色的王者光彩包住了我们江湖郎中的颓势，他扬起脸庞，冷笑着接受自己的命运。

或者说，重建后的冒险，虽然无力，但却无可比拟地使自己脱离了碎片掉入的泥沼，开始了旧日的旅程。塞拉菲娜的冒险路线，如同天文学家穿过太空的基线一样，穿过所有实际物质，并不灵活，也不会变通。当卡廖斯特罗与让娜在斯特拉斯堡闲逛游荡时，塞拉菲娜的冒险似乎突然中断了。不过，它并不会就此屈服。现在，她再次夺回了她的男人，她已经没有也不可能再有新的计划，只有继续开始她命运的抛物线之旅。

于是，二人从伦敦出发，沿着他们过去的路线重新前行，一如20年前离开罗马那样。他们一无所有，只有塞拉菲娜的那双眼睛依旧迷人，而卡廖斯特罗已经变成一件笨重的行李。那是1789年，是恐怖和兴奋夹杂的一年。他们像断掉桅杆的帆船一样在陌生的海域里摇晃着，穿过了巴塞尔（Basle）①、萨伏依（Savoy）②的艾克斯（Aix）③、都灵（Turin）④，每一个停靠点都有警察出现，将他们立即驱逐出去。共济会的成员们不见了踪影，所有虚构的庙宇全消失了；他们绝望地迷失了道路。塞拉菲娜唯一能想到的办法，就是回到罗马去。卡廖斯特罗已不再重要，他们从一个边境漂流到另一个，迈着沉重的步伐，向着起点的方向前进。

不过，1789年12月29日，他们的冒险到达了终点，"宗教裁判所发现他们试图建立埃及共济会苟延残喘，于是将他们带走，牢牢地关在圣安吉洛城堡（Castle of St. Angelo）中"。

不，冒险并没有以这种方式结束她的故事，没有用华而不实的提示来让人产生怜悯或打呵欠。你必须等待片刻才会看到结局，直到不可避免的事情以其最猥琐的方式报复了那对长期与之沆瀣一气的、低调的、饱受摧残的夫妇。"不幸的自然之子"和"拥有固定信仰伟大夫人"都已被人类戏剧性的规则所终结。急弯和高飞都已趋向缓和，而观众只等待大幕庄严地关上。事实上，结局甚至也有可能是快乐的，因为裁判所对释放他们犹豫不决。不久以后，卡廖斯特罗有可能会成为老别波

---

① 仅次于苏黎世和日内瓦的瑞士第三大城市。

② 法国东南部和意大利西北部历史地区。从11世纪起，萨伏依就是神圣罗马帝国领土的一部分。后完全独立并越过阿尔卑斯山脉扩张，包括了意大利皮埃蒙特的平原地带。

③ 普罗旺斯的前首府，是普罗旺斯文化、经济、知识中心，同时，也是天才画家塞尚的故乡。

④ 意大利第三大城市、皮埃蒙特大区首府，欧洲最大的汽车产地。

（Beppo）①，在罗马从事一些秘密商业活动，他有个高贵却有点精神失常的老妻子，她的眼睛十分迷人。可是这一切都没能变成现实，我们得到的只是没有意义的真相。当对他们有关不敬神和"自由主义"的指控就要因缺乏证据而撤销时，塞拉菲娜开始说话了。她狠毒地、背信弃义地、灾难性地将真相和盘托出，而且还有比真相更多的东西，来反对她的生命伴侣和意义，并且她所提供的东西比法官们希望的还要多。她甚至还告诉了他们一个终极秘密，这个秘密是卡廖斯特罗最为珍视的——有关他真名和平淡无奇出身的细节。是怎样的愤怒让女人突然指责坐在旁边被告席上的爱人，让他们走向共同的噩运？是因为性别的弱点，让她们无法忍受司法、法庭、警察、牢狱或者在脚底挠痒的折磨吗？不过，卡廖斯特罗也同样告发了她。二人共同在背叛的监狱里上演了一场糟糕的二重奏。此后的若干个夜晚，他们在警察面前清空自己的记忆，竭力想出各种罪名，想要进一步打倒对方。

到最后，甚至连审讯者们都厌倦了听他们讲话。再没有人注意到这两个奇怪的蹒跚老人，很久以后，他们死在了古老的监狱中。

---

① 拜伦于1817年在威尼斯写的《别波:一个威尼斯的故事》中的人物。

埃及仪式的创始人卡廖斯特罗的魔法会议

《共济会的奥秘》中的一幅版画，利奥-塔克亚（Leo Taxl）作

194

第六章

瑞典的查理十二世

（Charles XII of Sweden）

《查理十二世肖像》

如果说冒险与宗教有几分相似，这点我希望我已说明，那么我便有理由把查理归为圣徒。除非你想把这个有用术语的专利权只赋予给你个人所幻想的宇宙起源论；有某样很关键的东西，不管是对高柱修士圣西米恩（St. Simeon）①、贝拿勒斯（benares）②满身污垢的众多丑陋的托钵僧，还是查理③来说，都普遍存在于他们身上。事实上只要稍加一瞥便能发现，他们都有着真诚的优良品质，这就像他们精神形态的怪异一样明显。

　　历史学家对待这些圣徒的态度常常是麻木不仁且粗鲁无礼，特别是对这位查理十二世，他是生活年代离我们最近的观察对象，是位冒险圣徒；伏尔泰曾这样说，他可不是占星家："他是唯一在生活中完全没有任何缺点的人。"换句话说，完全没有任何不合逻辑之处。

　　在我们开始了解他的理智事件以及这些事件的结果前，还要再做些概述，当然和之前一样，这些概述都比较简短，也没有争议。正常人

---

　　① 叙利亚隐修士，30岁左右创立一种奇特的苦修方式，即在叙利亚沙漠建造了一高柱，居其顶端思念上帝，历时约30年，因此被称为"高柱修士"。

　　② 又名瓦拉纳西。印度教圣地、著名历史古城。

　　③ 瑞典在大北方战争时期的国王。他在位期间，因为过度从事的军事远征，导致先胜后败，输给俄国的彼得大帝，瑞典由北欧霸主衰退到二流国家。虽然伏尔泰赞扬他为军事天才与伟大英雄，但也有相反的评价认为他是疯狂的恶霸与嗜血的好战者；有的学者称其为"18世纪初的小拿破仑"，表示他和拿破仑高度相似，都具有军事天才的能力与征俄失败的命运。

的这种愚蠢，这种不理智，明知善则恶，拒绝他所要的，接受他所厌恶的，在生活中违背自己的罗盘航行，然而他还觉得那些少数沿着正确方向前行的人很荒诞，对他们表示惊讶。如果把这看成是一个普遍规律，那对人类应该有最显著、最超然的作用。人性在可怕的意识情境中，就像一个神志正常的人被关在精神病院，像一个在噩梦中心惊醒孤立无援的孩子，像其他所有幸运的动物一样，也拥有保护和指引作用，而这些当然不是我们自己发明的，这些保护和指引即使不足以带来希望，至少能带来些安慰。其中有些是有意的善举，就像护士伸出手去帮助正在学步的幼儿那样。人常会三思而后行，这与昆虫的本能反应正好相反。在我看来，那些大规模的干预或机制总带有不愉快的玩笑味道，而且常常透着怨恨的恐惧，好像造物主们在用恶作剧戏弄我们。在可怜的克里斯托弗·哥伦布的命运中我就注意到了这一点；事实上，哲学家会在他的房间中，科学家在他的实验室里，而普通人则在他们自己的生活中，都不时会在沉思中听见咯咯的笑声。苍蝇与调皮的男孩就好比我们与神灵。或者不要说得那么痛苦，人类就像是用手帕遮住眼睛在玩捉迷藏，不断地跌倒。而围观的人都情绪高涨。所以，我们要仔细思考一下这份愚蠢。没有它，我们便会迷失。想象一下，如果所有或者任何我们所信仰的伟大而杰出的学说都能够被忠实地付诸实践，那人类会发生什么呢？你会得出一个很尴尬的结论：人类无可救药的愚蠢是其主要的护盾。就像他们过去常说的，愚蠢有着生存价值。荒谬、懒惰和懦弱让我们得以存活下来。如果你喜欢的话，这就像是从裤裆处把人自水中勾起来那样不太光彩。

到目前为止，在这些关于该做什么的学说中，绝大多数人的权力中心都是一种可模仿的个性。也就是说，实践伦理是建立在传记的基础上的，这足以表明其中的危险，而我们天生的愚钝救了我们。因为没有传记能够真正激起模仿的力量；只有神话才具有道德吸引力。

生命，就像是一只飞得很快的毛绒鸟，只有先被击落然后用艺术来重新塑造，才能成为模型。因此，在道德和伦理中总是有艺术的存在；个性必须要简化，然后连接加固；它的事件和结果在它能唤醒我们唯一的本能之前就已经理论化和协调化了，这种本能对我们有利，而我们被赋予了这种本能：模仿。艺术，这个神话的有效成分，只能被称为诗歌——史诗。

这样看来，史诗在大多数人的生活中都有很大的重要性，尽管通常是未被发现的。这甚至是很可能的。为了解决某个人物之谜，采取了多少大规模细致入微的哲学和心理学调查，其实这常常可以通过寻找某本书便能解决，以及在青年甚至童年时阅读的某本书的主人公来解决。或者以女人为例，很可能她是看到并由衷欣赏一些女演员所扮演的角色，然后会对她此后的生命产生重要影响。大多男性，在内审自己多样性格的时候，从他们自己的秘密来说，他们是一本不成文的书中的英雄，一本他们曾经读过的书的续集。他可能甚至已经忘了那本书的名字；书名也许是《亚历山大大大帝的一生》（*a life of Alexander the Great*），或者是《亚洲之光——野牛比尔》（*Buffalo Bill, the Light of Asia*），或者《哈克贝利·费恩历险记》（*Huckleberry Finn*）、《弗兰克·梅里维尔》（*Frank Merriwell*），又或者是本《福音书》（*gospel*），或者《杰西·詹姆斯》（*Jesse James*）、《约翰·英格丽圣特》（*John Inglesant*）、《杰克与巨人》（*Jack the Giant*

Killer）；找到那本书，你就能知道影响他们行为和情绪的最亲密和最有启示性的根源；荣格在区分外向型和内向型人的基础上，将这种对生命的进攻技巧视为基本元素。甚至于为什么他选择这种颜色的领带，或者根本不想选择。为什么那位女士讲话直言不讳或者轻声细语？为什么做出特殊、优雅的手势？为什么微笑呢？答案不是源自她独特灵魂的神秘差异；这些都是她在模仿她上学期末看到的那位最喜欢的女演员的一颦一笑、一举一动。

通过模仿书、传奇戏剧中的英雄而实现自我，通过小说的帮助来找到人生方向，如果你愿意的话，我们将其称之为模仿式英雄——为此还是保留堂吉诃德主义这个名字，当他投入极端热情时，就显然很滑稽可笑。

非同寻常的查理就有这样的秘密情况，人们在阐述他的生活、性格和冒险经历前，所做的"疯狂"的假设是多余且错误的。他有自己的书和自己的英雄：昆图斯·库尔蒂乌斯（Quintus Curtius）[1]书中所描写的亚历山大大帝。他所有的非理性都是他遵循自己的信仰而没有任何稀释。

总之，查理的冒险故事，就是一个男孩极其严肃对待冒险的奇怪故事，看起来，只要他活着就对整个人类很危险。如果成为海盗的梦想，或者成为野牛比尔的梦想，继续付诸实践，不受懒惰、愚蠢的影响，而我们却受到仁慈、轻蔑的上帝的保护，那将会发生什么?等着瞧吧。

---

[1] 1世纪的罗马历史学家，其著作为《亚历山大大帝的历史》（*Histories of Alexander the Great*）。

不过首先我还是试着解释一下这个奇点或意外吧。种族和遗传因素仍然占有一席之地。在他的家谱里，素有"北方雄狮"之称的古斯塔夫·阿道夫（Gustavus Adolphus）①是一个有丰沛的动力、爆发力很强的禁欲者。他的子民，即瑞典人，也许在血统里保留了维京人悲观的泰坦精神（ Titanism）——唯有他们胆敢有这样的信仰，认为不论神还是人或事物，都不会有好下场。这些斯堪的纳维亚人和他们的英国表亲在欧洲早期的历史中所占据的地位，类似于大型食肉动物在动物界中所占据的地位。不论是海盗、毁灭者还是杀手，他们都要向神秘的大自然力量俯首称臣；不管是心理还是生理上的怪癖或顽疾，似乎都是为了防止他们的无限增长会使世界上其他地方人的数量减少。所以，狮子会受到疥癣的困扰，而羚羊则不会。总之毫无争议的是，北欧人有一种特别的神经官能症，其形式多种多样、令人费解，从流浪癖到满怀怒气、从狂暴症（berserkism）的奇异现象再到那个写出《爱丽丝梦游仙境》的精神分裂的天才，所有这些都与人类健康生活格格不入。如果你愿以一种严格中立而非阿谀奉承的态度来看待它，那么你会发现这个民族存在着某种奇异神秘的东西。

因此，这样的成长环境和氛围为古怪行为的存在提供了便利。人民的歌曲和故事、家族的传统，都会在一个人单纯的头脑中烙下属于北欧的影响，让你生活中的乐趣变得歪曲畸形。他是一个沉默、冷酷无情的人，唯有通过迎合他那相当固执的虚荣心才使他动摇。因此，只有当他的导师向他证明了，所有的北欧国王都懂拉丁语，他才同意去学拉丁

---

① 瑞典王国瓦萨王朝第7位国王。欧洲杰出的军事家、军事改革家。

语。运用同样策略，他也很好地掌握了德语。

15岁时，查理便继承了王位，由其祖母摄政。宫中普遍认为，他会是一个平庸之辈。

黑暗与沉默常常被误认成无所作为。他不常开口，不曾对谁坦露心思，定期参加枢密院的会议，但总是头枕在手臂上，似乎在睡觉。

在沉默寡言、毫无表情的外壳下，模仿的奇妙创造作用从未停止过，夜以继日。提醒一下，查理模仿的对象并不是亚历山大大帝；在所有对人物的模仿中，都有艺术作为中介。模仿的不是那个喜怒无常、善妒、励志的亚历山大大帝本人，而是亚历山大神话，是骗子昆图斯·库尔蒂乌斯所编造出来的书中的谎言。这本书从未离开他身边，或者说从未离开过他的脑海。

这种意志受到了禁欲主义的影响。禁欲主义也让它获得了很好的实践之处。因此，所有诉诸意志的宗教，特别是这种英雄崇拜，为了要有吸引力，都必须推行禁欲，并且在禁欲的基础上建立其体制系统。库尔蒂乌斯，这个亚历山大主义的教士，很明显他是为了迎合查理的虚荣心（因为这是他通往名望的迷雾中唯一的大门），在很大程度促进了查理的转变。也就是说，是永恒的名声才必须让他如神话般纯洁、倔强。在现实中，或者从理性角度来说，这不是一条通往世界主宰的切实可行之路；而更有可能是印第安人孤独的战场。

但就是这样凭着崇拜者的一心一意和狂妄自信的信念，查理把传奇中的每一个细节都捕捉了出来，果断地进行了模仿。例如，亚历山大大帝喜欢睡在地上；他对于水的热衷——特别是战争开始的时候；他在衣着上的节俭；他对竞技体育和比赛的蔑视：旁观席上的各种诡计，在亚历山大最早期已经使用过这些手段，那时他正非常努力地想将自己和他的父亲腓力区分开来；在史诗中认真对待、提炼、描绘并精心拼接。

查理说话时使用单音节词和单数短语，这是模仿库尔蒂乌斯所描写的亚历山大大帝的说话方式。按照自己对亚历山大的理解，他发明了一套坐、行走和站立方式，就好像一个机器人似的。甚至连他的微笑也是虚假的，是为了配合内心的画面而刻意的。他的微笑是一种歪歪地咧嘴笑，当他想要笑时，这表情就会出现。不知道他为何发笑的人，都会觉得这表情十分复杂，因为他并没有幽默感，而且不管什么时候，他的眼睛虽然明亮，眼神却很暗淡无神。查理长得很高，在那个年代，算得上是个巨人了。在他十几岁时，头发就逐渐掉光。他的胡子刮得很干净（就像亚历山大大帝一样），且皮肤也很白。

这就是故事的开始，他是所有玩过印第安人与海盗游戏的男孩的代表。1699年，在他的阁僚会议上提出了一个很严重的问题，有三个国王结成了联盟，来者不善。

这三个人都是查理的邻国国王。首先是丹麦帝国①国王弗里德里希（Frederick Ⅳ）②，他是个很令人捉摸不透的人，常常很吝啬，但也正

---

① 也叫丹麦-挪威联合王国，是泛指16世纪30年代至19世纪初这一段时间的丹麦。这段时期是丹麦的"大国时代"。这段时间丹麦与挪威是联盟共主关系，并且是由丹麦主导。

② 普鲁士国王(1840—1861)。弗里德里希，威廉三世长子。即位之初实行"开明专制"。1847年召开"联合省议会"以解决政治经济危机，失败后解散议会。1848年柏林3月18日起义爆发后假意投降，伺机反扑，成立地主官僚内阁，解散普鲁士国民议会。翌年拒绝接受法兰克福国民议会授予的德意志帝国皇帝称号，并纠集各邦封建势力镇压革命。1849年5月建立以普鲁士为首的三王同盟，谋求统一德意志的领导权，未果。

直虔诚。无论是在人品还是力量上，都值得与我们的主人公相提并论，对他们的描写带着些寓言的韵味，命运就像是一个普通的剧作家，总是喜欢把最好的放到作品里。

一个是强人奥古斯都[①]，波兰萨克森王朝的统治者，就像莎翁笔下的福丁布拉斯（Fortinbras）[②]和法斯塔夫（Falstaff）[③]，如果你愿意，可以说他是一个放荡不羁的人；他是一个有着健康、强烈欲望的大块头，没有恶意，拥有巨大的能力和无尽的欢乐。他可以用双手掰弯拨火棍、折断马蹄铁。

还有一个是彼得·罗曼诺夫(Peter Romanoff)，也被称为彼得大帝，他是一个出色的流氓，也是第一个将俄国纳入欧洲大陆的人。他在谋杀的环境中成长，先后受过宫廷弄臣和外国骗子的训练，他是历史上超越了自己的榜样的卡冈都亚[④]。人类的每种欲望和激情都在他身上得到

---

① 萨克森选帝侯(1694—1733)、波兰国王(1697—1704、1709—1733)。在位期间，曾密谋促成俄国、奥地利支持其世袭王位的计划。北方战争期间，于1704年被瑞典打败后被迫退位。1709年，在俄国沙皇彼得一世支持下恢复波兰王位。统治后期，在俄国控制下，国势日衰。

② 《哈姆雷特》中的人物。

③ 在莎士比亚的剧本《亨利四世》和《温莎的风流娘儿们》中被首次提到的艺术形象。他是一个嗜酒成性又好斗的士兵，在《温莎的风流娘儿们》中他是非常自负的一个人，而在《亨利四世》里则显得有些忧郁。他的名字法斯塔夫已成了体型臃肿的牛皮大王和老饕的同义词。

④ 《巨人传》中的主人公。《巨人传》是法国文艺复兴时期小说家拉伯雷创作的长篇小说。小说的主人公——父子两代巨人卡冈都亚和庞大的固埃都具有超乎寻常的体魄和力量，在他们身上，拉伯雷不仅表现了人的价值和伟大，更着重重强调了人文之于教育重要作用。卡冈都亚原本聪慧过人，但几十年的经院教育却要把他变成呆头呆脑、糊里糊涂，只有在改为接受人文主义教育之后才变成名副其实的"巨人"。

完美体现，却不会使周围的人感到压抑。他爱书如同爱纵酒宴乐，爱工作如同爱饮酒与女人；他的生活是一场最牵强的对比游行，在其中他显示了所有的品质，除了创意和良好的品位。

这位沙皇离开了他的皇位在德普福德（Deptford）①成为一名造船工。他干得非常卖力，每天早上都推着手推车往返于日记作家伊夫林②的五英尺厚的冬青树篱，这树篱号称是"英格兰的骄傲"，直到他彻底毁了这里。就是这个人，后来在一片沼泽地里为他的人民建造了一个新的首都。在建造过程中，因艰苦条件而死亡的工人比一百年来的人口还要多。

如果说彼得大帝身上有什么显著突出之处，那可能就是，他是无穷无尽力量的化身，对这样一个用对不愿工作者的赞歌——伏尔加船歌来总结自己的民族来说，着实很奇怪。这些元素的真正能量总在咆哮的狂风暴雨之中溢出。他掌管着数以百计的工匠，包括他军队里的炮手、修

---

① 英国伦敦东南部的一个地区，在行政区划上大部分属于路厄斯军伦敦自治市，小部分属于格林尼治皇家自治市。从16世纪中叶到19世纪末，这里是德普福德船坞的所在地，也是第一个皇家船坞。

② 约翰·伊夫林（John Evelyn 1620—1706）英国作家。伊夫林的文学成就主要体现在他的《日记》（Diary，1818年第1版），他从11岁起开始记日记。他的全套《日记》发表于1818年。他的《日记》是为自己写的，但日记内容却很少谈及他本人。《日记》中既有对事件的单纯记录，也有精心撰写的文艺小品，包括对地方、事件和当代人物的描写，此外还有关于各种布道的记录。因此，伊夫林的《日记》不愧为60余年英国生活的见证，是有关17世纪英国社会、文化、宗教和政治生活的珍贵史料，具有极大的历史价值。

《费里德里希·奥古斯都的肖像》，路易斯·德·西尔维斯特（Louis de Silvestre）作

帆匠、解剖学家、灰浆搅拌者和刽子手。攻打查理十二世的任务，落到了他头上。

促成这次联盟之人，很值得一提，因为他有许多赞美自己的诗歌。这个人就是利沃尼亚人帕特克尔①，或者说是爱沙尼亚的贵族，他的国家已被瑞典征服。帕特克尔属于拜伦和拿破仑时期那种很流行的人物——"爱国解放者"，这类人物直到《凡尔赛条约》签订前都很流行。与成百上千的同道中人相比，帕特克尔与他们有一些细微到难以觉察的差别，他的这些同道如今都在欧洲的各个小首都拥有自己的雕像。和他们一样，帕特克尔一开始很喜欢那些与他祖国相关的民间传说，长大后，他夹着一叠捎带民族色彩的地图，在各国的法庭上游说多年，这些国家的法律都是用它们自己的语言所写。他与间谍、银行家、狂热者、雇佣兵密谋或者间接密谋着，实施了一两起严密的政治谋杀，然后，也和他们一样，殉道而死。帕特克尔勇敢、英俊且高贵，却也有一点儿阴险，令人厌烦。

帕特克尔曾经被查理的父亲击退驱逐，那时他还不敢反抗。如果坐拥瑞典王位的是一个男孩和另一个呆头呆脑的男孩（他们都这么说），那就有希望了。这个联盟是帕特克尔的作品；他们的手段错综复杂，想法却很简单：这三位与瑞典毗邻的国王都应该从瑞典帝国的战利品中分得一杯羹，作为让旧爱沙尼亚独立的奖赏。

---

① Johann Patkul，（1660—1707），利沃尼亚贵族、政治家。

到了18世纪初，许多欧洲列强都已经明显疲惫不堪。瑞典人就属于这种情况，他们已带着自己的收获全身而退，此时，一个哪怕不那么严重的挑战，都会让他们感到坐立不安。参事们也都老了。尽管他们仍然很虔诚，却已不像父辈那样坚信上帝会在每一场战争中与他们同在。和上一个世纪相比，生活可能不是那么有趣，那些不怎么享受生活的人总是最不喜欢拿自己的生命冒险。

　　所以，在那场查理主持的议会中，查理懒洋洋地坐在座位上，首先，众人都闷闷地探讨条款的可能性，还有一两位几乎已经同意采取拖延战术。这是他们第一次也几乎是最后一次听到查理讲话。查理将他的头从手臂移开，僵硬地站起来，从他那平淡无奇的喉咙中说出："绅士们，我已决定永远不会发起任何一场非正义的战争，而是以歼灭我的敌人来结束一场正义的战争。我会攻击那个首先上阵的敌人，征服他，然后再去处理其他敌人。"

　　历史性的时刻总是简单而短暂的；它只属于一个人，属于一个意志，没有其他可能性（如果有，那也要看时机是否真的成熟），也没有其他归属。令人惊讶的是，参会的众人居然达成了一致。他们鞠躬离开了房间，也离开了这个故事。因此，我们这位想象中的亚历山大大帝，没有任何战争科学的经验，没有他国家的支持，能指导他的，只有他的书。他就这样沉默地踏上了征途，开启了这场历史上最奇怪、最孤独的军事壮举。书籍的力量可以大到移动高山，典型的现实主义者丹麦国王，成了这力量爆发的第一个受害者。弗里德里希的行动谨慎、合理并且专业：他计划，在固若金汤的海上防御掩护之下，去攻占查理的荷尔斯泰因公国①中防备不严的区域。只要这条通道能通航，它就被陆地要塞和高级舰队的位置所覆盖。

在任何关于查理冒险的描述中，时常会有"不可能发生的""不可攻破的"之类的词汇，所以我们还是要先关注一下它们。从某种意义上讲，也许是从技术层面上的意义来讲，冒险家的生活是对不可能的艺术的实践，保留英雄这个词，正如我们在本研究的第一部分中所同意的，保留他的合理化、道德化的神话。简单总结一下，逞英雄行为是践行不可能艺术的最后一手。攻占坚不可摧的地方，登上不可攀登的地方，寻找不合逻辑的地方的逻辑；没错，这些话听起来很疯狂，因为冒险就是这样。在冒险中存在着神秘与荒谬，没有它们的话，连蚂蚁也无法存活——如果它们有某种意识的话，因为这种意识是希望的基本组成部分。丹麦国王统治范围内的每一寸土地都守备森严，除了一个地方——富林特兰德（Flinterend），这是海峡②不可通航的地带——同样，人类生活的可能性也被坚不可摧的高墙所包围，达到了不可容忍的最低限度，这是由自然法则所决定的，是由各种规律所决定的——唯有冒险家才能突破。在那里，人类的常识受到惊吓，竖起了"不可能"的警示标

---

① 欧洲历史上的一个公国，为神圣罗马帝国所属最北方的一个州国，它的领土位于今天德国北部的石勒苏益格-荷尔斯泰因州。

② 厄勒海峡。厄勒海峡是连接波罗的海和北海的主要通道，战略地位非常重要。

志，可是，被囚禁的人啊，那儿才是你的出口；那是一扇冒险的大门。这世间有一种骗局，你能想象得到，它自始至终都是真实可靠的吗？"去期待那些不曾期待的，因为它很难找到也难以接近"，前苏格拉底时代最深沉的希腊人这样说道。不是要故意与世隔绝，而是在努力传达一个不能说的秘密。

穿过富林特兰德，查理突然出现在他的受害者面前。首先他要征服自己的海军司令，那是位明智、专业且忠实的人，这又是一个不可能变成了现实。富林特兰德无法通航，风向也不对，而且当时查理只有18岁。可是，他们却在距哥本哈根4英里的地方安全登陆，没有用一枪一弹。这样的壮举，在他祖父那个瑞典大获全胜的黄金时代，都是不敢尝试的。

"不可能"，是英雄的法则，有着极大的吸引力让人们去实现它们。不过要细说起其中的过程，会有些让人疲惫，细枝末节之处太多了。因此，我们就将查理的第一次出征做个总结吧，两周之内，他便击退了敌人，获得了和平、赔偿、道歉和贡赋。如果愿意的话，他本可以吞并丹麦，结束这一千多年来的战争和历史。可是，查理没有弱点。此刻以及此后，他都按照书中的指示进行着一举一动。第一条关于亚历山大主义的箴言是永不停息，查理继续着这一切。

当然，现在的情况和之前的已经不一样了。在追寻奇迹的时候，你都能得到不可思议的奖赏，这点在我们之前所述的所有英雄身上皆有体现；每一个不可能的路口，都有一份不可能的意外收获在等着，那是一份礼物。查理率领一支平凡的、尚未令人信服的军队，打败了不可战胜的敌人。现在，他突然掌握了一支无敌的、如神一般的队伍。从此以后，他的瑞典人民也像他那样，表现出不可思议的一面，像书中描绘的那样。每个国家在它历史的某个节点上，都有关于它的士兵们不可战胜的传说。不过在我看来，克雷西（Crécy）①的弓箭手们也好，或者老卫队也罢，或者其他任何带着民族虚荣色彩的士兵传说，他们的事迹都无法与查理的士兵们相提并论。

这就是冒险的算法，在这个算法中，二加二不再只等于四，就像爱因斯坦宇宙中的欧几里得算法一样，要么一无所有，要么身家百万；要么像傻瓜一般葬身厄勒海峡，要么率领一支奇袭队，能够在温泉关（Thermopylae）②第一次冲锋时，就将希腊人打得落花流水。就像哥伦布那张荒谬的地图一样，亚历山大主义那荒谬的准则指引查理勇往直前。

首先，这场胜仗使得查理免受他人的批评，也让他消除了对自己的怀疑。有些人会尝试寻找，或者有时会说服自己他们已经找到了下一步的更深层次计划。但在查理身上，找不到一丝明智政治的痕迹。他完成了复仇的第一部分，从此以后直到故事的最后，他的行为只不过是为了丰富故事和增添他的人生阅历。他与奥古斯都、彼得作战，而并非与

---

① 克雷西会战也叫克雷西战役 (Battle of Crécy)，发生于1346年8月26日，英军以英格兰长弓大破法军重甲骑士与十字弓兵。克雷西之战便是英法百年战争中的一次经典战役。英国长弓手在这场战役中起了关键作用，接连打退了法军的十五次冲锋。

② 又称"德摩比利战役"。希波战争中的一次战役。公元前480年发生在北、中希腊交界的德摩比利隘口（Thermopylae，即"温泉关"）。斯巴达约300名战士，在国王列奥尼达率领下，奋勇阻击波斯侵略军；因众寡悬殊，几乎全部战死。随后波斯陆军侵入中希腊。

俄国或波兰作战。他想要的，是一个全面正式的道歉，而并非征服。他没有任何打算，想要去实施比堂吉诃德谋划反对西班牙政府的革命更深入更宽广的计划。因此，于他而言，他的国家和军队不过是武器而已；与他所效仿的对象一样，这个男孩身上也有纯粹的利己主义，所以他才会一路奔往海边或者又去和印度人作战。他让世界以他自己为中心旋转着。他的行为所带来的军事、经济和政治的结果，不过就是他用口哨吹出曲调的弦外之音罢了。

因此，这场世界军事史上独一无二的纳尔瓦战役（Narva）[①]，本质上不过是给予某个傲慢的恶霸的一次可怕的鞭笞，这位恶霸便是沙皇彼得。在贵族帕特克尔的煽动下，彼得开始对波罗的海沿岸的瑞典属地发起进攻，而这一或来自丹麦的重要消息还没有传到他的耳朵里。

彼得集结了八万俄国大军，带着一百五十台大炮——当时索姆河战役的军备——这是亚洲战争的传统，直抵瑞典的纳尔瓦堡垒，仅千名瑞典守军绝望地守在那里。彼得本人以最高的精神状态和自己的方式来指挥这次行动。他首先任命自己为普通的中尉，这样一来，便能随时为他的总司令提供建议、下达命令并为其注入活力。就像话剧里的小人物一样，他扮演了所有的角色；他向上尉立正敬礼，展示何为真正的纪律，紧接着又因为某位将军挖了一条弯弯曲曲的战壕而把他铐了起来。他对一切了如指掌，乐在其中，亲力亲为。

---

① 纳尔瓦战役发生于1700年11月30日，俄罗斯帝国入侵瑞典领土。最终瑞典国王查理十二世以一流的战术大败沙皇彼得大帝的大军。这场战役是大北方战争的开端。

这群战士来自世界上最隐匿、最美丽的角落，他们中有卡尔梅克人（Kalmuck）①的弓箭手，哥萨克的骑兵，还有从猛犸象坟地来的西伯利亚人，眼睛往上斜着。他们带着一切可能有杀伤力的武器，从最现代化的荷兰和法国滑膛枪，到镶满钉子的棍子和锯齿状的长矛，他们的君主的那股力量，烧得滚烫。当然，若是有一个机关枪营，便可轻松解决掉这群人，但如果这群人拥有同等或者几乎同等的装备，他们至少会像一百万只的野牛一样强大。他们因语言和不同的战斗传统而分裂，没有任何教义可以将他们统一起来。然而，对宗教的爱和对统治者彼得的敬重，使他们不畏生死，所有人都像疯了一样地掠夺，世俗的传统向他们许诺，要向西方进军，要与西方人战斗。

彼得很有思想，也有很强的直觉，当他收到密报，得知敌军发展出奇迅速，便开始着手做准备，要将胜算牢牢攥在手里，不容闪失。虽然他知道查理只带了两万兵马，但他还是精心布置防守。他在军队前面挖了很深的壕沟，其中布满了尖桩，全是按照最新最好的方式摆列。一套错综复杂的工事、战壕和缓坡迅速而整齐地摆开，看上去就像一头毛发竖立的豪猪。前方，是一片小石山的岩石地面。为了利用缓斜坡的优势，彼得在这里布置了两万精锐部队、狙击手和炮兵。显然，这还达不到令彼得满意的程度，他又亲自去调集了一支增援军队。若不了解彼得

---

① （Калмыки）俄罗斯联邦民族。约15万人（2001年）。主要分布在卡尔梅克共和国，部分在西西伯利亚、中亚等地。中国文献称"土尔扈特"，为蒙古卫拉特四部之一。16世纪末17世纪初由中国向西北迁移。语言属阿尔泰语系蒙古语族，有文字。部分信藏传佛教。从事农牧渔业。

的性格，这一切准备也许看起来有些夸张，又或者是一种极度恐惧的标志。然而，虽然毫无疑问，查理在丹麦的第一次出击是给彼得留下了深刻印象，但彼得更是全情沉溺于他独特的爱好之中。

　　而对查理来说，登陆时所带的两万人马在他看来，都似乎有些多余。所以，他让大部队尾随其后，只选了大约四千骑兵和同等数量的掷弹兵，率先昼夜不停冲向纳尔瓦的死亡陷阱。那会儿已经是冬天了，路面开始结冰。不过，仅三天三夜，查理就到达了沙皇的前哨阵地。他通过了许多不可能突破的战略和地形，包括生理上的需求——睡眠和休息。这就是他头脑中荒谬的"超人"力量。查理带着这样的一群人，马不停蹄向前行进，发起正面进攻。巨石后的俄国白人狙击手从来没有想到过，会有一个幽灵率领着一群衣衫褴褛、面容憔悴的鬼魂突然来到。狙击手们开始一通乱射，其中一颗子弹从查理的领结上掉下来，另一颗子弹杀死了他的马。"这些……给了我经验，"查理说道。

　　瑞典士兵们很快围了上来，大部分的俄国士兵丢下枪扭头往回跑，借着岩石的掩护，恐惧地逃回有两万兵马的大本营。"场面极度混乱。"这支精选的前哨军队是否纪律差或者能力不行，这点我们不需质疑，准确地说，是彼得军营中最训练有素的一支。然而，训练得越好，准备得越充分，就会有越多的士兵会受到"不可能"的摆布。一切自然的事情早已准备好。每种可能性都有它的指示——但是，时机这个数字中最微小的部分，整个事件中愚蠢的行为，却最能让所有准备付之东流。瑞典人冲了过去。一声尖叫后，整个军队化为一群挣扎的暴民，脸色苍白的巨人和他的士兵们气喘吁吁、奋力拼杀。"所有的前哨全被攻破，在其他战争中至少要靠三次胜仗才能取得的结果，查理只用了一个小时。"

终于，查理出现在俄国士兵的主阵地上，那后面，有八万将士激动地挥舞着他们的武器，呐喊着战斗口号。手鼓和战鼓，中亚的野蛮音乐，以及彼得那受德国人训练的优秀横笛军号乐队，混合在一起，形成了一曲狂野和热情的交响乐。此时，第一场暴风雪来了，而查理和他的狂暴战士们，就像骑着狂风的精灵一般出现了。

他们是如何穿过壕沟，越过钢钉，通过大炮扫射的斜坡，据我所知，并没有留下清晰的记载。在最伟大的时刻，记忆似乎总是遗忘了人类；只有那些极其平凡的事迹反倒有详细的痕迹。也许如果我们像查理和他的士兵一样达到极度狂喜的状态，也会什么都记不起来；人只有在恍惚时刻才有可能成为"超人"。结果就是，半小时之后，他们用刺刀拿下第一座战壕；三个小时之后，他们到达要塞的中心，杀戮开始了，胜利的狂喜、身体的疲惫，让瑞典士兵像发了疯一样与鞑靼人和土库曼人搏斗着，长矛对着刺刀，尸体堆积如山。恐慌开始在庞大的俄国军队中蔓延，他们挤在一起，由于厚厚的积雪看不清发生了什么事，只听见大屠杀的惨叫声。惊恐的情绪终于爆发出来，他们丢下枪杆、弓箭和厚大衣，拔腿就跑。查理的三千骑兵追着这五万乌合之众，贪婪地杀戮着，直到河边。这儿只有一座小桥，难以承受败军的重量，瞬间崩塌了，然后，河里全是溺水者。最后，当所有的恐惧消耗殆尽，幸存者们成群结队地向查理投降。

这也许是欧洲军事史上最伟大、最华丽的屠宰场，最终以两位领导人完美的角色扮演而告终。不用说，查尔斯出色扮演了一个典型的宽宏大量的角色，他冷漠地挥挥手，释放了除将军外的其他士兵；对于俘虏，他除了发放补偿，还礼貌地询问他们的需求。而彼得，在下令勒死送信人后，他先是兴奋，继而感觉好笑，并十分感兴趣。彼得对这场战争学习的巨大热情持续了好几个月，他仔细询问幸存者他们所知的关于战争的微小细节和事件，细心推测寻找此次失败的技术性原因。最终，他对这场灾难的总结是"通过打败我的力量，查理将教会我如何打败他"。

为了缓解子民的情绪，彼得向他们散布说，这些瑞典人都是术士和魔术师。这样的消息极大地安抚了俄国人的心灵。他还下令向国家的守护神圣·尼古拉斯祈祷，请求他派遣援军。接着，彼得动身去了波兰，与他那位心神不宁的搭档奥古斯都商量对策。

这次会面持续了15天，期间，两人喝了几百瓶的上好红酒。对此，伏尔泰((Voltaire)这样评价，他和所有理性主义者一样，内心是十分挑剔的："北方的王子们彼此频繁交往，他们之间的熟悉程度，南方人不得而知。彼得和奥古斯都在极其享乐中度过了这两星期，这位试图改革国家的沙皇从未发现，自己正在危险地滑向堕落颓废。"

就在这两位凡夫俗子商量对策之时，我们普鲁塔克式的英雄，正在为他复仇传奇的第三阶段做着准备。春天，他出现在德维纳（Dwina）①。一支训练有素的波兰—萨克森（Polono-Saxon）联军，正在河的另一岸等着他，其中就有帕特克尔。纳尔瓦战役之后，这位爱国志士就被彼得抛弃了，此外，还有一小群利沃尼亚贵族，他们发誓要战死在这里。

---

① Dwina是流水的名字。这里指的是杜纳河（Düna），发源于俄罗斯瓦尔代丘陵，流经俄罗斯、白俄罗斯和拉脱维亚，进入波罗的海的海岸——里加湾，总长度为1020公里。

风帮了查理一把，他用潮湿的干草生了一大堆篝火，一股强风把干草吹到敌人面前。在这掩护之下，他骑马慢慢蹚过河，发起又一次正面进攻。久经沙场的德国老将冯·斯坦诺（Von Stenau）不信邪，带着大量的德国龙骑兵迎战查理，他们打乱了瑞典士兵的阵脚，并将其赶回河中，一连四次皆是如此。[①]借着浓烟的掩护，查理在浅滩处重整军队。结果你是知道的，也许在不知不觉中，迟钝的德国军队已经在心里预料到了。不可思议和不可能的事又出现了。查理一直将他们追到库尔兰的米托城墙下，仿佛他们不是世界上最有声誉的军队，而是一群野牛。

　　于是，军事史上最奇怪的战役开始了：一位能干的将军和他经验丰富的八万士兵，却在自己的国家里，被入侵者像鹿一样追赶，而入侵者的军队人数比他们少得多，这位入侵者的领袖，就像指挥猎狗一样指挥着他的军队。他没有给士兵绘制路线，而是让他们嗅着气味追寻，也不关心他们的感受、疲惫和生命，如同一个只在乎好狗的猎人。在东德的地图上，猎人和猎物来来回回追逐着，最好地诠释了亚历山大的之字形路线。在查理的军事科学中，唯一的战略问题是"他们在哪"，而从来不会是"他们有多少人？实力如何？"终于，查理将战争变成了男孩们曾经梦想中的那样。

　　在这场大追捕中，强者奥古斯都的情况不仅惨痛，而且还有些荒谬。他用幽默的方式来承受这一切，这是他品质里的一种美德；他们艰难地行进在波兰的深山老林，越过人迹罕至的山口，在险峻的峡谷中爬

---

　　① 此处原文描述与史实有偏差。实际上是瑞典军队一连四次打退了萨克森与俄罗斯的联军的进攻，并实现了横渡迪纳河。

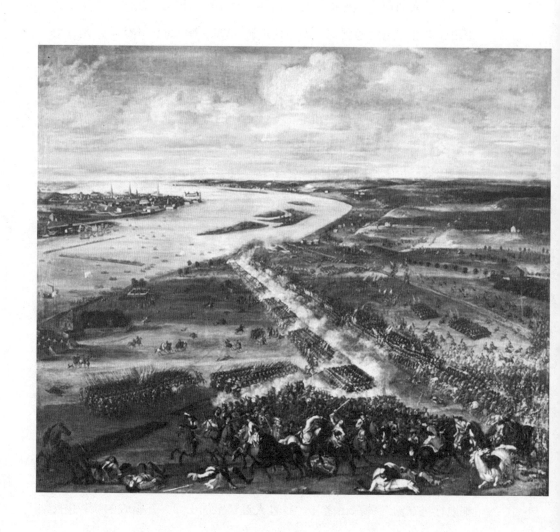

《杜纳河之战》，1701。丹尼尔·斯塔维尔特（Daniel Stawert）作

上爬下，即使他血压很高，也没有时间能喘息片刻。从未有哪个凡人遭受过如此幻觉般的追赶，这更像是德·昆西（De Quincey）①的噩梦，在"亚洲所有的森林里逃窜来躲避偶像的愤怒"。在他断断续续的梦境中，当奥古斯都倚着马车上不舒服的靠垫时，又或者躺在破旧旅馆的破床上时，这位壮实的享乐主义者一定经常出现这样的画面，荒谬中夹杂着恐慌：一个露出怪诞笑容、个子高高的光头男孩，身穿"有着粗糙蓝色毛边和铜制纽扣的骑手上衣，脚上一双长筒靴，胳膊上戴着驯鹿手套，像他的步兵一样，脚踏马镫骑行或奔跑"。

查理没能抓住奥古斯都。他将奥古斯都的领土翻了个底朝天，用骷髅装饰了欧洲东北部的所有道路。最后，他失望而坚定地让奥古斯都在华沙被自己的人民庄严地废黜。查理将他的位子给了一位名叫莱什琴斯基（Leczinsky）②的年轻小贵族，此人性情温和，有些书呆子气，但也不乏勇气，他用某种神秘的方式赢得了查理的欢心。查理悄悄地在大教

---

① 托马斯·德·昆西，英国著名散文家和批评家，其作华美与瑰奇兼具，激情与舒缓并蓄，是英国浪漫主义文学中的代表性作品，被誉为"少有的英语文体大师"，有生之年大部分时间被病魔纠缠，几乎无时不同于之作斗争。他的代表作《一个吸鸦片者的自白》《自传散记》《英国邮车》。

② 斯坦尼斯瓦夫一世。波兰贵族，波兰衰落时期无数个匆匆登上王位又失掉王位的贵族中的一个。在大北方战争中于1707年被瑞典国王查理十二世立为波兰国王，查理十二世战败后，他随之退位。1725年，他的女儿玛丽·莱什琴斯卡意外地成为法国王后，1733年波兰王位空缺，他的女婿路易十五支持他再次成为波兰国王，遭到了神圣罗马帝国皇帝查理六世和俄罗斯帝国女沙皇安娜一世的反对，最后演变成为波兰王位继承战争，1736年他失败退位，但获得洛林公国终老。

堂的柱子后面见证了这场加冕仪式。这不过是他的战利品，而他扮演了亚历山大大帝的角色，因此不必现身。

德国最出名的君主，被"苏醒的半神"在欧洲大陆的中心疯狂追赶，这杀气腾腾的一幕自然吓坏了整个欧洲。外交界和宫廷的内部圈子里，都有一种强烈的预感，认为人类又将面临一场周期性的灾难；黑暗的日子即将来临，世界种族的毁灭者又降临到查理身上。因此，除了一群文雅的冒险家蜂拥而至到查理的营地来提供服务外，还有一群更严肃、更深沉的人，一半是外交官，一半是侦察兵。他们不断往火山口里窥视。其中有一位就是伟大的马尔伯勒（Marlborough），他的国家将他派过来。此人的经历特别有趣。

在一间空荡餐厅的壁炉前，查理冷漠地接待了马尔伯勒，他不停用马鞭轻拍自己的长筒军靴，看起来对马尔伯勒没一点兴趣。马尔伯勒用糟糕的法语恭维查理，从布伦海姆（Blenheim）①的胜利开始发表长篇赞美之词，查理默默地听着，既没打断他，也没有回应他。他的大臣派珀当时也在场，查理用瑞典语问派珀，"此人是马尔伯勒吗？"马尔伯勒是伟大的英国外交官，同时也是位军人——这样的身份组合多么奇特啊——面对查理的无礼之举，他视而不见。他此行的目的，是刺探查理对于法国和英奥同盟（英国与奥地利的联盟）的态度的，所以，就算查

---

① 指布伦海姆之战。西班牙王位继承战争中，奥地利、英国、荷兰联军与法国军队于1704年8月13日发生在巴伐利亚布伦海姆村的一次决定性会战，欧根亲王粉碎了当面的巴伐利亚军。马尔桑撤退，交战结束。联军胜利。

理将靴子扔到他头上，他也不会退缩。马尔伯勒是个沉稳的谈判者，从来不急于提建议或发问，他擅长在平庸谈话的掩盖下，用极其敏锐的观察力来洞察他人的动机，这是迂回战术。最能干的外交家，从来不会自夸了解某个人，他们只会了解这个人的意图和打算。没过一会儿，马尔伯勒提到了一个名字，查理的反应有些奇怪，他冷冰冰的脸上出现了一丝怒气。马尔伯勒瞬间捕捉到了这个细节，立刻明白，不必再详细去谈自己的提议了，也没必要感到恐惧了。这个名字就是彼得。虽然查理在整场会面，只字未说，但这个诡计多端的英国人已完全明白了"查理的野心、激情和意图都是指向东边的俄国，而欧洲的其他各国，就目前而言，都不用害怕查理，当然也不必对他抱什么希望"。有了这一重大发现，马尔伯勒便起身告辞，回去报告去了。

事实上，这颗彗星确实是朝着远离西方世界的方向而去的。原因很简单——故事一开始，卑鄙攻击他的三位敌人中，有两位已经了结，而彼得还坐在王位上，尽管输掉了纳尔瓦战役，可他依旧过得逍遥快活。

如果有人说胜利对查理的性格没有任何影响的话，那他就是在浪费时间渲染一个真实的故事。这位冷酷沉静的年轻英雄特别容易因成功而变得暴躁，而这样的情绪则会滋生残暴。这与任何形式的虐待行为或政策无关，而应归咎于这一时期的两种令人作呕的行为：一是杀死了帕特克尔，此人可是查理从奥古斯都那儿敲诈勒索来的；二是残酷地屠杀了两千个俄国战俘，这些都是被查理前哨部队俘虏的俄国侦察兵。另一种情况则更像他所扮演的角色，那就是擅自侵犯了奥地利国王的领土。在一次追逐奥古斯都的过程中，这个强大国家的边境挡住了查理前进的道路，他毫不犹豫地径直穿过，没有给出任何理由和借口。奥地利国王也因此遭到教皇的谴责，还没有哪个国王被这样不放在眼里。可奥地利国王却对教皇说："查理没有命令我改变我的宗教信仰，这就够幸运了啊！主教阁下，真的，我真不知道自己该怎么做。"

于是查理决定重新开始他对彼得的惩罚。向东的行军中，查理独自一人走在最前头，离队伍大约有好几里，这是他的习惯。前面，就快到德累斯顿了，奥古斯都就在这儿平静地统治着，试图忘记过去在波兰所拥有的一切。查理突然想要去拜访他一下，于是在军官们看不见的地方，他转了个弯，朝着德累斯顿疾驰而去。来到城门前，守卫亮出武器，询问这位独行的骑士来者何意。"我是龙骑兵查理，现在要去宫殿。" 宫殿的卫兵被吓了一跳，查理骑马来到大殿台阶前，一跃跳下，咣啷咣啷地走进大厅。当时还是清晨，奥古斯都油头满面，胡子也还没有刮，看起来脾气不太好，查理进来时，他正穿着睡袍待在第一会客室里。他们交谈了一小会儿——都是关于一些琐碎的小事。查理的制服、长军靴的材质是瑞典皮革，他说他三年来除了睡觉的时候，从来没有脱掉过。然后，他们到露台上观赏风景。一位利沃尼亚人的管家向奥古斯都低语祈求，希望他能帮忙为他在瑞典监狱的哥哥求情。奥古斯都热情友好地向查理转达，却被冷酷地断然拒绝。他看了看表，将马叫过来，转身离去，就像他来的时候那样。查理一走，奥古斯都就召集了议会，整个下午都在仔细讨论他们应该做些什么。与此同时，查理的军队正在满怀疑虑地布置攻城计划。查理回到军营，没有任何解释，便下令继续东行。

这位年轻人就这样离开了欧洲，就像主人离开了属于他的家，他已远远脱离了现实，愈发沉浸在自己内心的中篇小说中，他专横严酷、冷淡无情，更像是一位心不在焉的神，而并非一位无敌傲慢的征服者。他踏上了追捕彼得的征程——这是他故事中的第三个恶棍——之后，也许会征服亚洲。亚历山大大帝曾经就这样做过。

到最后，这次俄国战役成为一场对沙皇的猎杀，没有任何计划。每个月，彼得都要失去一支军队和一座城池，逃跑后再建起另一支军队，然后再被攻打。查理有一两句怪异的军事格言被保留了下来。"查理的习惯是，他只要侦察兵告诉他敌人在哪，其他问题他一概不问。""查理曾认为，一个瑞典掷弹兵等同于50个哥萨克人。"随着他们向俄国腹地深入，天气也越来越接近隆冬，这群注定失败的冒险者追逐着他们致命的胜利。

一场冒险就像生命本身一样无望且徒劳，不论我们的欲望和无用的计划将我们推向哪一条路，最终都会相聚并通往死亡。在每一个可能的尽头，查理和他的军队都完成了不可能实现的任务，不管他是否保持了自己的通信线路（事实上并没有），不管那个冬天他是否在一座要塞而延误了时间，那都是记忆中最糟糕的时刻。即使乌鸦从空中掉下摔死的时候，他还在追逐着他的"白鲸"——彼得大帝。最后的战役在波尔塔瓦（Pultawa）。查理被困在巨大的沼泽中，周围是成群结队的俄罗斯游牧民族，上天安排了这样的情节，是冷酷无情还是充满怜悯，我们不得而知，因为即使查理没有失去波尔塔瓦，他也会在不久之后遭遇其他的灾难。被困沼泽，查理头一次完全使不上力，一颗炮弹将他打得头晕眼花。两三名军官拼命带他逃了出去，剩下的人则在大屠杀中做最后的抵抗。

不过，这段时间，哪怕他毫无意识地躺在马背上，然后像个包袱似地从马背上被转移到担架上，再被抬到意外搁浅时发现的摇晃马车上，穿过河流，越过沼泽，哪怕他们被野狼和哥萨克人追杀，他却是身处于最强的冒险洪流之中，即使他这位狂热冒险的主要领袖，也从未有过这样的经历。如果说查理曾经对奥古斯都和彼得的猎杀是两部史诗的话，那么对查理的追寻，则是有过之而无不及。最终，在土耳其的边境，人们找到了他，并将他带到了安全地带。现在，让我们来仔细观察一下是何原因导致了查理下一次的放肆行为。一成不变的意志，不论在逻辑还是病理上，都有其固有的缺陷。它受到固定动机的支配，不会有丝毫的转折，而查理的意志，就如同钢铁一般。一开始，他的目的是惩罚彼得，如今，所有的动机和机会都被摧毁、流放，他没有军队，身无分文，这一切都在告诉他，必须得延缓他的目标，而他仍然拒绝让步，也许是不能让步。

整整几年，查理都待在这个土耳其的小村庄里，他将战利品，甚至祖传的财物丢在一边，任由逐渐归来的敌人将其逐渐吞噬。他固执而又沉默，脑海里没有任何想法，只想以某种方式了结与彼得的争吵。

这些年，在他的意志的力量的驱使下，他的内心产生了一种恍惚的状态，全身发僵。从表面上看，他是在与朴特（Sublime Porte）①进行最奇怪、最持久的阴谋，企图让土耳其人再给他一支军队。

不过最后，苏丹王决定将查理驱逐出境。其结果就是那个著名的

---

① 又称庄严朴特、最高朴特、高门，是指奥斯曼帝国的底万（伊斯兰国家里的高级行政体系），政府政策制定的地方。

事件，让阿喀琉斯（Achilles）和亚瑟王的事迹看起来似乎成熟且不浪漫。查理拒绝离开。他在村子里有座石屋。本德尔的帕夏（旧时土耳其对大官的尊称）奉命用武力驱逐查理，不过为了避免麻烦，只是吓唬他一下而已。帕夏想了个主意，他把手下所有的军队都带过去执行此次任务。结果，查理不仅断然拒绝离开，甚至还从他的窗口向三万士兵的主帅开火。帕夏不得不架起大炮，僵持一段时间后，朝着石屋发射了炮弹。即使这样，还是没能让查理屈服。街上满是耶尼切里兵团（janissaries）①，这位英雄带着一小撮人冲进了街道，企图在人群中开辟一条路。此时，帕夏激动错愕的声音响了起来，说谁能抓住这位巨人国王并活着把证据带回来，就能得到一百个金币的赏赐。在这场疯狂混战中，瑞典人杀了一些人，伤了无数，最后，查理那双著名长筒靴的马刺搅在一起。他绊了一下，然后摔在地上，接着被人抬进了监狱；伏尔泰全凭想象说道："查理的表情，仍然保持着一贯的镇静。"真正高尚的人必须要有一点愚蠢，才能摆脱卑鄙的束缚，这是最普通的常识。

这件事之后，查理像婴儿一样突然改变了主意，从自己的意志中获得自由。他接受了驱逐令，只带了一名随从，骑着马穿过欧洲，回到了自己的国家，自从出征丹麦之后，他还从未回来过。他的意志开始转变方向，急速流入一个新的渠道。查理策马在欧洲大地穿过，仿佛是要去参加一场迟到的婚礼。1714年11月11日，查理在路旁摆脱了随从，独

---

① 奥斯曼土耳其帝国的常备军队与苏丹侍卫的总称。最早是在奥尔汗一世贝伊统治时出现。在穆拉德一世统治时期成为常备军。1826年，在马哈茂德二世统治期间废除。

自一人，衣衫褴褛，他带着微笑在夜深人静之时敲了敲施特拉尔松德（Stralsund）的城门，这是他帝国里唯一在波罗的海南海岸悬挂着他军旗的堡垒。

他曾经拯救过的城堡，如今就如一堆灰烬。他那对他充满敬畏的国家，再一次接纳了他，就像一群贫穷的野蛮族群，在经历了毁灭性的地震后，又再次迎接他们部落之神的另一个化身。没有人敢去谴责他，甚至不敢去问他。而查理自己，依旧带着从前那样的微笑，穿着同样的制服，再次接管了这荒废的王国，仿佛在这令人印象深刻的数年里，并没有什么异常之事发生过一样。

然而，这个精神深受打击的人，却将进攻看作像自己的靴子那样，是他生活中不可缺少的一部分。当他选择采取行动的时候，欧洲北部仿佛是一座教堂。收到君主们十万火急的命令，正向他那毫无防御的领土进军的敌人停了下来，开始固守阵地。联盟内的君主们，停止了一些行动，匆忙召开会议，并且布置了大规模的防线。

与此同时，查理不慌不忙地审视着形势。曾被驱逐的这件事情，如同英雄颂中的一段滑稽插曲，似乎又在他的脑海里掀起了一些波澜。现在，他第一次能够肆意地思考征服欧洲的总体计划了。他的进攻路线，如你所想，那是前所未有的大胆。如果不是发生了一件事情，那绝不会有人会怀疑这计划成功的可能性。现代欧洲面临着前所未有的危险。查理决定，首先往西进攻丹麦控制下的挪威，这是一片难以靠近的区域，此前，瑞典军队从来不敢往那儿行军。查理的目的，不仅仅是为了单纯的掠夺或道德上的收获，而是意在获得公海和海岸。他冷冷地说，他要从那里去进攻海洋的女主人——英格兰。比拿破仑更深入更宏大的计划，就从这里开始了。

　　但要进攻英格兰，首先他必须拥有一支舰队。也许一旦登陆，整个计划就会容易得多。当时可是1717年，老僭王（詹姆斯二世之子）仍然活跃，他的党派仍然强大，查理与他商量联合起来。但交通问题怎么解决呢？查理自有办法。他听说，在马达加斯加岛有大量的海盗，他们装备精良，有好的船只，人手样样充足。于是他派了使者过去，提议雇佣海盗来为他提供渡船服务，作为回报，他许诺，以后海盗们将归入他麾下，凡是他所征服的英国港口，他们皆可以肆意掠夺。

　　查理的死，让我们奇迹般地获得了拯救，避免了这一历史上最可怕的可能性之一，这点确实很不公平。在一次小围攻接近尾声的时候，查理正站在矮护墙的前面。就在此时，一颗子弹砸碎了他的脑袋。

《波尔塔瓦战役》，皮埃尔·丹尼斯·马丁（Pierre-Denis Martin）作

第七章

拿破仑一世（Napoleon I）

《拿破仑皇帝于杜伊勒里宫书房》，雅克·路易·大卫（Jacques-Louis David）作

在本书中，拿破仑一世（以下简称为拿破仑）和查理一世的行为有很多相似的地方。拿破仑曾说："我为革命。"法国大革命的核心是如此文学化，以至有时让人觉得像是剽窃，而不是原创的。发起这场革命的人是如此的具有文学意识，他们仿佛按照出自传的标准活着。当他们被处死时，他们都会小心地准备好一个巧妙地形成对仗的语句，组合起来就像希腊的墓志铭，相差无几。他们仿佛是从让-雅克·卢梭（Jean-Jacques）处得到的灵感，从伏尔泰处吸取动机和态度。图书馆中现存着普鲁塔克描写他们的书籍，书页上有他们的铜版插图，看着这些插图，我忍不住去想象他们当时的容貌和面部表情。

　　在有关拿破仑的众多神话中，他众所周知的特性、在适当时机的言语和行为总能让人联想到他的才能，显而易见的普鲁塔克主义，都使众多历史家在描写拿破仑时感到十分赞叹。然而在所有描写拿破仑的作品中，相较于埃米尔·路德维希（Emil Ludwig）[①]而言，不是逊色就是夸大，都是一些浮于表面的华丽辞藻，没有什么结构性可言。当拿破仑让人们想起恺撒或亚历山大，或者当他表现得像个罗马人时，这些行为却在书中找不到描述。用些大众化的华丽辞藻去遮掩拿破仑的任何性格或是有关他的情节，即使其本意就是故意去美化拿破仑，这种行为都是愚

　　[①] 德国作家，以撰写通俗传记而享有国际声誉。所写传记强调人物个性，被称为"新传记派"，是20世纪最伟大的传记作家。

蠢至极的。

如果我们想要在欣赏历史的同时去理解它，那么我们首先需要对历史的骨干进行一个小小的骨科手术。这个"手术"可以拨乱反正，将已经神魔化的历史人物放到人类的角度去看待。

《拿破仑传》的中心主旨并不难懂。它的记载和证据都是最精短的，也是所有关于拿破仑的自传中最为精彩的部分，虽然它们经常被直接具化成或多或少有些悲情色彩的拿破仑的古怪行为。我指的是拿破仑和他家人之间的关系，他对于宗教和法律的态度，他的生活理念。拿破仑的生活理念在关于他的众多描写中是最不重要的，或许这就是人们经常忽视它的一个原因，他的生活理念与同时代同阶层的其他科西嘉人并没有太大差别。

这个阶层的人们还没有低贱到为了自己的野心而失去所有的理智。据我们研究显示，波拿巴家的人不经农商，他们处于这两种阶层的人中间地带。这一阶层最易产生冒险家和注重面子的人。他们可能真的与意大利名人有亲属关系，可能是表兄弟姐妹的关系。他们有时认为自己是意大利人，拿破仑尤其如此。时至今日，意大利人的雄心只有一种方式可以实现。所有的小说家都说，科西嘉人是属于意大利领地中的人。我想说的是，借助意大利人，任何一个国家的人都能创造出意大利曾有的历史。他们的这种雄心壮志是由那段历史决定的；它是一种高度具体的、生动的、灿烂的和形象的财富和权力的愿景，与贵族头衔密不可分。英国人没有当王的梦想，因为他们国家的历史抹杀了这种可能性，他们的诗歌也不歌颂这种愿望，他们认为传统的宫廷生活百无聊赖，其无聊程度可以比得上一些美国的百万富翁的生活，他们的生活只限于长岛上有私人高尔夫球场，有自己的私人医生，在大都会歌剧院有自己的包厢，尽管他们认为这没什么大不了，却碰巧是年轻人所渴求的。然而英国人（有时拿破仑认为自己是英国人）的野心，只将一国看作是用矮篱围起，以草坪点缀的一块地皮，有一个马厩。在一个雾茫茫的秋日清晨，他穿一件红色的大衣，神情坚毅，誓要干一番大业，而约翰·皮尔（John Peel）①为他吹响号角，乔洛克先生（Mr. Jorrocks）②则作为他的车夫护送他一路征程。

但对于意大利人来说，尤其是对于一个属于意大利领地中的科西嘉人来说，对于一个处于两种阶层中间的科西嘉人来说，例如拿破仑，他只有一个梦想：拥有自己的宫殿，戴上属于他的王冠，胜利的花环，然后再在华丽的宫殿里举行一场夺目盛大的宴会，举国同庆。意大利的人民从未忘记过文艺复兴，心始终向着文明，他们的野心本质上是出于交际、虚荣和占有欲。

其中的原因是环环相扣的，他们的野心并不是独立存在的，并且总是会牵扯到家人。马克·拉瑟福德（Mark Rutherford）曾走访于伦敦的大

---

① 约翰·皮尔是一位英国猎狐人，他是19世纪著名的坎伯兰狩猎歌曲——"你认识约翰·皮尔（D'ye ken John Peel）"的主人公 。"ken"在英格兰北部和苏格兰的一些方言中意为"意识到"或"知道"。

② 英国文学中最伟大的喜剧人物之一。他是一个粗俗但心地善良的伦敦杂货商，致力于猎狐。他是英国著名的风俗小说家罗伯特·史密斯·瑟蒂斯笔下的人物。这位小说家开创了体育小说的先河。这种体育实际上是以骑马打猎、郊游休闲为主的娱乐生活。他笔下反映了英国在维多利亚盛世的乡间生活的浮世绘。其间不乏优美的爱情描写、自然风光、幽默风趣的动物描写，可以看作是英国社会的博物志。

街小巷研究过奴隶心理学，其中他对研究得最透彻的性格之一做了如下陈述："只有奴隶能明白婚姻的真谛。"没有一个人不是高度社会化，具有占有欲的种族中的一员，他们经历征服和革命的次数如此频繁以致他们自己都记不清具体的次数，他们将自己急剧生长和愤怒的欲望转嫁到政体、机构的所有权和稳定性上去，他们在绝望中能够理解的不仅仅是正常、传统和宗教的情结，波拿巴家族就是属于这种类型。当他们贫穷时，每个人所拥有的便是其他成员，这对于他们而言是比起除吞咽食物给他们带来的实感之外，所能拥有的对他们最重要的事。当他们富有时，他们将与他人共同分享财富作为一种享受。简而言之，就像神话中的穴居人那样，他们种族的单位是作为一个大家庭，而不是个人。

我们可以把这一切的高尚视作理所当然，每个人都会自然而然地为自己着想，把好东西都留给自己。这样一个无与伦比的母爱、父爱、妹爱、兄爱、子爱的美德，归根结底他们是完全出于血缘关系做出的这一切。根据勒德雷尔（Roederer）的记录，在议会讨论收养是否应写入法律时，擅长狂热崇拜的拿破仑的一番言论，则从另一个美妙角度阐述了这个问题。

"什么是收养？它是对自然的一种模仿，是一种神圣的仪式。根据社会的意愿，一个人血肉之躯的产物可以成为另一个人血肉之躯的产物。难道还有比这更加崇高的行为？正因为有了收养的存在，两个毫无血缘关系的生物才有了羁绊，并且从此以后会相互影响，共生共存。"这种行为究竟是从何而起呢？"不是从公证人处而来，"拿破仑说，"而是如同闪电一样，来自上天。"

拿破仑对此表示出来的震惊和迷恋是显而易见的。他是整个欧洲最聪明的人。在他的阶级和种族中，地位较低的人不相信没有血缘关系的人能够拥有家庭之爱。对于拿破仑而言，这是一个罕见、可能、崇高的案例，近乎圣人的品格。意大利人认为家人的本质是他们身上流着同一条血脉，"是一种神圣的关系"。他们爱护彼此，以己度人，因为他们把彼此认作是自己身体上缺失的一部分。一对连体的双胞胎，在经历了共享四条腿、两个头和一个动脉系统的漫长岁月，通过手术被分开后，就能明白拿破仑对家庭亲情本质的理解了。成员们就像同一个身体的各个部位一般亲密，家庭成员之间如果产生仇恨就像是被截肢了一样。拿破仑对他家人的爱与对自己无异，因为他觉得这样做就像是在实现真正的自我。在他所有的性格中，最基础的一部分便是以自我为中心的坚实统一。

到目前为止，我们也许可以看到这位浪漫的年轻人的头脑中在想些什么，他正在阿雅克肖（Ajaccio）①的小屋中思考他的未来，决定他的未来必定要做到受人敬仰，要做举世无双的那一个人。他决心要建造一个意大利的梦——宫殿，坐上至高无上的王座，并且要让家人们都与他共享这样的富贵和荣耀。照着这样目标的发展过程必定是艰难的，在后来，更是发生了一件悲惨中又带着些独特的事。不知道是因为他为实现自己的目标而进行许多疯狂且不必要的精力消耗，还是他天性如此，拿破仑陷入了许多实干家都会遭遇的困难处境，他失去了独自直接享有

---

① 法国南科西嘉省省会。位于科西嘉岛西海岸的阿雅克肖湾内。阿雅克肖是一个古老的渔港，科西嘉岛经济、商贸、交通中心和最大城市，也是拿破仑·波拿巴的故乡。

东西的权力。芸芸众生，从圣人到窥视者都有这样的弱点，即使具有一整套完备的道德准则也感到无能为力。这是很多善举和恶行的秘密灵感来源。拿破仑和一个筋疲力尽的厨师有同样的感受，当一个筋疲力尽的厨师对自己做出的菜肴的味道麻木时，就只能从由菜肴衍生出来的好事物中得到愉悦，比如看着其他人津津有味地品尝自己的菜肴。甚至可能是由于多年的长期紧张、深夜学习和精神高度集中所导致的另一种意义上的阳痿（意大利人尤其如此）；在前帝国时期，他与妻子约瑟芬争吵，在远征埃及时，他以奇怪的借口反驳并借以斥责埃及情妇的不育。据记载，拿破仑十分多情，对女人非常"有风度"。我们也许永远也不知道拿破仑有多少不为人知的风流韵事。

这个缺陷，无论程度的深浅，是的确存在的，也直接导致了拿破仑对家人倾注了高于一切的感情。他的兄弟姐妹不仅仅是他身体的一部分，更是他唯一可以真正亲近的一部分。他们就像他的味觉、他的眼睛、他的耳朵，而当他渴求新生命时，就会去和家人在一起，通过与家人的亲近代为排遣。大家是否还记得在巴黎圣母院举行的加冕仪式时，当时教皇站在拿破仑身后，妻子约瑟芬站在一旁，头戴王冠的拿破仑却忽然用手肘轻轻碰了一下他做主教的舅父费什，在暗处用权杖戳了戳他？至于拿破仑为什么要这样做，对于历史家来说也是一个谜，因为拿破仑虽然笨拙但不至于在加冕大礼上做出如此不合礼仪的事。大家猜测他应该只是想要看见舅父费什的脸庞，将加冕的喜悦分享给舅父，让其间接感受也是好的。

但拿破仑家族中这种关于家庭成员之间的爱的复杂定义还没有一个完全的解释。拿破仑希望通过血缘关系去满足自己内心最微妙、最深刻的欲望——对永生不灭的渴望。拿破仑对他身体继承者那种强烈、执着和压倒一切的渴望，不能单纯从情感方面来讨论，也不能用"父爱的本能"来亲切地掩饰。这是他职业生涯的关键目标之一，是他为之奋斗不息的、不可分割的奖赏的一部分。他像意大利人一样热爱他的家庭，并且十分希望有一个自己的儿子，儿子是他身体在时间和空间上的延续，有点受原始人思想影响的意味，而原始人创立了一种建立在共识基础上的神秘宗教，中国人也是这样，帝王之子可以继承父系的王朝。这就是这个只相信自己本能的理性的人所设想的足以满足他永远的欲望的生命的唯一形式。他的动机很好理解，但真正的亲缘关系是在生物的强烈冲动的驱使下所产生的，就像多细胞、有性别的、前陆生物和深海生物之间那样。因此，在任何关于人类的邪恶和美德的辩论中，只要有一个能言善辩的人，就可以把拿破仑这个最具破坏性的冒险家作为一个极好的顾家男人表现出来。也有人把他称为可怕却有缺陷的自我主义者，或者仅仅是一个完全原始的不合时宜的人，这些描述也不假。正确认识拿破仑的关键在于不要将他看作是像那些放纵自我的小说家或诗人说的那样："不可估量的天才""普鲁塔克式的英雄""被误解的梦想家"以及诸如此类的言论。他并不疯狂、神秘，也不浪漫。他的目标是一切冒险家的目标，是以命运为代价来最大可能地满足自己对生活的渴望；以他自己所知道的唯一方式，像一个孩子生来就知道如何将食物送到嘴里一样。正因如此，他才能成功。健康、本能和教养使得他十分善变。在他只身与命运进行抗争时，却拖着一个大家族；但这并不是身体和物质上的战斗，所以跟着他的这些享乐主义者，只会给他带来阻碍。

拿破仑的母亲是个了不起的人物，在许多故事中她都扮演着富有人性的角色。我发现对她产生感情是不可能的;这个目光锐利、贪婪的漂亮女人——莱蒂齐亚,她徜徉在他成功的光环中,可怜巴巴地说:"愿你的世界变得如此美好。" 对一个法国人来说,这是一种滑稽的混合,"嗯,一切都很好""你要小心,约翰尼",和一个舞台上的乡村妻子的口音。我十分肯定的是莱蒂齐亚从来没有将自己的儿子看成是失败者过。即使是在拿破仑经历了莱比锡之战和滑铁卢之后,假如给她留下的财富只有1000美元,她也能毫无怨言地继续用这些钱好好持家。莱蒂齐亚从没有扩大过关于家庭的花费,她的形象中大部分容易产生的悲情都是对这一点的误解。就像拿破仑希望与家人共享他的财富,他的母亲也很自然地认为孩子是一种投资;她把多余的情感藏在安全的容器里,既不会浪费,还能赚取利息。赚取金钱和地位的人,有理由期待他们在襁褓中的抚养费得到丰厚的回报。其余的钱她都存到了天堂,在最后一天,她肯定希望能得到百分之七十的回报。如果拿破仑只是一个普通的男人,是一个利己主义者,同样,莱蒂齐亚也只是一个普通人的母亲。他们的错误与受柏拉图影响而形成的家庭制度密切相关,而这种制度遭到了普遍谴责和诟病。

拿破仑的父亲卡洛,生前似乎是一个健康的正常人。他和莱蒂齐亚一样,都将希望放在后代身上,认为他们能够实现自己未完成的雄心壮志。对除了拿破仑之外的所有家族成员来说,他们在科西嘉舞台时的奋斗目标是:有足够的钱,成为阿雅克肖鼎鼎有名的人物,也许要拥有一栋房子的永久产权;也许得到一个真正的头衔来取代他们那些模棱两可、连自己都不相信的头衔。总之,觅一份体面工作,还要得到邻居的尊敬。除了莱蒂齐亚目光短浅的理想外,长子约瑟夫(Fesch),他的叔叔也是如此。这让他们的生活非常快乐。对他们而言，拿破仑的所有恢宏华贵都是多余的。从莱蒂齐亚的所作所为来看，她并不像其他人那样将财富看得很重要。即使当她成为米尔大人时，还把自己四分之三的津贴存了起来，并且十分喜欢到阿雅克肖的教皇处做礼拜。即使在圣赫勒拿岛（St.Helena），她的儿子拿破仑也是个"人物"——谁能想到波拿巴家族中的一个人会将整个岛屿作为他的住所，拥有整个舰队来保卫他呢？

　　我们无从得知拿破仑是何时意识到自己的强烈欲望的，但有趣的是，这往往是造就一个天之骄子的终极要素。拿破仑所拥有的权力和他在生活中想要达到的质量，虽然或多或少会有些矛盾之处，但我们也应该考虑到他那达到顶峰、被称为天才的力量。今天，成千上万的意大利男孩都希望成为国王，希望自己的兄弟成为公爵。没有人像拿破仑那样，拥有同样的向心力，把画面拉向自己，把这个命运从茫茫宇宙中吸向自己。拿破仑对小男孩们有着如此的吸引力是出于何原因，是物质上的还是精神上的，我们无从得知，但是我们可以想到一些让拿破仑拥有这种如星火燎原般的吸引力的因素。首先，有可能是他对自己家庭所处的社会地位没有清楚的认识，没有求证过就认为自己的出身比周围人要好。然而有一天，当他发现事实并非如此时，就感到可笑，或是生气，甚至变得愤世嫉俗起来。如果他刚好十分自负、敏感或固执（这三个词都是一个意思），真相则会使他的野心变得更大。其次，也有可能是拿破仑被送去军事学校的经历影响了他。当身边都是真正的小侯爵、子爵时，他学会了隐瞒自己的出身，也把自己当成是他们中的一员；甚至假装对所有这些事情都不屑一顾。当虚荣心受到伤害时，自然会运用政治

《大革命的主要日子》，1798，查尔斯·莫内（Charles Monnet）作

手段来寻求安慰，这也是年轻的罗伯斯庇尔会注意到下层人权利的原因。因此，回到科西嘉岛，看着那些富有的、不屑一顾的法国军官，整个波拿巴家族成为坚定的民族主义者和反叛者，我并不觉得惊讶。浮华的诗歌使得所有与它对立的事物都变得真诚，就像追求名利的利己主义者对所有的保守主义者做的那样；他们觉得无法容忍，正是因为他们没有意识到这点。

而年轻的拿破仑则不一样。他在本来会沉溺在仇恨情绪的年纪，反而找到空间来观察它，为之惊叹并且研究它。他就是从这样的做法中学到了民族主义和攀附权贵，这成为他日后在心灵上统治人们的主要武器。

就像火遇到氧气才能燃烧，时机的重要性不言而喻。拿破仑20岁那年，法国大革命爆发了。就像是学生假期前在学校里待的最后一天那般的激奋，法国人民已经很多年都没有这样过了。即使是贵族也知道这意味着特权时代的结束。承认这一点很重要，也是顺应潮流。每个人都希望自己的愿望得到满足：拿破仑的愿望是纯粹而又坚定不移地继续下去。总的来说，这一切，都是关乎后来必成的事，和领导者有意要成就的事，并不是为了建一个更好的世界，而是为了让世界充满自由机会。推动大革命的，不是哲学家，而是资产阶级；不是卢梭的思想，而是拿破仑的思想。

书籍是资产阶级和知识分子的本能武器。无论是身处绝境还是顺境，他们都能从中学习到很多东西。所以拿破仑这位典型、完美的资产阶级英雄，花费数载时间进行了大量的自主学习。除了军事研究（由于竞争所致）之外，他还阅读了柏拉图的著作，学习了英国、鞑靼、波斯、埃及、中国以及秘鲁的历史，学习了印加文明、教皇等一切相关的东西，想要记住当中大量杂乱无序的知识。"至今仍有一系列包含着拿破仑笔记的抄写本，书写的字体十分潦草，难以辨认。仅后来在报刊上登载的就达400页。在这些笔记中，我们还发现一张英国七个撒克逊王国的手绘地图，上面列着3个世纪以来的国王名单；古代克里特岛所举行的赛跑的不同种类，古希腊的小亚细亚的要塞的一览，27个哈里发的基本资料，如他们的骑兵数量及嫔妃们的恶行。"他的笔记所记领域的知识是如此广泛，甚至还记下了圣赫勒拿岛的气候。

在如此一本大杂烩中，任何人都可以发现他有许多能重合起来的记录。对于我们而言，需要注意的是拿破仑对两本书的特别偏爱，一本是普鲁塔克的《希腊罗马名人传》，那里的人们都活在英雄的神话和趣闻轶事中；另一本是《天方夜谭》。这两本书塑造了他的想象力。其他的书则大都是浪费时间而已。

这种他自己也不知道是为什么而本能地做的准备，占据了拿破仑的大部分时间。和大多数人有这种性格的人一样，尽管他善于交际，却不喜欢与人为伴，因为即使没有比别人差，在人群中也必须表现得跟别人一样。拿破仑不知道，也从来不去学如何与人平等地相处，虽然他或许清楚特殊地位的含义，但社交上的敌对情绪从来不会让他觉得尴尬。

以下是拿破仑在巴黎所就读的军校对他的评语："矜持而勤奋，他喜欢学习而不喜欢任何形式的谈话，并以好的作者来滋养自己的心灵。他沉默寡言，喜欢独处；喜怒无常，盛气凌人，极其自负。虽然他不喜说话，但回答问题总能一针见血，更十分善于辩论。他很自我，在各个方面都争强好胜。"如果这些对于拿破仑的评价属实，那么拿破仑一生中那些重大的阶段就变得易懂且可互相衔接了。我们不需要借助大图书馆中那些有关描写拿破仑的千篇一律的资料去读懂他，拿破仑在历史上所创造的能够一直活跃到现在的东西便是他对我们源源不断的吸引力，我们也不会再觉得他的每次动作和普鲁塔克式的演说笨拙鲁钝。在大革命时期，关于他对革命一开始的态度，我就不做"他年轻而热情"的解释了，他是同其他那些保皇派军校学员截然相反的。年轻的拿破仑生活窘困，妒忌心强，因此可以理解他为何要参加位于瓦朗斯（Valence）①的"宪法之友协会"（Club of the Friends of the Constitution）②，当时他在法国南部被授予少尉军衔。"当大多数人拒绝宣誓服从宪法时"，他宣了誓，并且平定了新党派的利益纷争，从而在他职业生涯的各个阶段都表现出雅各宾派的行为。真想解开这个谜啊，真想看看年轻又充满野心的拿破仑是怎样在一无所有的逆境中，把挡路之人一一打败的。

还是不得不提他在科西嘉的历险。兵团中诸事不顺，于是拿破仑请假回到故乡科西嘉，并与保利（Pasquale Paoli）③一起合作争取科西嘉的自由和解放。那么后来为什么他又与保利决裂？又为什么回法国参加法国革命？热爱和平、天真年轻的新手冒险家，你是否想过，在一切起义中，无论是民族独立起义还是其他起义，所有的反叛者都是兄弟，这

---

① 法国东南部城市，德龙省首府，位于罗讷河左岸。拿破仑16岁时曾在此地的炮兵学校学习。

② 1792年后重新改名为雅各宾党，是法国大革命发展期间在政治上最有名的和最有影响力的俱乐部。

③ 科西嘉政治家、爱国者。

是因为他们都面临着同样的死亡风险？起义阵营中的各个小团体和内部组织之间的恩怨仇恨，和邪恶的压迫者比起来，其实不算什么。所以，如果你想体验愤怒，就去加入贵族的起义。就像拿破仑一样，在保利那里体验到了不受赏识的滋味，于是愤然离去；毅然决然回到法国开始他的行动。

在科西嘉所发生的事情就先说这么多。接下来让我们看看在土伦（Toulon）发生的事。盘踞在土伦的王党分子居然引狼入室，允许反法联军英国和西班牙舰队驶入土伦港。而拿破仑抓住这次机会，一战成名。当战役结束后，杜戈梅将军（Jean-Pierre du Teil）①在报告中写道："我找不到词语能形容波拿巴的优点；他如此聪明智慧、知识渊博、英勇无畏。一定要嘉奖他。"

于是在1793年，拿破仑成为陆军准将。这对不同的人来说，有不同的意义。在上一场刚刚结束的战争中，许多准将都获取了许多的财富。比如，有一位军官心满意足回到了自己家乡卡迪夫，当了一名交通警察。情况因人而异。对拿破仑而言，就像雅各布·阿斯特（Jacob Astor）所说："第一个10万美元总是最难挣的。"这场战役只是财富的开端，是财富的可能性，而不是财富本身。带着这种想法，拿破仑这位贪婪的小战士，前往巴黎书写他的传奇故事。

---

① 一位法国炮兵将军，在拿破仑一世在欧松炮兵学校（1759年成立）训练期间对他产生了最重要的影响。

《约瑟芬皇后加冕礼的肖像》，弗朗索瓦·杰拉德男爵（Baron François Gérard）作

不过他还是花了整整三年的时间才娶到约瑟芬。1796年，美丽灵动的女神约瑟芬嫁给了拿破仑。在此之前，他在巴黎的警察工作中发挥了极大的作用——著名的"葡萄弹的气息"①使中产阶级革命摆脱了暴徒的围困。约瑟芬成为人妻，这件事让追求者们流泪的流泪，心碎的心碎，我也一样。唉，这不禁使我想起年轻的店员和卖帽子的姑娘在海边的浪漫之事，他们都自欺欺人地以为这是天作之合。无论过去还是现在，约瑟芬都是各年龄层男性眼中的完美情人，从未为男人心碎过，而虽然年轻的拿破仑也为约瑟芬所惊叹，但他的雄心壮志却让他不甘做一个小白脸。通过约瑟芬，拿破仑得到了去意大利前线的机会。

　　他是否知道自己妻子对新政权中某些新的大人物是有一定的影响力——比如和巴拉斯（Paul Barras）②的关系？如果是的话，他的名誉难以维系。当然，在他内心最隐秘的地方，在意识能触及的地方，他从来不允许自己承认这一点。他爱她——带着一种想要挤入上流社会的攀龙附凤者所能给予的他认为比他的阶级优越的女人的那种崇高而浪漫的热情。他让自己相信，他的妻子是一位伟大的女士、伟大的美女和社会名流；这是他能接受的唯一诗意语言了。

　　嘲笑之后，我们要来敬仰一下这位伟人。拿破仑从来没有浪费过任何机会；如果你带着冷静批判的态度去看待他的一生，并且将他的生

---

　　① 指的是葡月政变。法国大革命期间1795年10月5日发生的保王党反革命叛乱，被拿破仑镇压而失败。拿破仑因平乱有功而获得"葡月将军"的称号，在法国政坛崛起。

　　② 法国大革命时期的一名政治家，在1795年至1799年间担任法国督政府的督政官。

平顺着看而不是倒着看，就像在看一本小说，你不会猜到它的结局。当你看到后面的时候，会震惊地发现，拿破仑所拥有的机会是如此稀少，但他又将每个机会利用得恰到好处。躲在暗处的神秘发牌人给了他一手烂牌，他却打出了好牌的效果。去意大利当指挥，在当时那些情况下，并不是一件好差事。他的意志力极其坚强，使他在最罕见的情况下能具有独创性。他运用这种意志，以一支破破烂烂的军队对付一个强大的敌人，进行了意大利战役。查尔斯说，意大利一战，直至今天，比起那些半神的战绩，更值得深入考究的。

拿破仑所指挥的战争都可说是艺术品，因为它们都巧妙地避开了有可能会发生的不幸。更确切地说，它们是意志力的杰作，相对于静态，这是一场动态的、有电流的展示。从体系结构的角度而言，这也是精神愉悦的另一顶点。

这幅杰作使他走得更远；不过他到达的并非目标终点，而是一个岔路口，有两条堤道在此会合，分别通往不同的可能性。一方面，命运又一次给他提供了停下脚步享受胜利的选择。此时，巴黎的执政官将他视为一个了不起的人，并且想让他成为他们最伟大的仆人。他们命令他按计划带领士兵远征英国，如果他有一点晕眩或疲倦，这将会使他轻松地获得丰厚回报。冒险最艰难之处莫过于此：甘当一名胜者。之前我们已探讨过这种态度的极大危险。

可是拿破仑却去了埃及。为什么是埃及？政治上的理由是去打击英国的东部；不去深究的话，这应该是切实可行的。因为英国舰队这时已经驶出地中海，并且更糟糕的是，他们内部已被叛变搞得乌烟瘴气。然而，我们更应该考虑的是拿破仑的两个个人原因。其一，他是一个浪漫主义者，他喜欢阅读充满异国情调、亚历山大主义的书籍。其二，机会转瞬即逝，而适当的时机正是所有的政治野心能够实现所需要的。

把这次战役定义为失败是徒劳的，生命中小插曲的作用并不在于其本身，而在于它们对整体的影响。在埃及的一半失败、一半神化的基础上，拿破仑迈出了通往督政府的下一步。1799年，在埃及的远征进行到一半的时候，拿破仑秘密地离开埃及。当拿破仑抵达弗雷瑞斯（Fréjus）①的时候，他周身都散发着强大的气场，使他在各种可能性的背景下都可脱颖而出。拿破仑·波拿巴将计就计，把自己个人的冒险经历与中产阶级更浩大猛烈的冒险相结合，促生了革命。在这期间，中产阶级急需能够领导他们的人去带他们走出错综复杂的局势，他们正在寻求一位国王，能满足他们的三个愿望：建立朝廷、制定看似合理的法规和组织警察军队。

拿破仑的冒险路线很符合这个要求，他就是这样一路戏剧般地青云直上，掌握到皇权。拿破仑将自己塑造成法国乃至欧洲中产阶级的救世主。在法律上，罗伯斯庇尔让人们陷入了是选国王法国还是选人民法国的困境，而拿破仑通过公民投票的方式买下了后者的权利，解决了这个问题。法国皇帝凭借君权神授说，成为四百万人民国王的代表。至于治安，每个科西嘉人都是天生的警察，《拿破仑法典》强大的结构性使它到今天仍在发挥作用。

①位于法国普罗旺斯-阿尔卑斯-蓝色海岸大区瓦尔省的一个市镇。

总之，拿破仑·波拿巴的朝廷，满足了中产阶级发动革命的所有精神需求。它也许就像维多利亚时代的油画一样具有诗意和艺术性；不过也有其局限性。很少有人注意到，除了少数狂热分子存在的乌托邦梦想之外，中产阶级们对贵族生活的渴望，是他们发动法国大革命的情感驱动力。它的每一个特征都吸引着他们，最不吸引他们的也许是那种微妙而又难以捉摸的理想——美感，而不是道德，尽管如此，这仍然是它的主要魅力和重要性，甚至对大多数生来就拥有它的人来说也是如此。法国的乡绅们觊觎着政府的盈利职位，并希望为他的儿子们在军队中谋取职位；妇人们则希望女儿得到去宫廷舞会的邀请卡。这些年轻的一代是拿破仑的主要拥护者，因为拿破仑给了他们所想要的，为他们在庞大政府和军队中提供了许多安逸且体面的工作；而且还建造了一个欧洲最恢宏的宫殿。这就是拿破仑，他在灵魂深处，有着矛盾的生活理想：他既是一位冒险者，又想得到稳定的津贴；既喜欢荣耀，又渴望危险；既想戎马兵戈，赢得光彩的勋章头衔，又不愿体验冒险失败的毁灭惩罚。他的士兵是幸运的战士，按月固定领取薪水。在欧洲南部，每个年轻人都梦想能成为拿破仑选中的人，享受他所提供的生活。他们不想当拿破仑，只想臣服于他。仅是描述拿破仑的守卫队生活的吸引力的小说就有一千本之多，尤其是那些打过胜仗的年轻军官，其生活更为夸张，他们能根据自己的军级和荣耀，得到不同的出身高贵的异国佳人作为陪伴。拿破仑军队伴着华尔兹的鹅式正步，真是有点格格不入。

　　我并不是完全同意那些被流放的贵族对拿破仑的批评，他们说拿破仑宫殿的魅力在于它就像是海盗的宝穴，当收获颇丰时，岛上的女孩们蜂拥而至，这会让人觉得有些花哨怪诞和粗俗；而他的家具也必须是全新的。事实上，这是一个由来客组成的宫廷，而且也必须如此。他的同伴、将军和朝臣们的品质使其达到这样的高度，毫无疑问，他们的品质是出类拔萃的，但他们并不是令人愉快的伴侣。然而，任何逊色于这群聚集在一起谈论他们在女人、服饰、礼仪和艺术方面的品位的新晋公爵和20来岁的将军们的事物，都不可能有如此广泛或持久的吸引力的色彩。

　　然而，拿破仑对渴望贵族生活的中产阶级在他身上的投资给予了极大的回报，给了他们大量的法律、冒险、头衔和公务员职业，但这并没耗费掉他的全部精力。这些只不过是实现他超人意志的过程中所产生的副产品，是额外的赏赐，因为像所有真正的冒险家一样，拿破仑恪守着自己的原则。正如数以千计、大小不一的小行星，都被这颗冒险彗星吸引到他巨大的抛物线上。拿破仑欢迎这些行星，但他划过天际却并非为了它们。这决定了他在我们历史上的地位，他当选并下定决心，不仅仅是统治世界，更是享受统治的感觉。这一点，正如我们之前读到的，只有通过他的家庭才能实现，家人才是他复杂的味觉器官。对拿破仑而言，当上法国的君主是值得的，这样一来他的家人就都有了皇室的身份。拿破仑的家人众多，但不是所有人都有这样的嗜好，即使他们都全心全意地投入到这种奇怪的、但显然很吸引人的仪式当中。就像《天方夜谭》中消化不良的哈里发一样，拿破仑召集全体成员去参加他举办的宴会，只要求他们好好享用。但是，我们可能会自然而然地怀疑其中有弊端：拿破仑的这种行为，用朴实、通俗的比喻来讲，就像父亲给了儿子一个机械玩具，却不允许他自己去玩。或许这就是为什么他家族中不断有人放弃权力和职位，去过自己想要的生活。现在我们来说说吕西安

（Lucien Bonaparte）[①]，在波拿巴家族中，他拥有最聪明的头脑和心思，因此自然也深得皇帝的器重。在拿破仑的大业面临急弯之时，是吕西安帮助他调整到了正确的方向；吕西安在圣克劳德（St.Cloud）发动了第一次政变，比拿破仑还要更早。虽然吕西安娶的是下等人，有损于家族利益，不是波拿巴家族，而是拿破仑家族（如果你不介意这个说法的话），但是吕西安仍然是一个优秀的反拿破仑的民主主义者。正因为如此（其他任何原因都不足为信），拿破仑不念兄弟情分，将吕西安发配，并要和他断绝关系；尽管他曾经说他们"血脉相连"。

为了巩固法国的君权，拿破仑不得不继续征服欧洲，他的厄运也因此到来。我反对把这段经历描写成精彩绝伦的剧本，因为它只是可怜的事实。除此之外，还有一些细节，比如，塔列兰（Charles Maurice de Talleyrand-Périgord）[②]的叛变让拿破仑一度陷入险境。在法兰西帝国稳定建立之后，发生了西班牙战争和其他许多战争；不管其中有多么复杂的动机，重点还是为了占领更多的王国封邑，而拿破仑也通过他的家族成员，寻找着权力的快感。

---

① 吕西安·波拿巴。法国科学家、政治家。拿破仑的三弟。五百人院议长。

② 法国外交大臣（1797—1807，1814—1815）。曾任主教。1789年法国大革命爆发时，为制宪议会代表。被教皇开除教籍。1797年起历任督政府、执政府、第一帝国和复辟王朝初期的外交大臣；出席维也纳会议，利用同盟国间的矛盾，提出"正统主义"原则，改善法国地位。1830—1834年驻英大使任内，力促英、法接近。其外交生涯以权变诡谲知名。著有回忆录。

其中最具代表性的当属对莫斯科的攻击，几乎是重复了前一章中查理十二世的奇怪冒险经历。在他的埃及远征中，在他们以逃亡为目的表面和不光彩的相似性之下，我们不难看出，它的不同之处在于根本没有浪漫或书本的感觉。现在我们所看到的拿破仑，已经停止了他的冒险生涯，不顾一切只想要保护自己的所得。我想，这个神一般的人物不再是高高在上，且不管雨果对他评价如何，从此以后，他已成为凡人。

　　这个神奇的阶段，可再次用我们之前所设想的冒险"弹道法则"来解释，如果仅从心理层面来计算的话，其时间应该是从拿破仑离婚、再婚，尤其是1811年儿子出生时开始。约瑟芬的命运是一个典型的情感主题，就像勒达（Lēda）①的雕像一样，令人唏嘘。事实上，妻子，既不是母亲，也不是情人，除非是在最高的艺术领域，是整个世纪的神圣崇拜，并一直延续到我们这个时代。拿破仑的这位妻子，至今人们仍对她有神秘的膜拜。在我看来，一个女人从婚姻中得到单方面的权利，从来就不美好和神圣，也从来就不是毋庸置疑的。所以约瑟芬与拿破仑离婚，她失去了皇后的地位，得到了丰厚的赡养费，让许多善良之人流泪，但我没有，因为她不但未给丈夫诞下子嗣，甚至连基本的忠贞也没做到。取代她位置的奥地利女大公玛丽·路易斯，青春美貌、懂得礼节，能够生育后代，虽笨拙却没有心计，很快她就给拿破仑生下了一个儿子，这也是拿破仑毕生最大的目标，他立刻封此子为罗马国王。

---

　　① 希腊神话中的仙女。一次在河中洗澡，主神宙斯化为天鹅和她亲近，她因此怀孕，生美人海伦。

我不打算像颅相学①家那样再去分析拿破仑对子女的爱，只是孩子让他永生不朽的愿望有了实现的可能性——若他能建立一个王朝，那他的子嗣便可永生永世成为国王，代替他统治未来。和约瑟芬分离，拿破仑还是伤心的；但新妻子也让他神魂颠倒。以至于据说在妻子分娩时，拿破仑下令，如果发展到了一定要在妻子和孩子之间做选择的情况，一定要让母亲存活下来。毫无疑问，拿破仑心里想的是，她会给他生更多的孩子，数量足够去统治全世界；不过对他这样的人来说，能做出这样明智的决定也实属不易。

　　但正是这种隐藏着的父性光辉让他想要结束自己冒险的生涯，不幸的时刻也随着时间的流逝逐渐逼近；神灵也被冒犯。这个时刻之后，一切都不可思议地往坏处发展，就像之前一切事情都向好处发展那样。拿破仑的命运从此逆转，就像在航行中的风向一样改变了。

　　接下来是俄国、莱比锡和厄尔巴岛。法国恢复了以往的国界，也复辟了波旁王朝。玛丽·路易斯携子与他分开，她所表现出的顺从和冷漠，一如当初她嫁给他时的那样。虽然拿破仑的倒台让他家族遭受损失——却没有尽失财富。事实上，波拿巴仍是当时整个欧洲最庞大和富有的家族。那么我们就不得不提出疑问了，为什么拿破仑不能满足于丰

----

　　① 把人的心理特点与颅骨外形联系起来的学说。德国医师加尔（Franz Joseph Gall，1758—1828）及其弟子施普茨海姆（Johann Gaspar Spurzheim，1776—1832）提出。认为大脑皮质由一系列中枢组成，每个中枢具有一种能力。当某种能力特别发展时，相应的中枢也发达起来，并在颅骨的外形上有所表现。利用专门的方法可以绘制出颅相图，反映出能力的分布发展情况，包括音乐能力、诗歌能力、绘画能力、虚荣心、吝啬、勇敢等，19世纪被广泛用于心理诊断。此说缺乏科学根据，但对后来确立大脑皮质中功能定位的原则起过一定促进作用。

厚的战利品，在不利的环境下安心享受生活呢？在他身上，似乎看不到俄国皇帝那种平庸的理想主义。

在我看来，成功人士一生中所做出的行为似乎都有一种规律性的现象，并被人们看作是一种定律。无论是钢铁般的坚韧国王，还是波拿巴家族的成员，到了一定年纪后，都忍受不了孤独。正是孤独杀死了他们，或者让他们走上了滑铁卢之路。剥夺掠取原本只是刺激他意志的滋补品，却演变成了一种上瘾的药物，他们无法忍受没有剥夺和掠取的生活。即使是管理厄尔巴岛那样的小王国，也需要像管理法兰西帝国一样多的规章制度。想要管理一个理想的农场，需要许多的心理、物质和精神能量，就像在马路边上的人一样多。他的行为缺乏社会利益的刺激和严格作用。在没有观众的剧院中表演，是什么感觉？并不能因为这种事实上对群众存在的依赖，与理论上对群众的藐视并存，是一种明显的耻辱，一种令人愉悦的上瘾习惯。特别是个性和独立是冒险家的本质特点，他们一生都不能对群众产生依赖。拿破仑之所以离开厄尔巴岛，正是由于他无法忍受被剥夺获知公众舆论的权利。

因此，我认为他重返巴黎的这段经历是可怜甚至痛苦的。我知道有些作者将它诗化成如同亚瑟王回归一般。但亚瑟和巴巴罗萨（Barbarossa）[1]只存在于他们的恍惚幻想中。而拿破仑除了能指挥战斗

---

① 旧译"腓特烈一世（红胡子）"。德意志国王（1152—1190），神圣罗马帝国皇帝（1152—1190；1155年加冕）。1154—1186年间6次侵入北意大利，焚毁米兰城；1176年雷那诺战役中败于伦巴第联盟军队。1180年降服萨克森和巴伐利亚公爵亨利（狮子）（Heinrich der Löwe，1142—1180年在位），剥夺其大部领地。参加第三次十字军东征，溺死于萨勒夫河〔Saleph，今土耳其格克苏河（Göksu）〕。

外，并没有艺术细胞，也不懂审美。

而这也顺便能解释，为什么通过一种不知名的密切关系，他的经历会受到一些似乎与他完全不同的人的崇拜。对拿破仑的狂热崇拜是有一个重心的，就像对整个拿破仑时代的润色修饰一样。塔列兰这样有品位的人，也逃不过那些与之密切相关的人的注意。

拿破仑理想对世人抱负的重要影响一直持续至今，因此有必要对此做个简短的总结。我已提过，"亚历山大模仿热"和随即取代它的"拿破仑模仿热"的根本区别在科西嘉人之后，年轻人梦想成为军官，而不是领袖；在拿破仑之后，年轻小伙们都梦想着当军官而不是领导者。同时，在他们的视野中，与工资、规章制度、责任的减轻相联系的，是那令人惊叹的奖章和奖励制度，因此极大地影响了人们对雄心抱负的理解。是拿破仑教会了世人，或者说他只是满足了人们的一种潜在渴望，那种希望自己的行为能够得到实实在在奖励的渴望。这是已习惯考试和分数的学生的理想，他们在学期结束时会按照功绩大小进行排序。奇怪的是，和男性相比，这种思维模式在女性中更为常见；她们希望有一个永远不会出错的裁判，能够精确评判衡量她们的工作，然后分级别记录在奖励表中。他叹了口气，"就是为了得到承认"。但是，如果你不需要一个带着他的一大包绶带、条纹和军衔证书的拿破仑，做你的裁判，你可以随自己喜欢，给自己设定一个审判神或批判家的人设。

在这方面，荣誉军团勋章是拿破仑最好的发明了，并且经过历届政府的改革仍屹立不倒。这是拿破仑让资产阶级实打实地为此买单，他发现他们可怜地坐在成功的身旁，不知该何去何从。作为一种制度，它与那种模仿性的，在很大程度上在文字层面上的对"出身"的渴望联系在一起，在毁掉了贵族之后，资产阶级也将目光投向了"出身"。对绝大多数中产阶级来说——为什么没说全部？——这是显而易见的，甚至需要更详细地说明。对于中产阶级市民来说，无论他是法国人、英国人还是美国人，这都无关紧要，因为他不仅渴望地位（这是出身的形而上的同义词），而且更渴望发现自己是一个好家庭的后代。怎么形容这种微妙的感觉呢，就是拿破仑时期的资产阶级，宁愿发现自己是某个已经消亡的贵族的旁系后代，比如是这个家族三百年前逃到巴尔的摩的次子的后代，也不愿意定期排队去争取贵族爵位。

与之相关的，毫无疑问，便是拿破仑的民族主义概念，即使这个概念不是他发明的，那至少也是由他介绍到现代社会中的。拿破仑优秀的拥护者拜伦，自然是对此倾注了许多感情，但我们还是公平地来看看这场奇怪的运动对世界的改变。这里再次强调，传奇故事，或者说诗意的感觉是集中在鲜为人知的、较为年轻的分支上。一些人以自己是犹太人为傲。但是当考古学家说他们是斯洛伐克人时，数百万人都愤怒发狂了；对那几百万人而言，能让他们安慰和激励的是，他们的曾曾祖母是个吉卜赛人。说到底这就是诗情，中产阶级的诗情，是旧账的迷人魅力，将旧的条目和旧的要求继续下去。伟大的荣誉簿记制度、第一本社会登记册、荣誉军团金书，这是拿破仑最重要和最巧妙的社会方法之一，也是留给我们所有人的遗产。

这也许就是拿破仑那句"我为革命"的最深层含义。革命是中产阶级的革命，而拿破仑是它的先驱者和实行者。他一直是这场革命的忠实拥护者。当他所需费用增长到了难以负荷的程度，那些伙伴只好与他分道扬镳——读夏多布里昂（Chateaubriand）①的书，似乎是他失败的根本原因是。当他从厄尔巴岛回到法国时，就像是一个厌倦了高尔夫的股票经纪人，他对法国士兵说话的方式，不像是个普鲁塔克式的英雄，而是像一个回归的管理者那样循循善诱。他在格勒诺布尔（Grenoble）②说："你们要杀掉自己的老将军吗？如果是的话，我在此恭候。"士兵们没有这样做。

这难道不可敬又可悲吗？当然，这是我个人的想法。拿破仑生命最后的日子里，被惠灵顿打败，又被哈德森·洛威③看管，仿佛一个破产的旧公司管理者那般悲惨。多亏了巴尔扎克，我们才能知晓一个国王死亡的命运竟也可以如此充满戏剧性。但其实拿破仑早就停止了冒险，早就不属于我们所关注的这个队列。因此，这位身材结实的绅士落入了残忍债权人之手，处境非常艰难，我们还是放过他吧。

---

① 法国作家。法国浪漫主义文学先驱之一。出身贵族。在法国大革命时期拥护波旁王朝，曾参加保皇军，后逃亡英国。1811年当选为法兰西语文学院院士。王政复辟时期曾任内政大臣、驻外使节、外交大臣等职。1797年发表《革命论》，对法国大革命进行思考，充满怀疑和伤感。主要作品《基督教真谛》，宣扬基督教是社会秩序和道德的支柱，揭示历史进程中的基督教真谛。其中的中篇小说《阿达拉》《勒内》，通过主人公所经历的苦难以及情欲与宗教信仰的冲突，宣扬基督教精神对人类、对社会的改造感化作用。另一部重要作品《墓畔回忆录》则讲述其充满动荡的一生，文辞华丽，体现了在历史新旧时代交替的时刻，个人内心的痛苦。

② 格勒诺布尔，法国东南部城市，是阿尔卑斯山山区交通中心，被誉为"欧洲的硅谷"。

③ 他以圣赫勒拿岛州长的身份而闻名，在那里他是拿破仑皇帝的"监狱长"。

《1797年意大利战役期间的波拿巴》，现藏于凡尔赛宫

第八章

路奇乌斯·塞尔吉乌斯·喀提林

（Lucius Sergius Catiline）

《西塞罗发表谴责喀提林的演说》，切萨雷·马卡尔（Cesare Maccari）作

到目前为止，本书中的人物只是松散地按照时间顺序来排列。不过为了使主题更加突出，这里必须得有重大突破。正如在比较解剖学中运用古生物学那样，所以在拿破仑这个罕见例子中，我们很自然地要查阅古罗马帝国时代大量的人文典籍，以找到一个解释性的对比。因此，我们才要说说喀提林，他是世界历史上最有趣的可能性之一。

　　事实上，喀提林并非开创，而是继承和发展了对政治冒险的研究：当你找到那些旧世界中形形色色的人物时，他们往往并不陈旧过时，也并非只是古文物研究中的脚注，相反，他们的时髦现代令人震惊，至少是让人惊叹。比如，拿破仑和喀提林，后者那位两千年以前的罗马人就并不过时，他的时代和他的城市也不过时。如果在今天，喀提林的冒险几乎没有任何地方可以安身的话，那它很可能属于未来。比如，对那些不被奢靡所迷惑的人来说，美国和基督教诞生之前的罗马有相似之处。在他们看来，有电话和没电话的生活并不像行星般的距离那么遥远，而且每隔十年，这种相似度都会惊人增长。如果说现在的美国是历史上的古罗马，不免过于牵强。但如果说一百年后，它们将变得格外相似，则是个极有可能的聪明假设。

　　在那里，统治阶层十分富有，他们开始变得十分放纵，不过他们的活力、组织天赋、勇气和坚韧并未减少，这些都是他们征服已知世界所必需的。在这些贵族身后，有一群来自地中海彼岸的移民，他们出身高贵却贫困潦倒。这群人有着半诗化的家谱，同样能言善辩，他们的道德理想质朴土气，他们崇尚农业并且将节俭和诚信放在首位。与他们的权力相抗衡的，主要是一个新兴的中产阶级，这些人仍是清教徒，包括乡绅和城市商人。在这个阶级之下，是庞大的无产阶级的基本雏形，包括已投身于早期工厂系统的战时奴隶、无地的士兵、农奴。此外，还包括围绕角斗士表演成长起来的危险的地下世界。在喀提林登场前的若干年，这个地下世界已开始参与到斯巴达克斯的事业中。这位色雷斯人的奴隶和其他七十名奴隶一起，从角斗士训练学校中逃跑出来，并且在极其短的时间里，他便成为一支七万人大军的首领，这支军队由逃跑的奴隶、贫穷的农民、走私者、残兵败将和各种各样的强盗组成。共和国费了很大力气才把他打垮。

因此在这个杂草丛生的城市里，存在着最伟大、最鲜明的反差。山上矗立着百万富翁们熠熠生辉的宫殿，"他们太有钱了，"喀提林在一次演讲中说道，"他们浪费金钱填海平山、连接宫殿，他们购买画作、雕塑和浮雕版，尽管他们用了各种方法挥霍滥用，却还是无法将财富耗尽。"在他们周围，是一望无际、错综复杂的街道，宽阔的人行道、公共花园——各种各样可以想象的街道景观，都是世界上的权力、财富和产业的集中所创造出来，经历了数个世纪的修建和衰败。罗马人口巨大，人满为患，不论从社会学还是地形学的角度，都可以分为最高世界和最低世界，两个世界彼此相互渗透。这个城市中，最大的丑闻总是层出不穷；在不少重大案件中，都会牵扯到大人物，不仅涉及受贿和勒索，也包括谋杀和恶行。许多在喀提林故事中的贵妇人都与下层社会的人渣、暴徒、勒索者、妓女、囚犯和非法为人堕胎者有着密切的来往；但是，就像我说过的，在这糜烂之中，一个有着强硬力量的不寻常人物占了上风。古罗马犯下的罪孽，远比雅典、亚历山大港、孟菲斯，又或者过去任何一个伟大的城市更多更深，但在其堕落的过程里却没有丝毫缓和。它从始至终是一个沸腾的熔炉，而不是一摊污水。

这样的步伐自然不是每个人都能跟上。许多贵族家庭虽仍保有特权，但他们的栖身之所，却已完全毁灭。在那个时代，除了道德家之外，所有人都认为债务是最大的瘟疫。当时的信贷系统还不成熟。一些大家族不但分文不剩，还背上了比他们曾经所拥有的财产还多的债务。

五十年前，这样的情况还是可以挽回的。靠家族威望得到一个好的州长职位，可以用来产生收益，脱离主流群体，足够在几年里在罗马从头开始。现在，这样的把戏已经开始不管用。首先，起诉的可能性越来越大，在这种情况下，贵族阶级的宿敌往往通过他们著名的律师——西塞罗（Cicero）[1]等人而胜诉。其次，那些设法保全自己的家庭，往往想把最好的东西据为己有，因此上层阶级必须集中精力，把跟不上他们步调的成员除掉。

---

[1] 古罗马政治家、雄辩家、哲学家。出身骑士家庭。早年在罗马学习法律、修辞和哲学。公元前63年任执政官；发表演说反对喀提林"阴谋"，施以镇压。前51年任奇里奇亚（在小亚细亚）总督。"内战"时期追随庞培反对恺撒。恺撒遇刺后致力于恢复共和政体，连续发表反安东尼演说，居元老院首席。后三头同盟结成后，被杀。在哲学上，主张综合各学派的学说，因此被认为是古代折中主义的最典型的代表。第一个将古希腊哲学术语译成拉丁文，迄今多所沿用。在政治思想上，认为由君主、贵族和民主派三种成分联合组成的国家是理想的政治，而当时正日趋崩溃的罗马共和国就是这种理想的实现。在教育上，认为最终的目的是培养有文化素养的雄辩家，训练的方法在于实地练习。著作多种，今存演说、哲学（《论善与恶之定义》《论神之本性》等）和政治（《论国家》《论法律》等）论文多篇，及大批书简。其著作资料丰富，文体通俗、流畅，被誉为拉丁语的典范。

堕落的喀提林就是其中之一，他完全没有意识到被挤出上层阶级的危险。他的生活就是那个时代快节奏年轻人的典型写照；也就是说，他疯狂地大肆挥霍，又卷入几桩不体面的案子，他借了一大笔钱，根本还不上，所以到了三十岁的时候，他唯一的希望就是得到一个富有的总督职位，而这种职位现在已经非常难得到。此外，他曾有过这么一个职位，却被弹劾定罪，赶下了台。不过这并不妨碍他再去寻找另一个职位——毕竟罗马可没有那么神经质——当然，杀死姐夫的重大嫌疑，甚至在苏拉政变期间他对败党的残酷迫害，也都不会对他寻找新职位产生什么负面影响。奇怪的是，在罗马，对他最不利的事情可能是他勾引了一位维斯塔贞女（vestal virgin）①，而这位贞女恰巧又是伟大的西塞罗的小姨子。维斯塔贞女可以算是唯一能让罗马社会多愁善感的人物了；这也是很典型的。

　　但是，即使以现在对他那个阶层和时代年轻人的标准来衡量，喀提林也没达到，可却不足以将他与成百上千个其他放荡不羁的年轻浪子区分开。因此，我们必须仔细研究他的性格，才能找到造成他臭名昭著和备受关注的主要原因，如果可能的话，还可以找个词语来形容我们所发现的有关喀提林的显著特征。

　　罗马的统治阶级，即贵族，是一个富有、聪明、有活力的寡头政治集团，和欧洲的任何一个贵族相比，也许它更像是一个在纽约社会名册上登记自己成员的群体。

---

　　① 古罗马炉灶和家庭女神维斯塔的女祭司。

它巧妙地设计成坚决反对君主制，却又同时恪守世袭制。即使"贵族化"这个词有许多的含义，我也并不认为能轻易用腐败堕落来描述它。贵族通常是古老名门望族的后裔，他可能是一个有品位且尊贵的人；但这些品质并没有涵盖这个词的内在意义，而只是可能的推论或者是重要的结果。让我们换个角度来说，一个人即使有钱有势，他仍然受到欲望的支配，既想增加自己的财产，又想保存他所拥有的，这是人之常情。他性格中的这条潜在原则，决定着他对社会生活的绝大部分反应。如果一个人很穷，哪怕他没有什么财产可以保存（这种情况即使在吉卜赛人和流浪汉中也很罕见），至少他一直都会有获取财富的强烈欲望，而他之所以能遵守秩序，或许是因为他智商不够，或者畏惧法律、道德或刑罚，更多时候也许是某种惰性。然而，在这个普遍的多数中，存在着一种基本的相似性，这种相似性可能与一个无限小的群体的相似性是相反的。在这个群体中，这种双重本能要么是不存在的，要么是经过了如此深刻的修改，以至于它看起来像是存在的。虽然对财产的本能似乎是普遍且不可战胜的，但还有另外一种自然力量正好与其相反，这就是习惯的力量；持续的使用会削弱一个人为了生活本身的欲望，甚至就像萧伯纳所奉献的三部曲那样。也就是说，绝大多数人所渴望获得和保持的东西，比如地位、权力、职位、财富，当一个人对这些事物已经如此习惯的时候，他会完全失去对它们的欲望。这种情况虽然不常见，但却是可能的。就像已经开始吃餐后甜点的客人不会再去关注宴会主食那样，他对这些事物的态度，也是如此。

　　正是因为这种至关重要的态度，我想我们应该保留"贵族式感觉"

这个名称。这是一种精神上的满足，显然它不可能出现在那些自己创造财富的人身上，正如人们所说，"这些人知道钱的意义"；但这种感觉对出身于世家的贵族后代来说，也许是与生俱来的，他们从来不缺乏任何欲望或野心，也从不满足于任何欲望或野心。此外，世袭名的特殊情况还有一件事是显而易见的，而且是一笔巨大的财富，持有者是永远不会失去的：头衔本身及其不可磨灭、不可剥夺的声望。无论一位英国公爵的财富发生了什么变故，有一件事是他永远也挥霍不掉的，并且会一直使他备受羡慕和尊敬；当然，18世纪的纯粹主义者会对这种纯粹的"贵族式感觉"产生怀疑。但撇开这些细节不说，我认为，贵族最常见的烙印，是慵懒、蔑视、厌倦以及荣誉准则，这一切都是通过分析来解释的。

然而，尽管这个奇怪的结果为所谓的"真正的贵族"增添了几分迷人的光彩，使他的言谈中隐隐流露出一种高尚的气质，但我们还是应该英明地看到他身上的巨大危险之处。事实上，遇见一只饱腹的老虎要比遇到一只饥肠辘辘的老虎好得多。但在社会生活中，贵族的可能性不可能永远都是装饰性的、或令人安心的；接下来这位"完美贵族"喀提林的例子正是如此。

在古罗马时期，与其他的市民相比，喀提林和他的同类们很自由，他们不严肃，也没有受到有益于道德的伟大结合质的影响，这种结合质使人类在平静与担忧中团结在一起。

喀提林的性格吸引了一群人，构成一个合适的小团体。其中有与他地位相当的年轻人们——比如格涅乌斯·庇索（Cneius Piso），"一位出众的、果敢的年轻政治家"；昆图斯·库里乌斯（Quintus Curius）[1]，因为赌博行骗和放荡败家被剥夺了世袭的参议院席位；绅士普布利乌斯·奥特罗尼乌斯（Publius Autronius）[2]，他也曾有公职，但和喀提林一样因为贪污而获罪；卢修斯·卡修斯·朗吉弩斯（Lucius Cassius Longinus），他长得很胖，曾与西塞罗竞争过领事职位；除此之外，还有许多地位更低或没有职位的人。

虽然喀提林没有固定的收入来源养活这群人，因为他早就将自己和妻子的财产耗尽，还欠了一堆债务，但无论他到哪儿，身边都跟着一群追随者，这些人来自下层社会，更多的是犯罪阶层，比如逃亡的角斗士和拳击手、犯罪嫌疑人，他们保护着喀提林，同时也被喀提林庇护着。

自从在法庭上陷入麻烦，喀提林就接着玩弄权术；他甚至宣布要作为"人民党"候选人，与西塞罗竞争夺政官职位。他开始与一个镇上名叫奥里莉亚·欧蕾斯提拉（Aurelia Orestilla）的名媛纠缠，"在她的一生中，除了美貌，没有一位好男人赞美她。"撒路斯提乌斯（Sallust）[3]严厉地说。不过，或者说是因此，她拥有了一笔巨大的财富，喀提林便娶了她；按照他敌人的说法，结婚前，喀提林毒死了自己的发妻和儿子。

---

① 昆图斯·库里乌斯和他的情人福尔维亚参与了为西塞罗监视喀提林的工作。他们一起向西塞罗提供了关于喀提林召开的两次会议的信息，透露了其革命计划。

② 罗马共和国后期的一名政治家，曾参与喀提林的阴谋。

③ 古罗马著名历史学家。主要作品有《喀提林阴谋》《朱古达战争》等。

《西塞罗谴责喀提林》，吉尔伯特·阿博特·贝克特（Gilbert Abbott Beckett）的《罗马漫画史》中插图

那些被他吸引来追随他的年轻人，开始以各种方式走上邪路，比如作假证人和伪造签名。"他还教导他们，要对荣誉、财产和危险毫不在乎，要像他一样邪恶残酷。"

　　选举彻底失败后，有了奥里莉亚新的资金支持，喀提林又开始组织他的庞大计划。也许，这个由犯罪阶层实施的洗劫罗马计划，在他的脑海里有好一阵子了。就他们的能力而言，这些人物对最贫穷和最卑贱阶层的人们怀有一种感情。我怀疑，任何类似怜悯或同情的东西；通过某种晦涩术语存在于他们的绝望和他的冷漠中。喀提林对下层社会饶有兴致。一想到要在一个血流成河的夜晚，让他们在可敬的市民、步履沉重的资产阶级的店铺、自己的亲戚和熟人的宫殿里肆意放荡，这种场面更是令喀提林兴奋不已。如果你愿意，还可以去探究一下他密谋这些事情的私心，不难发现，喀提林伟大"计划"的主要纲领之一，就是"所有债务全部豁免"，这个计划后来被他的一个知晓内情的情妇泄露给了政府。喀提林欠的钱可是比绝大多数人都多。但说到底，整个情节不过是一场阴险的闹剧，煽动众人打打杀杀，是一个无底限的人对恐惧景象的期待。这是一个失去了人类贪婪本性，而变得毫无人性之人的恶行。

　　然而，尽管这个计划听起来很疯狂，从理论上来说，并非毫无可能。在罗马，他计划要利用的下层社会的人民基数非常之大，他们非常顽劣，也很玩命，并且对喀提林很忠诚。其中，最严重的好战元素就是那些久经沙场、令人讨厌的苏拉（Sulla）麾下的退伍士兵；他们早已把服役补助金花得精光；这些可怕的退伍军人在大屠杀中可不会有任何怜悯仁慈。与他们同行的，是被称为搏杀专家的角斗士和逃跑的拳击手，他们可是被凶残的行家千挑万选出来的，胳膊上被残忍地套上兽皮和钢铁制成的罗马指节金属环。这个城市中与他们在一起的，还有数不清的人群，这些人很有可能出身并没问题，却被罗马军团的优越纪律所排挤和压迫，这些忧郁的异族人身怀仇恨，对美好时代的记忆可以消除掉他们所有的怜悯或同情之心。此外，还有众多绅士和各种商人，他们在这个繁荣时期迷失了自我、失去了家园和希望，而他们的对手却因此富得流油。还有一大群野蛮的亚洲人，他们因为宗教犯了罪，这群人也会跟着突击部队，虽然他们的忠诚和胆识令人怀疑，不过如果事情进展顺利的话，也不失为一股强有力的帮凶。

在罗马之外的广阔帝国土地上，情况可能更为有利。我不是说那些遥远的省份，那些省份里有着像喀提林一样贪婪无情且腐败之人，因为他们的征服，逼迫所有高尚勇敢的人成了他们在亚洲、非洲和高卢不共戴天的宿敌。凡是实行罗马标准的地方，所有民众都是天生的战士，只是他们内心有所畏惧，他们所缺少的，不过是一个领导人或者一个机会。事实上喀提林的朋友庇索已自封为西班牙统治者，拥有完全的军事权力。他是喀提林计划中的重要一环。此外，北非毛里塔尼亚的统治者，名叫普布利乌斯·西提乌斯·弩瑟里弩斯的贵族，也是喀提林的同谋。在有着意大利背景的地方，喀提林还有大量的同伙，特别是伊特鲁里亚(Etruria)[①]，在那里，大量的从欧洲过来的人们，心怀愤恨，深藏仇恨，穷困潦倒，只要有一丝机会，他们完全会向征服者报复。

---

① 亦译"伊达拉里亚""埃特鲁里亚"。古意大利地区名。位于意大利半岛西北部阿尔诺河（Arno）、特韦雷河（即台伯河）之间，约当今托斯卡纳（Toscana）。

有了这一切——再加上喀提林的天赋，他深知如何运筹帷幄，他的组织能力不亚于他阶层中的高级指挥官，他将自己的天赋和能力运用得淋漓尽致——于是便有了数量巨大的秘密同谋者。据说，当然这个说法不可信，马库斯·李锡尼·克拉苏(Marcus Livinius Crassus)[1]，这位将和庞培、恺撒一起并列三雄的执政者和世界统治者之一的人物，也参与秘密计划之中。可能只是克拉苏，而不是恺撒本人，虽然众所周知，因为对百姓的慷慨援助令他深陷债务，而且恺撒的许多敌人也宣称，在喀提林计划还处于胚胎期时，他对此是知情的，所以他至少应该感到愧疚。

撒路斯提乌斯声称，他能够把喀提林在主要反叛者会议时的一次演讲记录下来。不论它的真实性如何，至少它点燃了那些听从他的年轻贵族们的情绪。喀提林说："自从政府的权力和审判权落入少数人手中，国王和王子们就放弃了让全世界向自己朝贡的习惯；国家和地州向他们纳税。但我们其余的人，不论多么勇敢和有价值，不论是贵族或是平民，都被他们仅仅当作是暴民给关起来，被他们踩在脚底，根本无足轻重。如果一切顺利，我们就能把他们吓得魂飞魄散。因此，所有的影响力、权力和利益都在他们手中，在他们的天赋之中。而他们留给我们的，只有冷落、威胁、迫害和贫穷。士气高昂的同伴们，你们还打算忍耐多久？与其在贫穷和默默无闻的悲惨境况里忍受他们的傲慢，不如死于改变现状的尝试之中，难道不是更好吗？"

---

[1] 古罗马军事家、政治家、罗马共和国末期声名显赫的罗马首富。

"但我发誓成功会很容易。我们年轻，我们的精神不会被打倒。而我们的压迫者只不过是些老朽的百万富翁。因此，我们只需要开一个头，剩下的一切自然会水到渠成。"

不过，这份针对外围同谋者的动机声明并不完整，仅把希望寄托于把各种荣誉和利益重新洗牌，几乎没有涉及他内心隐匿的恶意，没有提到他想要毁掉稳定性的欲望，因为这让他感到厌烦。这样看来，贵族喀提林只向少数几个人展示过他的完整计划。他的计划不仅包括废除所有债务，驱逐所有富裕公民——即公布一份名单，悬赏名单上所列之人的人头——还有"重新分配官职、共享祭司的尊严、抢劫，以及战争和胜利者所能感受的一切满足和喜悦"，此外，还包括火烧和洗劫整个城市，当然这点并未公开。

事实上，这位年轻人利用了所有人，从那些听过他关于免除债务的雄心勃勃演讲的年轻贵族，到地位最卑微的恶棍流氓，他承诺他们可以肆意抢掠。他们不过都是喀提林实现自己真正意图的工具而已。正如一个倍感无聊的邪恶男孩，会将自己不再感兴趣的昂贵玩具烧掉，然后观察那些送玩具给自己的人们的表情，这让他觉得非常开心。这位贵族已沿着相反的方向，带着相反的动机。他们会摧毁政府，烧毁罗马，因为他们相信人性本善；善恶、艺术、道德、富裕、贫穷、法律、警察与罪犯，全都在熊熊烈火中一同爆炸燃烧，在他看来，这样的景象着实好玩。这是尼禄主义式的冒险：当所有人们通常指责的和贪念的东西在心中枯萎之时，破坏和毁灭的本能却微笑地走过来。

现在，让我们回过来看拿破仑的冒险，很明显，二者虽然从外在来看有相似之处，但这两次政变、两个阴谋和两次篡位还是截然不同：

拿破仑对生活的巨大热情和永不满足的欲望，是极其保守且有建设性的。他将自己奉献给那些拥有的人，把他们和他们的财产从暴徒国王的混乱中拯救出来；然后，受自己贪念的驱使，他试图建立一个世界王朝，却让自己走向毁灭。这就是他的结局，但他留下的碎片足以建起一个新欧洲。因此，他的人生是一场生命的冒险，并因此曾带来数百万人的死亡。而喀提林的冒险则是死亡的冒险，通过恺撒，顺带建立了罗马帝国。喀提林的武装力量很容易计算，现在我们得转向另外一个方面，测算这个可不太容易。谁能描述这样的一个重量呢？这个重量能遏制喀提林和他的匪徒；这是罗马人民组成的重荷，很早以前便不知不觉地从他的年轻贵族同伴转移到新兴中产阶级，也就是新新人类。事实上，这些罗马市民和乡绅几乎没有贵族气息：他们有基本常识、喜欢工作、钟情于低劣的艺术，他们有良好的道德，喜欢赚钱，也喜欢发表简短的演讲。他们坚定团结，坚信应该付账和讨回债务。如果你去参观梵蒂冈美术馆的罗马人半身像，你就能看到他们长什么样子，他们是脸腮光洁，显得有些愚笨，却很有尊严。他们与现今明尼阿波利斯市的成功商人有惊人相似。他们当时的领导人，便是那位"光荣的无名之辈"——马库斯·图利乌斯·西塞罗，或者翻译过来的话就是"鹰嘴豆"。对喀提林这样的人来说，这一盘食物真是坚硬得难以消化。

这位腓力斯丁人（Philistine），注定是那位凶残的波希米亚人冒险路上的障碍，在中世纪他拥有的荣誉超过了他所应得的，拉丁学者们将西塞罗奉为神明——也许是因为他的那些幸存下来的文学作品比较容易理解——但在我们这个时代，却不那么合适。鄙视他已成为英国校长们发起的一种时尚；人们从他的演讲和信件中挖出许多虚荣浮夸的痕迹，把它们拼凑在一起，便成了一个可笑的、臃肿的老头儿的画像。所有这些都是不充分的。当然，他是中产阶级，也许有点过分，这被称为"准中产"。不过在重大时刻，诸如诚实、美德、正义之类平淡的事物却是非常重要的字眼。西塞罗的生命和死亡证明，他的确相信这些东西。至于其他，如果他身着白色盔甲骑马出现在战神广场（Campus Martius）^①，那么他便离开了自己的位置，因为他根本不是士兵，而是一名律师。在那个伟大的夜晚，他手里拿着一支长矛，和其他的市民、他的同辈们一起走在火红的街道上，他很可能会给那些不愿让他们离开的邪恶角斗士、皮条客和喀提林的暴徒留下不同的印象。

据说，喀提林被西塞罗的演讲打败了。这么说也有道理，在此之后的很长时间，众所周知，喀提林和他的朋友们正在准备对政府发起攻击，可人们表现出的冷漠态度要大过同情怜悯。甚至那些坚定的和平阶层，虽然他们自己不知道，但注定要为喀提林寻找乐子的秘密想法付出大部分代价。这是一个满腹牢骚的时代，没有人对贵族元老院的统治感到满意，事实上几乎每个人都想通过愉快的方式做点改变。正如之前所说，克拉苏和恺撒被普遍认为也参与其中；只有西塞罗清楚地看到，这并不是一场政治风波，而是一场骇人听闻、近乎疯狂的犯罪。因此，他采取的第一个步骤，就是将他所知道的事情宣传出去。为了得到一个更高的谴责对方的平台，当喀提林入选一年一度的执政官候选人资格，成

---

① 位于意大利罗马，在古罗马时期是一个公有的地区，占地约2平方公里（约600英亩）。在中世纪，战神广场是罗马最为人口稠密的地方。

功实现了他的第一步时，西塞罗也参与竞选，同他竞争。另一位候选人是凯厄斯·安东尼厄斯（Caius Antonius），他属于温和派。他是如此温和，以至于喀提林曾与他秘密协商，要求他采取中立态度，后来这件事被曝光出来。竞选活动自然是热闹非凡，最终西塞罗凭借法律上的"花招"剥夺了敌人的候选人资格，使他无法参加投票（西塞罗似乎不相信通过正义和公平能赢得胜利），选举因而落下帷幕。西塞罗成为两执政官之一，掌握着警察的全部权力（通过战利品，他获得了另一位当选者安东尼厄斯的好感），他们两人之间的斗争、贵族与市民之间的斗争，显然是一场殊死搏斗。直到这一刻，喀提林仍然傲慢地坚信他的计划会成功。他那恶魔似的能量被唤醒，在他的住所，每天晚上都有一个接一个的会议；武器也已购买到位，他的军队做好了准备要对罗马和其他省份发起突然袭击。

西塞罗手下的警察们全面报告着各种活动和动向；下层社会颤抖着，就像一张从角落里抖落的网。罗马出现了一种模糊的、大规模的恐惧，这种恐惧常常出现于广阔的东方人类聚集区，因为那里的人们似乎是像蜜蜂一样进行集体思考。不知何故，罗马人民意识到了危险；不过这个阴谋的影响如此深远，除了猜测其内部核心领导人的一举一动之外，别无他法。西塞罗在他的市民同伴中的威望和信任度与日俱增，但他能做的，也只是派遣间谍、恐吓和暗中监视。

此时，一个巨大的优势倒向他和法律秩序党派。有一位名叫昆塔斯·库里乌斯的贵族，此人"邪恶轻浮，完全不在乎自己的所作所为，虽然出身尚可，却陷入罪恶、债务和犯罪之中"，他不是喀提林决策圈中的核心人物，喀提林只是觉得与他志趣相投，而并非一个有用的助理。库里乌斯与一位叫富尔维娅的贵族夫人纠缠不清，库里乌斯的堕落与富尔维娅有很大关系。当时，富尔维娅威胁要与他断绝关系，因为他没钱。她越来越无法忍受他，日渐拮据的生活让库里乌斯没那么自由，于是开始夸夸其谈并向她承诺全世界，"甚至还威胁她，如果她对他不好，那么等将来他没有细说的一些大事发生时，他会有报复的能力，也会有奖励她的能力"。不管怎么说，富尔维娅对金钱有着十足的好胃口，便将这个消息卖给西塞罗的警察；西塞罗得知后立即注意到这件事的重要性。这位迷人的富尔维娅得到厚赏；库里乌斯被秘密逮捕。一番刑讯逼供后，库里乌斯不仅将自己所知道的全盘托出，而且（为了报酬）同意继续待在喀提林那儿充当间谍。

此后，凡是喀提林希望保守的秘密，几乎每时每刻都能被西塞罗掌握。第一个好处就是挫败了喀提林暗杀自己的计划。潜入西塞罗家里实行暗杀计划的人，都是经过喀提林精挑细选的。此后，西塞罗组建了自己的私人卫队。但是，这场斗争仍然势均力敌。喀提林的计划可不是进攻堡垒，而是一个有机体的要害部门都呈纤维式的生长，因此，即使西塞罗能够掌握整个计划和路线，能把所有工具都准备好，他在切割时仍需要非常小心，不能犯一点错，也不能轻举妄动。那些"领事要人"，即恺撒本人以及克拉苏，都有可能被迫投入喀提林的怀抱，他们有着巨大的影响力和庞大的追随者。西塞罗在元老院的地位和重要性，是无法同这些巨头抗衡的。然而每一分钟都很重要。这位下层社会的怪物正在疯狂准备着，即使昆塔斯·库里乌斯都无从知晓他到底何时会采取行动。

现在事件的顺序很简单。喀提林手下有一位名叫曼利厄斯的中尉，此人是个身强体壮的老兵，他负责准备在费苏里（Faesulae）起义，费苏里是伊特鲁利亚的中心，曾经的伟大民族的残存者随时准备在那里再对罗马发起一场战斗。不管是不是曼利厄斯太过自信，还是费苏里的人们让他热血澎湃，一场暴乱的开端便在那里爆发。这给了西塞罗调动自卫队的理由和借口，共和国宣布进入危险状态，西塞罗也从曾对他充满敌意的元老院获得了特殊授权。与此同时，按照惯例，每一个提供情报的人，都将获得元老院的奖赏，"如果是个奴隶——他可以得到自由，外加一百塞斯特蒂厄姆（sestertⅡ，古罗马货币单位）；如果是个自由民——他可以拥有完全的豁免权外加两百塞斯特蒂厄姆"。撒路斯提乌斯继续写道，那时"罗马帝国似乎处于一种极其混乱的状态，虽然凡是太阳所能照耀到的所有国家都臣服于她的双臂，虽然她享有着大量充足的和平与繁荣，可是尽管政府发出了悬赏，尽管参与密谋的人数众多，却没有一个人愿意提供情报，喀提林的大军中也没有一个逃兵"。

事情看起来越变越糟。整个城市既兴奋又沮丧，所有的工作都停止了，忧郁或愤怒的市民们聚在一起讨论着各种谣言；人群围在西塞罗的住所附近，既有一言不发的，也有威胁、咒骂和诅咒他的。

因此，整件事局势都笼罩在迷雾之中。大多数诚实的市民们都分辨不出他们的朋友在哪儿，敌人又在哪儿；这种状态对喀提林是非常有利的。那些诚实的大多数人在其中不能够清楚地分辨出朋友在哪，敌人又在哪；因此，这对喀提林是非常有利的。政党、同谋、误解和妥协，制造出了一个巨大的混乱，以至于完全不知道反叛的中心在哪里。就好像一个罗马市民从窗户往外看，发现街上聚集着一群模糊的暴徒，分不清谁是警察、谁是强盗、谁是政客、谁是看热闹的。在这团混乱之中，肯定有奇怪可怕的事情正在发生，但就是无法分辨出来。一团浑浊沸腾的液体，被处在中心的怪物吐出的墨汁和泡沫搅得乱七八糟。时间所剩不多了，西塞罗必须要拿定主意：单凭权力帮不了什么忙，只会在旋风般的风暴上再添上一层新的骚动。朋友、半熟的朋友、民主主义者、罪犯、疯子和政治家全部掺杂在这群人中，唯一的希望就是一击即中，这一次打击，更像是化学沉淀法而不是手术切口。或者更像是瞄准中心位置撒一张网，使怪物曝光于阳光之下，尽量不要殃及周围的池鱼，以免重量过大把网弄破了。简单地逮捕喀提林势必会引起巨大的骚乱，必须将他揭露出来。只有通过演说家才是最行之有效、也是最紧迫的方式。在这种伟大的解释艺术中，智慧的分析、事实的展示，由于文体、声音和语言的运用而变得白热化，那些蔑视这种艺术的人可能会对这个案例进行思考。现在仅凭一个将军、一个拿破仑、一个英雄，就能拯救罗马吗？只有演说家西塞罗能做到，而且他确实这样做了。他发表的三篇反对喀提林的演说，成为人类文明共同财富中永恒的一部分。这三篇演讲的效果，如同一盏无情的、毫不动摇的探照灯，直接照射进洞穴深处，并一直矗立在那儿；从那以后，即使是最糊涂的人，也能看清楚黑暗之中的一切。西塞罗甚至也向喀提林的支持者们揭露了他的面目。他拎着他的双耳，将他高举在罗马之上，折磨他、征服他，让他变得滑稽可笑。他让喀提林及其阴谋变得简单，让他有勇气坐在面前听他的演说，最后，他似乎也剖析了喀提林的内心世界。

喀提林这位平时里冷酷如冰的人，此刻看起来倒是羞愧难当，显得非常尴尬，他起身回应，却只能咕哝出几句和他一贯风格完全大相径庭的话语，他希望元老会不要对他太苛刻，不要过于草率地相信这一切，他的祖先曾为这个国家做出巨大贡献，作为这样的一个贵族后代，他希望元老会相信，他并不想要毁掉这一切，而出身于新兴家族的马库斯·图利乌斯·西塞罗，也并不是真的想保家卫国。话音刚落，仇恨和轻蔑的喊声向他涌来，人们高喊着"叛徒"和"敌人"。喀提林厉声叫着自己一定会报仇，不过他的声音很快被淹没，然后他便离开了会场。

他从罗马匆匆逃往伊特鲁利亚的曼利厄斯的营地。西塞罗和警察并未阻拦他；因为他们的整体目标是要将他孤立起来，要将他与他所有的支持势力分割开来，再狠狠打击。

警方精心设计了陷阱，巧妙逮捕了喀提林留在罗马的一批负责人，包括伦图鲁斯、塞台居斯、斯特提鲁斯、盖比尼乌斯和科帕里乌斯中尉，他们绝大部分都是年轻人，是贵族。他们的犯罪证据都有据可查，并且他们的同伙坚决要采取行动，企图在纵火监狱将他们营救出来。不过，西塞罗继续慢慢地对付他们。这群人享有简易审判的豁免权。

西塞罗不得不在立法机关面前起诉他们。从审判的一个阶段可以看出，西塞罗的处境是多么微妙，所以他完全应该谨慎行事。出具了全部证据后，事实上这群人也都承认了他们的所为，恺撒本人却站了出来（恺撒在元老院议员中的影响力要远远高于西塞罗），要求宽大处理并巧妙淡化事情的严重性。加图（Cato）①是可怕的老"监察官"的孙子，也是传统清教徒乡村绅士的领袖，有着极大的影响力，在这个紧要

---

① 小加图（Marcus Porcius Cato Uticensis，前95—前46）。古罗马政治家。大加图之曾孙。斯多亚学派哲学信徒。支持元老院共和派，反对恺撒。法萨罗战役后去乌提卡（Utica，在北非）。得知恺撒再胜于塔普索斯（Thapsus），自杀。

关头，若不是因为他，整个事件又会再次陷入混乱。毫无疑问，出于自己的私心和野心，恺撒是很希望这种混乱状态继续持续下去。但是加图（多年以后，他像西塞罗一样，也在恺撒的政变中牺牲了）立刻在这位伟大的士兵身后站了起来，不顾他的感受，对他的"温柔软弱"大加讽刺，并且厉声要求对阴谋者们采取最传统的严厉处罚。他说："那么，我的建议是——既然这群叛逆淫乱之徒让国家陷入前所未有的危险之中，既然阴谋者们已经被逮捕，他们也承认试图对同胞们采取屠杀、纵火和其他各种各样的残忍暴行，因此，就应该根据古老的先例来对他们实施惩罚，就应该对有罪之人处以死刑。"

失去了自制力的元老会议员们，不顾冒犯他们尊敬的恺撒，通过了死刑判决。没等他们改变主意，西塞罗手下的警卫便立刻带走了喀提林的同伙们，将他们关进城中最大的监狱里。天渐渐黑了。狱中有一个图利安地牢，是个黑暗肮脏的地窖，大约有12英尺深。到了这个"满是肮脏、黑暗和恶臭凄凉之地，首先，狱卒们用绳子缠住伦图鲁斯的腋窝，将他放入地窖，然后等在那里的刽子手再对他施以绞刑。"其余的人，一个接一个，也是同样的命运。

其实伦图鲁斯自己曾经是执政官。他的家族是罗马最伟大、最有影响力的家族之一，他的死引起了巨大的轰动。喀提林终于借此机会，发起了反抗。他的伊特鲁里亚军队人数众多，但衣衫褴褛，从他挑选的由老战士组成的托斯卡纳爱国者组成的团，到奴隶和恶棍的乌合之众，他们中有许多人除了一根尖木桩、一把大镰刀或一把锤子外一无所有，他们的纪律和武器各不相同，在城外向另一位执政官安东尼厄斯亲率的一小队正规军发起攻击。

交战双方都采用了相同的策略。首先，从大军中挑选老兵组成奇袭队。首次交锋便异常惨烈，双方势均力敌、旗鼓相当，罗马老将较量碰撞的场景一定让喀提林感到十分愉悦。他站在一块岩石下，身边是他最忠实和最有把握的帮手，他高举起一只老鹰形状的标饰或旗帜，那是从很久很久以前一场属于他家族的战争中留下的遗物。不过当他发现战斗陷入胶着状态，便和同伴一起从侧翼投入其中。对方的老兵们早就扔掉他们的长矛和投射物，带着征服世界的短刺刀与对手短兵相接。匪徒和强盗在这里没有用武之地，无论他们多么凶残，因此他们只能在外围对伤者下手，此外，勇敢但毫无经验的伊特鲁利亚市民组成人堤，加上奴隶、牧羊人、小偷、拳击手和逃跑的角斗士，如同奔腾的洪流，在曼利厄斯的指挥下移动着。显然，最终扭转乾坤的是执政官领导的军队，这是一支由重装骑兵组成的豪华骑兵队。他们所到之处，步兵根本毫无招架之力，即使是经验丰富的罗马老兵也会丧命于马蹄之下。骑兵一路狂奔，直接插进喀提林狂热的大军之中。这支著名的下层社会大军，就像狼群一般，一直以来都是爱好和平的市民的噩梦。而此时，骑兵直捣黄龙，让陷入僵局的中心瞬间结束。曼利厄斯、喀提林以及他所有骑在马背上的重要中尉们，几乎同时被冲散，在混乱旋涡中和骑兵匆忙交锋。然后他们都死了。

　　那天发生了一场大屠杀。据记载，喀提林的军队没有一个人幸存下来，而征服者也失去了他们所有最勇敢的人。之后，抓捕叛军幸存者被正规军追杀，军队撤回后，大批警察和间谍又来突袭，不放过任何蛛丝马迹，因为不久之前，这个毒瘤脓疮似乎对罗马、世界历史的摇篮产生了重大威胁。

喀提林的冒险举世无双，其结局也不是不光彩。喀提林死后，他余下的同谋者们，不时在高卢、罗马的贫民窟等地闹一些小动静，但很快就被扑灭了。除了喀提林自己的军队，他最重要的同谋力量是西班牙的新统治者庇索。但就在他想要将自己的部队引上歧途之时，这位野心勃勃的年轻人就被暗杀了；这件事很是蹊跷，因为撒路斯提乌斯说过，西班牙人是个忍耐力很强并且沉默寡言的民族，在此之前或之后，他们都没有过任何叛乱。也许西塞罗秘密警察的势力已经伸到了这里吧。

　　因此，我认为这个年轻贵族的冒险是最令人惊讶的一个。毫无疑问，他主要是被当时的社会势头所征服，各种各样的事件都对他不利，这绝非偶然。这场对共和国的攻击，可以说是对整个文明的攻击，不仅具有不同寻常的性质，而且有着一种特殊的可能性，即一旦再有简单有利的因素，这攻击就有可能重演。一个混乱的政治局面、庞大的下层社会，以及一群失去了所有信仰、责任感和无惧后果的贵族：这些是世界正常进化的基本条件，并不罕见。不过我们对危险或者如何预防这种危险丝毫不感兴趣，我们只对冒险家进行研究，避免任何形式的说教，哪怕是针对像喀提林这样的人物。我们必须客观地来看待这个例子，至于未来的共和国里是否会出现它们的西塞罗或喀提林，那就全凭上天的旨意了。

　　我们一致认为，当把喀提林和拿破仑这样的建设者放在一起时，就能看出，喀提林的冒险是一场死亡的冒险，这点再清楚不过了。从某种意义上说，这更像是自杀而不是谋杀。在烟雾缭绕、堆满尸体的坟堆里，喀提林能为自己找到什么呢？没有一个帝国能从这个计划中获得圆满成功；甚至还没等他在这场决斗中夺魁，他的追随者就已经割断了他

《喀提林尸体的发现》，1871，阿尔西德塞戈尼（Alcide Segoni）作。现存于佛罗伦萨的现代艺术画廊

的喉咙，然后把他扔到长矛上。因为正如塞勒斯特所说，"即使是最贫穷和最放荡的人，也不愿意烧毁他们家园所在的城市。直到西塞罗把一切挑明，他们才明白，喀提林心里想的，可不是抢夺和分配值钱的战利品"。不，就像自杀一样，这是一场厌世的大冒险，而从事这一冒险的人，还有那些知道他秘密的追随者，比如伦图鲁斯等，都是已摆脱了普通人欲望和贪婪的束缚，而这些欲望和贪婪往往是其他冒险家决定冒险的动机。然而，同样的法则和命运之神游戏的相同规则，也延伸到了他们身上，就像那些想要活着的人一样，他们想要死亡。喀提林的运气不比某个拿破仑或某个亚历山大差。神是冷漠的。尽管他的意志和勇气发挥了极大的力量，他的人生轨迹却和其他冒险家一样陡峭。在这种特殊的情况下，他想在杀死他的同胞们之前，先坐下来数一数他的收获，看看他们脸上的惊恐和混乱;这是个错误的时机，也是个奇怪的例子；他沾沾自喜的感觉，原本应该出现在他向外进攻的时候，这让他陷入迷惑。

第九章

拿破仑三世 （Napoleon III）

《拿破仑三世肖像》

列夫·托尔斯泰把伟人描述成"历史的门票",这一巧妙的总结是从大众、民主主义的角度看待历史。仍有追随者支持这种观点。他的意思是只有钱是重要的。数量多和贫穷被认为是人类唯一重要的美德。不过,虽然这教条的神学权威清晰且受人尊敬(这是福佑的必然结果),但保证它的,是我所无法掌控的神秘直觉,而不是任何显而易见的支持。我们接下来要阐述的这个奇妙案例,对历史主动信仰者来说是个试验,因为在这个案例中,有一个人——一位个人主义者真的改变了欧洲历史,不是在小范围地改变,而是偏转了主要的潮流趋势,对我们今天的时代仍然产生着影响。此外,所有研究他的历史学家,无论是少数严肃的学者,还是一些权威的学者的说法,都认为他其实不是一个伟人。

但幸运的是这与我们无关,因为我们在一开始就宣布放弃了所有这些秘密的道德判断。他是一个伟大的冒险家,是我们收藏中又一漂亮臻品。

有些人说查尔斯·路易·拿破仑·波拿巴(Charles Louis Napoléon Bonaparte)是一位荷兰上将的私生子,还有人说他是音乐家或舞蹈大师的私生子。这是件可能具有争议的风流韵事,目的为了诋毁或者贬低他。他的合法地位足以让我们有更加客观的判断;他是荷兰国王路易·波拿巴(Louis Napoléon Bonaparte,皇帝的弟弟)和奥坦丝

[Hortense，博阿尔内将军（Beauharnais）①和约瑟芬的女儿）]的第三个儿子，因此，从他的出身可以看出，他是拿破仑家族的一部分，是拿破仑性格的延伸体，其成长和目的我们之前已经考察过了。不久之后皇帝注意到这个小男孩身上的发展潜力，他既是叔叔又是祖父，他曾经说道："谁会知道我们家族的将来不会在这个有思想的孩子身上？"

路易出生于1808年，因此皇帝除了看他吃小糖果得到些满足外，他并没给皇帝的生活带来太多乐趣。皇帝对他的直接影响也没那么重要。

路易同母异父的弟弟查尔斯·奥古斯特·路易·约瑟夫（Charles Auguste Louis Joseph），即后来的莫尔尼公爵(Comte de Morny)，比他小3岁。奥坦丝孩子的父亲这个身份至少毫无疑问，他就是弗拉奥伯爵（Charles Joseph, comte de Flahaut），一位个性独特的贵族，他自己也是私生子，和塔列兰主教相比，他没有更像一位父亲②。莫尔尼会在后边的故事中出现。

滑铁卢战役之后，奥坦丝皇后被流放到佛罗伦萨，她与她的前国王丈夫发生了一桩丑闻。从那次事件起，她只带着路易这一个孩子。

---

① 亚历山大·德·博阿尔内（1760年5月28日—1794年7月23日），法国贵族，子爵，是约瑟芬·德·博阿尔内（Joséphine de Beauharnais）的第一任丈夫。1794年亚历山大被雅各宾派拘禁，不久被控叛国罪判处死刑。

② 弗拉奥伯爵被普遍认为是他母亲与塔列兰主教的后代，他一生都与塔列兰有密切联系。

她游走在瑞士和德国之间，最后在图尔高州（Turgau）买下阿伦嫩堡（Arenenberg）定居，在这个城堡中可以俯瞰康斯坦茨湖。现在这个男孩9岁了，在这里，他学会了骑马、游泳和击剑，还接受了小班通识教育。他的两位家庭教师都热心于波拿巴主义，其中一个是罗伯斯庇尔的朋友勒巴（Philippe-François-Joseph Le Bas）的儿子，他们传授给他波拿巴主义的奥秘。在这个教义中，革命的慈善事业与浪漫的民族主义或沙文主义相一致，国王的仇恨也会与平民选决出的皇帝拥有的神圣权利和解。路易从未发展出最基本的自我批评的意识。这个时期对他的影响一直保留到其生命的结束。在他12岁之前，所有人，尤其是他的母亲，给他灌输他生来就要继承他祖父位置这一观念，要在他的绝对统治下，让每个人都开心、富裕。此时的波拿巴家族已经开始让他们自己相信他们的使命。

在最易受影响的年纪，勒巴带他游遍了意大利，顺便见识了他祖父和恺撒的胜利战果，最后在罗马拜访了隐居的莱蒂齐亚（Letizia Bonaparte），这使他的人生目标很快达到了那种你可以想象的那种信徒般的狂热。

自从他被依法逐出法国后，这个大部分权力又再次在奥地利手中的国家成为他生活的主要区域。1830年的革命赶走了波旁皇族，散落在欧洲各地的波拿巴王朝众多后人们无疑又燃起了希望。但是，法国人忽略了他们，采用了平庸的解决方案——奥尔良，他们声称只与合法继承人有关，并且心照不宣地使之成为人民的选择。不过，尽管其合理地位很脆弱，但事实上路易·菲利浦·德·奥尔良（Louis Philippe d'Orleans）①是现代国家唯一重要的阶级——资产阶级的候选人；因此欧洲所有现实主义者似乎清楚，他和他的王朝将会继续下去。

所以，路易把任何可以实现他命运的希望推迟，开始从事慈善事业。他不能给人类带来仁慈专制的全部利益，但是他能够帮助他们获得自由带来的微薄利益。因此，他加入了烧炭党（Carbonari）②。

这是一个秘密组织，几代人之后，可能很难理解这个组织。它将最无情、最阴郁的方法，与最温和、最幸福的理想结合起来，通过私人暗杀和街头战争实现"人间天堂"。它的大多数理想的来源是从法国借来的，普选权来自大革命，而民族主义这个装饰品自然是来源于拿破仑。它能力高，分布广，很可怕。加入过这个组织的人，直到太平盛世都没有一个能够在死亡的痛苦下逃脱。在正在备战1848年的欧洲，烧炭党人从爱尔兰到博斯普鲁斯海峡，是由隐秘团体和对社会大众抱之以同情的团体组成。

王子不是仅仅只玩阴谋。直到今天，烧炭党的秘密也并不比耶稣会的秘密公开得多；不过人们知道的是，他们没有容纳高谈阔论之人的空间。1831年，他们在罗马尼亚发动了起义，路易在夺取奇维塔卡斯泰拉纳（Città Castellana）之后被俘。他母亲费了很大劲儿成功谋划，把他从奥地利地牢中解救出来；她贿赂高层外交失败，于是贿赂了地牢守

---

① 路易-菲利普一世。法兰西王国国王（1830－1848年在位），其是七月王朝时期唯一一任君主。

② 译自法语Charbonnerie。法国秘密革命组织。仿意大利烧炭党所建。活动于19世纪二三十年代，旨在推翻波旁王朝。

卫。就这样，他逃到了法国，不知路易·菲利浦是宽宏大量亦或心软，允许他在巴黎待几个月。

安全返回阿伦嫩堡，奥坦丝说服他去休息并读　段时间的书。那时的路易，已经从睁大眼睛爱做梦的男孩变成相当庄重的年轻人，对自己的问题非常严肃。出于某些原因，在他的一生中，他时常沉迷于写作。这段时期，他写出了伟大的作品《政治沉思录》（*Political Dreamings*），这本书引用了许多他祖父的演讲和语录，他用语不太严谨，同时还有些浮夸，对自己的野心（全世界都知道他的梦想），有自己的判断。每位工匠、市民、农民都要生活幸福、满足、自由（不受别国的束缚）；他的余生，也许要为古老国家光荣地死去，因为每个人一出生就得到了祖国的供养。纪律严格的统治者会带来黄金时代，那样的统治者能够真正地代表必要的内部纪律和方向——实际上，这就是早期的法西斯主义。

虽然这本书带给他满足感（而且多年来他几乎一直引用书中的内容，从未让它绝版），但完成这本书之后，路易却离开了阿伦嫩堡。彼时他27岁，还没有陷入爱河。路易家庭收入很低，一直为生计奔波。他第一个情人名叫埃莉诺，是位瑞士歌手。他在担任炮兵军官的时候遇到她。她好像给了他一些救命钱，这种情况在他的生命中重复了多次。显然，这不同于卡萨诺瓦的风格，但在那些身负使命的人身上则很常见，尤其这些事情又是非常私密的。

这是一个缓慢而又平稳的过程，事情的发展也在向他和他在法国的雄心转变。要解释甚至详细描述这一转变，则很敏感微妙，但为了不让人们认为，此后的冒险单纯是一个奇迹而已，我还是要尝试一下。

那些年间，拿破仑传奇在法国的广为传播是一个情感现象，就像一段爱情发展的过程。但是那些被颂扬的群众、国家、选民的最强动机，难道在本性上不是情感吗？在冷漠的时刻，利益先行；所有的严肃事件中，不管是战争和平还是政府更替，只要能听到人民的声音，那声音都如同暴徒吼叫般嘶哑，充满着愤怒、欢笑或热爱。

　　在奥尔良国王执政时，负责的是一个有思想的阶级，他们追求自己的利益，把他们的意志通过武力和策略强加于感情用事的民众身上。那是仅有的，但也是致命的弱点；就像包法利夫人一样，人们被迫与奥尔良家族建立一种类似联姻的关系，这在情感上是难以忍受的。在这种情况下，多情的女巨人四处寻找情人。民主梦想和拿破仑神话出现了。第一个与我们无关，事实上这两者之间不存在直接选择，因为虽然共和国排斥帝国，但帝国却提供了一种非逻辑或理性的模式，朦胧的，宛如女性般娇柔。在这一模式中，人们自己更愿意去思考共和国所有美好的品质。我们已经在路易的《政治沉思录》中提到过。

　　但是，历史上的帝王是如何从一个又厚又短的黄色蛹中出来的，变成神话中色彩斑斓的蝴蝶，是一个充满想象力的形态学之谜。黑暗中，我可以看到一些因素。老兵们要么已经死了，要么就到了讲故事的年纪，没有一个老战士说过他多么讨厌征兵。在任何一场战争结束后30年或者更短的时间，所有关于士兵事迹的卷宗都被埋葬在尘封的档案中；波拿巴的敌人回来后摧毁封锁了这些记录。所以我猜想，在这块陆地的任何村庄，几乎所有40岁以上的人，都曾见证过这些伟大战役最激动人心的时刻，也都曾目睹过皇帝的风采，甚至被他轻拍过脸颊。在这个过程中，拿破仑自己重新获得了青春、浪漫与激情。坐在滑铁卢马车里那个憔悴的黄脸人已经走了；"小伍长"（拿破仑一世的绰号）在艺术创作上留下了永恒不变的形象；他固定不变且如阿喀琉斯、哈姆雷特或齐格飞（Sigurd）[①]般真实。

所以每一个火炉边都是新宗教的圣地。这片土地上的每一个少年，为逝去的过去和微不足道的意识所烦恼，每晚都能听到一些年长者讲述，愤懑中透着些嫉妒，"当我们列队站在敌人面前时，我记得皇帝自己骑在马上……"或者，如果他是拿着鹅毛笔的年轻人，想象一下开篇那句话的效果："在华沙的卫戍部队里，我们轻骑兵军官经常晚上在郊外的大公园骑行，城市的上流人士常常在那散步。好吧，一天晚上……"

然后，你就会有理由写一本百科全书——诗人贝朗瑞（Pierre-Jean de Béranger）[②]这样做了。像演说家一样，当诗人公开未出版的作品时，不会有很大影响。但当他们中任何一个描述出人们潜意识的挣扎时，他便会如《创世纪》中的深渊喷泉般令人无法抗拒。贝朗瑞将这编成轻狂的小调，加上大量新的讨好女人的方法，对旧荣耀的赞美，对新政权的嘲弄，这些东西到处兜售，随着空气的流动而扩散。如果你喜欢，这就是宣传。奇怪而又不太可能的是，拿破仑竟然拥有了一个诗

---

① 德国叙事诗《尼伯龙根之歌》中的屠龙英雄。

② 法国诗人。当过学徒、工人和职员。成名作《伊夫铎国王》，塑造了一个老好人国王形象，用反衬的手法讽刺拿破仑。《高卢人与法兰克人》等，谴责反法联军入侵法国。《白帽徽》《加拉巴侯爵》《贵族狗告状》等，抨击波旁王朝复辟。还写有《一八二九年食肉节》《主教和诗人》《老流浪汉》《雅克》等。诗歌风格新颖，语言规范，音韵节奏感强。

人，而且是这样一个令人陶醉、轻松愉快的诗人；但事实就是如此。

不论年轻知识分子怎么做，当法国人民感到厌倦时，他们所梦想的不是共和国，而是一位主人；当他们落泪时，不是为了西哀士（Emmanuel-Joseph Sieyès）①或罗伯斯庇尔，而是为了米歇尔·内伊（Marshal Ney）②和波拿巴。这种情感、这种乡愁，可以说是不受控制的，就像处女的第一次渴望。那时听说过路易的不超过10个人，也许没有一个人认真地考虑过他的主张。波拿巴主义③是一种感觉，一种完全反

---

① 法国大革命时期政治活动家。天主教修道士，代主教。革命前夕发表《什么是第三等级？》，表述资产阶级取得政权的思想。1789年作为第三等级代表入选三级会议。1792年当选国民公会代表，属平原派。热月党人当政时，参加起草《一七九五年宪法》，任督政官（1799年）。雾月十八日政变后，任临时执政官、元老院议员。晚年寄居荷兰。

② 法国陆军将领。1787年入伍。法国大革命中参加革命军。参加过法兰西第一共和国时期的许多战役。1799年升为少将。同年雾月十八日政变后支持拿破仑，波拿巴。1804年获帝国元帅衔。先后参加多次重大战役，以骁勇善战著称，被誉为"勇士中的勇士"。1808年封为埃尔欣根(Elchingen)公爵，同年被派往西班牙作战。1812年参加远征俄国，因战功封为莫斯科亲王。1814年4月力促拿破仑一世退位。波旁王朝复辟后曾一度得路易十八信任，任王室卫队司令。百日王朝时又归附拿破仑。1815年参加滑铁卢战役，指挥左翼法军。波旁王朝第二次复辟后被处决。著有《回忆录》。

③ 法兰西第一帝国和法兰西第二帝国时期的统治观念和统治形式。因皇帝拿破仑·波拿巴和路易·波拿巴得名。马克思根据路易.波拿巴所著《拿破仑观念》及两个帝国的政治实践，指出所谓"拿破仑观念"即小块土地所有制、强有力的政府、作为政府工具的教士统治和军队占压倒优势;标榜普选权和公民投票;反对议会制度，主张中央集权和军事独裁。它是代表大资产阶级利益的外表上具有立宪体制的绝对君主主义。

映在过去的幻想；它不是一种约定，而是一种叹息，"啊，古老的鼓和五弦琴""啊，旧日的日子，旧日的事迹"；一种音乐，一种萦绕在耳边的曲调，女孩们在熨衣服的时候哼唱，街头的男孩在跑腿的时候吹着口哨。

路易必须抓住这份乡愁，把这种气息浓缩在自己身上。为此，他开始把那纯净意志的各种奇妙变体都武装在自己身上，这是他所有冒险的工具；他其实非常专一，也是位意象派，他形成了一种能量。所有这一切都在他自己的风格里，像他的母亲曾经急躁地诊断一样，这种风格灵活、坚强，也甜蜜而倔强。任何事情都不能真正改变他。但每一刻他似乎都在动摇。

他的初次尝试失败得近乎荒谬。他和一帮参差不齐的朋友一起密谋，在第一次行动之后，一切都要靠运气；于是路易同埃莉诺、一个名叫费林的烧炭党人、老上校和小中尉一起，伪装前往斯特拉斯堡，并试图贿赂守军为他参加叛变。他差点很不情愿地被秘密警察带走，还担心大量罪证被发现。后来路易被政府驱逐到美国，整个过程没有产生任何涟漪，也没引起枪击事件。

秋天，路易及时回到阿伦嫩堡去看他的母亲，这位曾经的危险美人正值弥留之际。此后他从阿伦嫩堡去了瑞士，与埃莉诺关系破裂，然后又从那里去往伦敦。

在这里，他干起了正规的职业，当时甚至比现在更常见，即阴谋家。他和一群粗鄙、凶神恶煞的年轻人，诸如费林、阿雷塞以及烧炭党成员一起在外国区肮脏的餐馆吃饭。几年里，他隔着脏兮兮的桌布与人谈话，当陌生人靠近时，讨论就停止了。因为他出身波拿巴家族，有时

《拿破仑三世肖像》，费朗兹·温特（Franz Xaver Winterhalter）作

会被邀请参加大人物的宴会，宾客们对他充满好奇。当时的奥赛伯爵（Alfred d'Orsay）、迪斯累里（Benjamin Disraeli）[①]，还有那位攀结名流的布莱辛顿夫人（Marguerite Gardiner），都和他有交情。据说在宪章运动期间，他有一次还被征召为特别警察并在街上巡逻。最后路易遇到了霍华德小姐，她非常钦慕他，而且非常富有。

1839年，路易再次试图夺取王位。他带着56个追随者，在离布洛涅码头几英里的海滩上登陆，继续朝着小镇前进。一群海岸警卫队和宪兵出来迎接他们，路易（或他的朋友们其中之一）递给这些军兵一袋钱，鼓励他们高呼"吾皇万岁"，随之而来的是开枪。结果，他的一两个朋友倒下；而他和其余人被捕。

这次国王十分紧张，并依法进行审判。在为他辩护的大主教贝卢瓦耶的帮助下，他的个人知名度比他以往任何时候都要高。此后，凡在法国读报纸的人，至少都听过他和他的主张。另一方面，他被判处终身监禁在城堡中，这是一种野蛮而不切实际的判决(因为从来没有执行过)，这种镇压方式很明智，但也有普遍缺点。不过，路易在哈姆要塞里被关了六年，仍然心平气和且不屈不挠，他得到监狱看守女儿的仰慕，并写

---

① 英国首相（1868，1874—1880）。保守党领袖。生于犹太商人家庭。改宗基督教新教。托利党改组为保守党时起重要作用。三度任财政大臣。大力推行殖民扩张政策，1875年以购买股票方式控制苏伊士运河。1876年使维多利亚女王兼印度女皇。发动侵略阿富汗（1878—1879）和对南非祖鲁人（1879年）的战争。因侵阿战争失败和南非布尔人起义，内阁倒台。著有《为英国宪法辩护》等。

了关于波拿巴主义的其他书籍。

监禁通常不会对这样一个接近偏执的大脑产生任何影响，反而会让它更加坚定，而且常常还会在原有想法的基础上增加一项新的。回到伦敦，路易愈发不温不火、倔强顽固、信仰坚定，他继续谋划和设计下一次的行动。

不管他是不是怪人，他都遵守了命运的法则；而他的机会终于来了。1848年革命，即"自由之年"，将路易·菲利普和他的党羽赶出法国。带着政治宣传的资金（这次他用银行的钱而不是当地人口袋里的钱），路易·拿破仑回到法国。一个很小的波澜出现了。这次惊人的冒险历程就像是魔术师的把戏，就算描述解释出来也很难让人明白。起初，人们把他当成革命中名誉扫地、异想天开的落魄贵族，只有肮脏的财富和坏名声。没有一个重要的党派欢迎他、为他效力或支持他。除了女子闺房和贫民窟里的朋友外，路易唯一有影响力的朋友，是他同母异父的兄弟莫尔尼，个中渊源前面已提过。部分是在情人的帮助下，莫尔尼在商业和股票交易中赚了不少钱；他是一个大胆的赌徒，性格阴暗。除此之外，还有第三个人，即费林，曾经是一个军士长，现在自封佩尔西尼伯爵；他曾写过一本书证明金字塔是古老尼罗河大坝的遗迹，如果它们被摧毁，埃及将变成一个湖。

在所有政治和阶级利益的表象下，1848年革命从一开始就是诗人的杰作，即没有合法的所有者。三股力量运作的这段时间里，将诗人排除在外，那谁应该继承权力，这个问题并没有解决。是那些愤怒的民众吗？他们是强有力的候选人。资产阶级吗？他们在梯也尔（Louis

Adolphe Thiers）[1]的统治下被分裂和扰乱，梯也尔是真正的奥尔良派[2]。还是卡芬雅克（Louis-Eugène Cavaignac）[3]的军队？——正统主义者？毫无希望。在这个大锅里，三股势力扭打搅乱，最后生出一些事。

的确，不存在党同伐异的问题，因为他们中没有一个人对这些新帝国主义分子有丝毫注意。卡芬雅克最后通过武力镇压了示威民众；于是矛盾缩小集中在他与梯也尔之间。与此同时，路易买到了国会议员的席位。自然，他坚持要做一番演讲；或许他可以再次阐述一下自己的整个学说。但当听到他的名字时，半数观众都非常好奇地注视着他走向讲坛，路易的演讲因紧张而失败。他咕哝了几句便匆匆下台，颜面尽失。

---

[1] 法国首相(1836、1840年)、总统(1871—1873)，历史学家。七月王朝时历任内政大臣和首相兼外交大臣，镇压1834年里昂工人起义。1871年出任第三共和国行政首脑，同普鲁士签订屈辱和约。随后在凡尔赛纠集政府军镇压巴黎公社。8月当选第三共和国总统。著有《法国革命史》《执政府和第一帝国时代的历史》等。

[2] 亦称"奥尔良王朝派"。19世纪法国拥护波旁王族旁支奥尔良家族的君主立宪派。早在法国大革命时期，奥尔良公爵菲利浦拥护革命，更名"菲力浦·平等"，其子路易·菲利浦曾参加雅各宾俱乐部和国民自卫军。1830年七月革命后，路易·菲利浦被拥立为国王，建立七月王朝该派势力达到顶峰。七月王朝时期该派分为两派：一派称"抵抗派"，主张巩固王权，限制公民权利，反对进行社会改革，抵抗革命运动；一派称"运动派"，主张经济上实行自由主义政策，政治上进行温和改革，逐步扩大公民权利，继续进行"运动"，以扩大七月革命成果，第二帝国时期，该派拥护路易·菲利浦之孙巴黎伯爵(Louis Philippe Albert d'Orléans, comte de Paris, 1838—1894)即位。第三共和国初期曾参与复辟君主制的阴谋，未遂。80年代，其影响逐渐消失。

[3] 法国将领。1832年起奉派侵占阿尔及利亚。1844年升准将，1848年任阿尔及利亚总督。同年任陆军部长，血腥镇压巴黎六月起义；一度为第二共和国政府首脑；同年竞选总统失败。其名字后来成为屠杀工人的刽子手的代称。

下面传来一阵笑声；波拿巴大业已经结束了。

但是梯也尔注意到了他。那时梯也尔的处境异常困难。卡芬雅克党获胜；这让梯也尔从未忽视的个人利益处于非常糟糕的状态。也许就是在这个荒谬的时刻，梯也尔想到，这是最后一搏；带走这个傻瓜和傀儡，让他当总统候选人来反对卡芬雅克。显然选民是不会选梯也尔，但他们或许会选择一位波拿巴家族成员。

就这样——你会明白，也不是没有犹豫——在梯也尔和莫莱（Louis Mathieu, comte Molé）①的统治下，秩序党②的资产阶级都支持路易参加1848年共和国总统选举。路易的计划极其离奇也极其明智。首先，他利用自己过去在革命的积极表现和民主神秘主义吸引了民众和革命派的投票。其次，由于秩序党的缘故，他也赢得了天主教的选票，承诺让教会垄断教育，并承诺他对教皇的世俗权力的支持。奥尔良党，比如梯也尔，也把选票投给了他，因为他们估计路易会在他们的掌控中，或者在最坏的情况下，也许后面会尝试一些疯狂的政变，把他关起来并恢复他们的国王。正统派为泄恨可能支持他而反对其他所有候选人。结果真是让人大跌眼镜。梯也尔曾担心路易会以悲惨失败告终，路易则希望自己

---

① 法国保皇党政治家，曾在拿破仑一世、路易十八和路易·腓力治下任职。

② 法兰西第二共和国时期代表保守派利益的右翼政党。1848年六月起义失败后不久成立，由正统派、保守的天主教徒和奥尔良派联合组成，因主张重建君主制，恢复社会"秩序"，故名。同年12月支持路易·波拿巴当选总统。在1849年5月的立法议会选举中获胜，占据议会多数，组织秩序党内阁，控制军队，实行议会专政:镇压民主派与共和派。后在与波拿巴派争夺权力的斗争中，力量逐渐削弱，接连被剥夺在议会、政府和军队中的权力，继而在1851年路易·波拿巴政变中遭受沉重打击，影响渐失。

能以微弱优势胜出，可事实是，路易获得了5434226票，卡芬雅克仅得到150万票，他以压倒性的优势登上了总统宝座。像巫师学徒一样，无法控制的深层力量搅乱了他那些狡猾利用者的计划。绝大多数试图与整个人类博弈的聪明人，早晚都会遇到类似的事情。

几乎不需要任何调查考证，我们已经谈论过潜伏在法国的庞大的波拿巴主义；这就像一间充满煤气的房屋，只需一根火柴便可点燃。没有任何一个政客怀疑，法国，只渴望一个波拿巴，而一群傻子就把这么一个人送到了她面前。

就这样，路易从一个拉选票的权宜之计，一下子成长为一个统治者，成为人民意志的具体而无畏的表达。梯也尔、莫莱以及卡芬雅克，所有这些辉煌一时并为此负责的人们，都成了反对派。他们中有些消失了，有些仍然存在，在此后的25年里，他们靠纯粹的、不加掩饰的忍耐过活，却看不见任何重掌权力的渺茫希望。

大势已定，尽管还有些困难的细致琐事，却难不倒路易和他的追随者们，比如莫尔尼（Charles de Morny）、佩尔西尼（Duc de Persigny）等，他们已做好了一切准备。尽管如此，他也不能因为一个突然显露出来的政治天才而失去声望，因为他是在一个几乎不允许他拥有任何权力的宪法下担任总统的，而议会是他公开的敌人。他祖父面对奥地利军队时的高超技巧在他身上得到再现。最后，发动了1851年12月2日的政变。

这部经典之作，堪称所有政变的技术典范，显然有许多迷人的地方。说到这次抵抗运动，仅仅因为有一位著名诗人描述它，也许就能让它成为最广为人知且最吸引人兴趣的。不过，在清醒的真相中，这并不重要。不被耀眼风格蒙蔽双眼的人，他应该看到雨果（Victor Hugo）的《小拿破仑》（*Napoleon the Little*）[①]和《罪恶史》（*The Story of a Crime*）[②]。那些反抗的议员们来回奔波的过程是多么可怜，毫无准备，几乎是愚蠢的，把象征开战的火十字架（fiery cross）送到城郊工人阶级的老据点。那些脆弱的路障，高尚和毫无意义的死亡悬在他们头上，这就是对路易、莫尔尼和佩尔西尼的反抗，想要废除他们精心策划并执意执行的计划。政变的第一部分就描写到此。然后是贿赂军队——新皇帝在上午行动中把他所有的钱都分给军队——通过小规模却精准的逮捕和破坏，从而控制国家机器；（有一个细节：反叛者们在头一天晚上甚至烧掉了国民护卫队的鼓，这样他们便无法发出警报；此外，巴黎所有的印刷厂也都被查封）——所有这些都如此完美且无可挑剔。今后任何想要重蹈覆辙的冒险家，就必须把路易·波拿巴的情节背得滚瓜烂熟。之后，事情发展得不太好。比如，两天后出现的林荫道大屠杀。那是一个晴朗的星期四下午，从玛德莱娜广场到波旁宫，街上挤满了平和的市民和他们的妻子。也许是因为在那里指挥的莫尔尼被杀死；或者更可能的是，由于部队都喝醉了——那是后来的官方解释和借口——发生了一场可怕的屠杀，一场喀提林式的屠杀。炮兵和步兵朝着拥挤的公路开火10分钟。伤亡人数无法计算。

---

① 维克多·雨果的一本有影响力的政治小册子，发表于1852年。它批评了拿破仑三世的统治和法兰西第二帝国的政治。这部作品首次使用2+2=5的格言作为权威对真理的否定，这一概念后来被乔治-奥威尔在《一九八四》中使用。

② 维克多·雨果关于拿破仑三世接管法国的一篇文章。

至此，欧洲最罕见的一次冒险结束了，而另一个冒险也开始了。冒险与单纯的壮举不同，因为它与无限可能联系在一起。绳子的一端在手中，而另一端则完全不可见，任何祈祷、勇气和理性都无法让它自由。

这场独特的政变后会发生什么，或许你可以知晓，也许是一群贪婪又贫穷的人组建了自己的法庭，并以自己的方式享受着他们对帝国的无限征服；或者会看到路易·波拿巴慈善事业的命运；又或者是25年后他的倒台，从他偷走王位的那一刻——准确地说，是从星期四大屠杀那一刻就已开始。就像某些罪行一样，这给他带来了厄运。对于那些掌握着巴黎报社媒体的人们而言，要掩盖路面上的打斗痕迹并不太难。但这却让共和党人与他势不两立；更糟糕的是，让诗人站到了他的对立面。我曾听狡猾的政客说，因遭到流放的维克多·雨果为首的诗人们的反对，是这个新政权面临的最大障碍，最终让它倒台。从这个意义上说，它的开始，也同样潜藏在贝朗瑞的诗歌中。

不过虽然这些全能的缪斯们常常能打破并建立新的帝国，远远超过腓力斯人的想象，却是有充分的理由去尊重第三帝国。比如巴黎这座国际都市。从蒙马特尔的香槟文化到巴黎和平街（Rue de la Paix）的母系文明，以及奇妙又不合规则的蒙巴纳斯大学，巴黎这个名字能让人自然而然想到的一切，都是路易·拿破仑展示给世人的成果。和朋友霍华德小姐、莫尔尼、佩尔西尼期望的不同，有一项政策将对共和党人的必要镇压和皇帝认为的人类应该享有美好时光的理论结合在一起。因此，巴黎是世界上唯一处于清教实业家反应中心的城市，这种反应使其他城市都失去了体面，巴黎因此受到鼓励，有时除了谈论政治以外，还以任何方式来享受生活。也许你认为，将专制与自由结合在一起的理论是行不通的。但是法兰西第三帝国证明了你的逻辑是错误的。

不管怎样，在这个幸运舞台上，帝国所做的一切都是为了帮助计划实施，这点赌徒们最能理解。由于担心共和党叛乱，那些弯弯曲曲、用作路障和伏兵的旧街道，给骑兵设的死亡陷阱，对付大炮的天然战壕，这一切都必须扫除。在这一过程中，欧仁·奥斯曼男爵（Baron Haussmann）①将巴黎创造成旧世界中治安最好、最整齐、最美丽的城市。别忘了因为路易自己喜欢树，所以便有了布洛涅森林（Bois de Boulogne）②。对享乐生活的鼓励，对所有可能的花钱方式的容忍，都没有使公民沦为乞丐。恰恰相反，大量人群开始离开英国、美国以及德国这些主要清教徒地区，给法国带来了数十亿的"无形出口"。路易·波拿巴使巴黎成为自古罗马以来世界上第一个真正的国际大都市。

然后巴黎不仅罪孽深重，而且富有得令人发指。在左拉（Emile Zola）③ 这部巨大而散乱的杰作中，有整整一半是一个节省的乡下人对

---

① 法国城市规划师，拿破仑三世时期的重要官员。因主持了1853年至1870年的巴黎重建而闻名。

② 法国巴黎城西边的一片森林，面积8.46平方公里，南北最长处3.5公里，东西最宽处2.6公里，属巴黎市政府管辖。跟巴黎东南的文森森林（Le bois de Vincennes）一起被视为巴黎吸收氧气的两扇"肺叶"。

③ 法国作家(1840—1902)。早期作品受浪漫主义影响，后信奉孔德的实证主义哲学，写出长篇小说《泰雷兹.拉甘》，用生理原因解释主人公的行为，序言成为自然主义的宣言。第二帝国的崩溃和巴黎公社起义 促使他注意社会问题。1871—1893年创作了由20部长篇小说组成的《卢贡–马卡尔家族》，其中重要的有《小酒店》《娜娜》《萌芽》《金钱》《崩溃》等，通过一个家族中各个成员的不同遭遇，反映拿破仑三世时代法国的社会生活，揭露贪得无厌的欲望，并试图从遗传学角度考察人性形成的自然动因。还发表《实验小说论》，提出自然

这种邪恶的财富流行病的震惊的赞颂。第一次在这里看到奇怪的经济现象；例如，现在的货币已经带来百分之五的收益，而不是奥尔良党说的百分之三，而且一切都变得越来越便宜。福特式的消费和生产循环，让整个社会沿着螺旋结构盘旋上升，偶然被卷入其中，让道德主义者以及共和党人们都感到眩晕和绝望。直到今天，兰开夏（Lancashire）与俄亥俄州（Ohio）最偏远郊区的老妇人们仍在为路易·波拿巴的巴黎的毁灭而祈祷。在这场巴比伦式的蛋糕和马戏狂欢中，高潮巅峰非杜伊勒里宫（Tuileries）莫属。

当其他人都应邀享受着筵席时，皇帝、莫尔尼、佩尔西尼以及他们的好友，应该是参与其中。但他们不仅仅是完全沉溺于娱乐自由的海盗——他们有一套自己的处事方式、程序甚至还有一种传统。因此在他们的狂欢庆典中，有一个深层潜在的礼仪框架。皇帝宣布希望恢复"旧君主制的惯例，正如他已恢复的体制一样"。在这些正式的宴会中，尊贵的客人留下许多有趣的记录。"皇帝和他的宫廷恢复了路易·菲利普废除的时尚的及膝马裤（knee breeches）[①]，宴会（在贡比涅城堡）通常一次安排一百道菜，所有的宫廷要员都是新上任的，而且

主义的创作原则。1894年后写出长篇小说《三个城市》(《卢尔德》《罗马》《巴黎》)，揭露罗马教会的卑鄙勾当，也反映了空想的社会改良思想。德雷福斯案发生后，1898年发表《我控诉!》一文，抨击法国当局，因此被判刑，后逃亡英国。晚年创作的长篇小说《四福音书》只完成三部(《多产》《劳动》(真理))，继续发挥乌托邦思想。

① 法国大革命期间，马裤（法国的裙裤）被视为贵族的象征。法兰西下阶层的老百姓被称为无套裤汉（sans-culotte）。

很严格。男仆站在每一把椅子后面，还有军乐队在用餐时一直演奏，这或许有点吵。"但是，只要餐桌一被清理干净，男仆一遣散，自由的乐子便开始了。"伴随着皇帝的意大利堂妹巴乔奥基（Elisa Napoléone Baciocchi）的手摇风琴，我们翩翩起舞……"

在此过程中，皇帝开始寻求他浪漫的婚姻。他曾想通过与欧洲王室的联姻寻求同盟，却以失败告终。甚至连维多利亚女王，唯一没有对他以生硬的礼貌的君主，也没答应他的请求。最后，路易只能遵循"他内心的指令"，找了一位年轻的西班牙女士：年仅26岁的欧仁妮·德·蒙蒂霍（Eugénie de Montijo）。这位女士出身贵族，却没有什么财产，但却有公认的美貌。我们的皇帝宣布他的选择的那番话，在他的感情和他的行动对他的时代所造成的影响方面，都给人留下了充分的印象。

我将向古老的欧洲表明，我知道如何教她尊重我，不是不惜一切代价与王室联姻，而是公开拥有新贵的地位：这是一个光荣的头衔，它意味着一个人是通过伟大民族的自由选举来到我现在的位置的。从感情、教育背景和对父亲曾在法国服役的记忆来说，我选中的这位妻子与法国有不可分割的缘分。作为一名西班牙人，她有着额外的优势，那就是在法国没有一个必须获得头衔和津贴的家庭。她是虔诚的天主教徒，她既仁慈又和善，毫无疑问，她定会让约瑟芬王后的美德再次复活。

婚礼结束后，各种礼仪与庆祝活动变得越来越令人瞩目。霍华德小姐被授予贵族阶级——与她过去那些慷慨的性伴侣们一刀两断，至少一个人被强行驱逐出法国。王后总是被四百多个美丽的夫人们环绕着，这些夫人中没有一个人属于旧贵族。假面舞会是国宴的一种寻常的形式。在其中一场舞会上，波拿巴家族的亲戚、年迈的巴登大公爵夫人，"没有掩盖她的悲伤、惊讶，还有愤慨"。两位拿破仑皇帝与他们的好友们都喜欢乡村生活。根据波拿巴家族密友、外交官胡布纳（Hubner）所说，1857年在贡比涅，"在帐篷里午餐后，我们就在草地里赛跑，模拟马拉科夫（Malakoff）堡垒攻防战游戏；代表着城堡的小山丘由王后与贵妇人们看守，然后受到了来自皇帝和他绅士朋友们的攻击。这有些太放荡了，同时这些娱乐又太过于亲密"。在最后一次的宴会上，奥尔良派的新闻机构居然这样描写"皇帝四肢着地，并且抓住了那些贵夫人的脚"。有一个传说，在那个模棱两可的权威人士、巴黎警察局长克劳德先生的所谓回忆录中发现，有时甚至会安排更荒唐的聚会。比如，他们建了一个高高的围墙，据说唱诗班的男孩女孩赤裸着在里面演出古典舞蹈。此外还有"灵媒"聚会。皇后曾一度相信自己是个转桌者（table-turner）。霍姆（Home）是欧洲最著名的"灵媒"，经常被传唤，并向宫廷展示了许多奇迹。习惯于其他古老宫廷方式的、威严的胡布纳说，所有这一切，在其"刻板的仪式和随和的交替中给人的印象是新富的人试图扮演一个对他们来说太难的角色。这些华服、侍从和镀金实在是太新了"。

林荫大道血腥事件后的很长一段时间里，在与神灵的这场游戏中，路易·拿破仑都享受着很好的照顾。尤其是在结婚后，他对共和党人更加严苛，而对天主教徒和资产阶级，即他在1848年和1851年的盟友则更加慷慨了。如果你愿意，他的理想可以被分析为罗宾汉主义的变种，一种感性的强盗行为。但令所有有理智的人感到愤怒的是，它的效果超乎寻常的好。法国整个变得膨胀起来，左拉说。富人愈发富裕，面包和红酒都很便宜。如果增添一些诗意的话，可以将之称为是一个黄金时代。不过众所周知，路易驱逐了所有优秀的诗人，商人很少知道如何演奏竖琴。另外，就像德国人所说，由于廉价的面包、5%的收入、旅游业的发明、公共设施和假日的出现，他发动了一场胜利的战争，与英国在克里米亚半岛一起打败了俄罗斯。

奥尔西尼（Felice Orsini）事件结束了这段平静的时光。没有哪个政权的地下历史如此丰富又晦涩；"第三帝国整体就是一个秘密警察"，或许永远没人能有证据说自己知道奥尔西尼事件的全部真相。我们来讲风流韵事吧，这是新波拿巴迷宫里唯一靠得住的指南。刺客是烧炭党的一名成员，他和他的同伴受命去提醒路易同志，除非他们死了，否则永远不会屈服。因此，在1858年1月的一个夜晚，当皇帝乘坐马车到了老歌剧院（蒙彭西耶街）那一刻，奥尔西尼和他的同伙向路易扔了三颗炸弹，虽然没有瞄准目标，但杀死了8名旁观者，超过150人受伤。这是炸弹第一次用于政治上——这个时代充满着新奇事物。

这次教训之后，皇帝开始想起"为意大利做点事"的承诺，并对意大利采取一些行动。以前他之所以没这么做，唯一的原因是他与越山派的牵连，该党派反对意大利叛变，因为这样的话意大利会吞并罗马及教皇国。该党派在杜伊勒里宫的主要代表是皇后本人；奥尔西尼事件后，她的反对明显停止了。在巴黎大主教强硬的请求下，皇帝不得不遗憾地同意将奥尔西尼斩首。但两个月后，他秘密让加富尔（Camillo Benso

Cavour）①来到巴黎，与其商量发动对抗奥地利的意大利解放战争。

路易·拿破仑和法国是意大利的真正解放者，对这一点，外国人基本不会怀疑；革命对他们的胜利只是起了推波助澜的作用而已。对于赢得蒙泰贝洛（Montebello）②、帕莱斯特罗（Palestro）③、图尔比戈（Turbigo）④、马真塔（Magenta）⑤和索尔费里诺（Solferino）⑥的路易和法国，意大利人为何并不感激，除了本性骄傲外，还有其他原因。解放被压迫的民族，或许是所有慈善事业中是最危险的。

首先，在光辉的意大利复兴运动取得满意成果前，路易·拿破仑就

---

① 撒丁王国首相（1852—1859，1860—1861），意大利王国首相（1861年）。自由派贵族和资产阶级君主立宪派领袖。1847年创办《复兴报》，宣传在撒丁王国（萨伏依王朝）领导下，通过军事和外交途径，自上而下统一意大利。任内发展经济、交通，提倡自由贸易。1861年利用加里波第解放南方之机，宣布成立意大利王国，为意大利的统一打下坚实基础。有著作、文献存世。

② 蒙泰贝洛战役发生于1859年5月20日，是第二次意大利独立战争中的一场小战役，交战双方为法（步兵）萨（骑兵）联军和奥军。这场战役战败后，奥军指挥官被迫派遣部分部队以巩固南方的战线。

③ 帕莱斯特罗战役于1859年5月30日至31日在奥地利帝国与撒丁岛-皮埃蒙特王国和法国的联合部队之间展开。法国-皮埃蒙特的部队取得了胜利。

④ 图尔比戈战役发生在1859年6月3日，法军在提契诺河上获得了两个渡口，使他们在奥地利伦巴第地区获得了一个立足点。

⑤ 马真塔战役发生于1859年6月4日，是第二次意大利独立战争的一部分，最终法萨联军在拿破仑三世的率领下击败了法兰茨·尤来元帅指挥的奥军。

⑥ 索尔费里诺战役发生于1859年6月24日，拿破仑三世率领的法国军队和维托里奥·埃马努埃莱二世率领的萨丁尼亚王国军队组成了法国撒丁联军与奥地利帝国开战，并在战斗中最终获胜。

不得不停止行动。此外，面对国内民众的愤怒，除了精神上的好处外，他必须得向人民展示一些可获得的物质利益；因此，他吞并了（当然在公民投票之后，这是拿破仑的一大特色）尼斯、里维埃拉以及萨伏依。同时，皇后和天主教派坚持认为，既然他在索尔费里诺显示了自己是一个伟大的烧炭党，他就必须给天主教派一个机会，以捍卫大主教在罗马的主权。因此，这支创造了新意大利王国的军队继续挥师前进，将意大利军队赶出首都。罗马卫戍部队后来存在了同法兰西帝国同样长的时间。

让别人快乐同时也让自己快乐，是路易的伟大理想，也是他生命中的灵感，却渐渐变得让他焦虑，变得越来越难控制。事实上，他的勇气正在慢慢丧失。他也许到最后仍然是表面上无动于衷，但内心却忧心忡忡；除了和平，其他所有的快乐对他来说都已不再需要，但这唯一的快乐，却是冒险者的禁忌。随着慢性疾病恶化带来的痛苦，毫无疑问，他在身体上也就愈发渴望这种快乐了。

莫尔尼去世了，佩尔西尼因皇后的宫廷阴谋被赶走了。为了让法国人得到满足，路易进行了一系列巧妙但充满灾难性的计划。感情用事和利益让他从一个沼泽陷到另一个沼泽。他卷入了解放波兰的战争，俄国人羞辱他并催促他赶紧离开。或许路易最严重、最鲁莽的失败，是费了很大工夫想在墨西哥建立拉丁帝国。他劝说可怜的奥地利王子在那儿发动政变，结果王子被击败逮捕并枪决。

与此同时，当这个注定要失败的赌徒，一步一步失去他的从容镇静，而另一个传奇的组织正在欧洲稳定地崛起——灰黑色的俾斯麦德意志帝国，它的内部结构并不比他自己的帝国更坚固。尽管它的外观令人生畏，但灰泥是诗意的残余，即民族主义，而框架是不可能实现的梦想，即仁慈的专制。正如蘑菇能在一个晚上取代一大片树叶，20年后，路易·拿破仑这座摇摇欲坠的大厦终于自然而然地被取代和推翻。

在政治上，任何浪漫与感情都是愚蠢的，反之则通常被认为是真实的，每一个粗暴的做法都被认为是合理的。只有基于这样的观点，俾斯麦的全部计划被看成是有远见天才之作，因为它直接导致了1914年荒谬的恐怖事件[①]。但与此同时，和俾斯麦"铁血政策"相比，波拿巴主义的荒谬言论只是小巫见大巫。震惊的路易拼命努力追求不可能的平衡，想让包括上帝或虔诚王后在内的每个人都满意。他承诺以捍卫弱小民族权利的名义去解救石勒苏益格—荷尔斯泰因州（Schleswig-Holstein），然后又为讨好国内的和平党派而放弃承诺；他与意大利结盟加大砝码对抗普鲁士人，然后又反悔，因为这意味着抛弃了教皇；到最后，实际上路易是在比亚里茨市（Biarritz）把自己与俾斯麦捆绑在了一起。[②]所有这一切都表明，路易在很早之前，就已显出毁灭的症状了。最后这些年，他所有的政策都像醉汉或将死之人一样倾斜和蹒跚。

不过路易一度似乎重新站了起来。他削弱了整个镇压；共和党人被允许重返政坛，甚至还能拥有报纸。自始至终，他们都在巧妙地利用

---

① 1914年6月28日萨拉热窝事件。

② 1865年10月4日在法国的比亚里茨，拿破仑向普鲁士首相俾斯麦保证法国中立，希望这样可以增加法国在莱茵河西岸领土问题上的谈判筹码。俾斯麦拒绝割让任何莱茵兰的土地，但他提出可以承认法国对比利时及卢森堡的统治权，虽然没有任何书面上的担保。

这种让步和弱点，把野兽圈禁起来，去动摇他、刺激他、毁灭他。直到最后，路易却还有勇气去面对民众；让自己公开接受指控。他还想试着通过最后一次公民投票的方式赢得胜利，让人觉得既滑稽可笑又可悲可叹。据说这次投票很公正透明，结果7358786票支持他，1571939票反对。这是波拿巴家族成员有史以来获得的最高票数。

几周之后，路易和他的王朝、事业和整个法国都在普鲁士战争中一头栽倒在地。

至此，拿破仑三世的故事也在极其混乱的血腥中结束。在将被彻底遗忘之前，处在历史边缘的路易最后一搏，在色当（Sedan）①给他的皇后发出电报。"我军已被击败并逮捕，我现在成了俘虏。"

可怜的人，他从未有太多的风格。

---

① 1870年9月1日发生的色当会战，为普法战争之中最具决定性的一场战役。结果为法军惨败、德军大获全胜，大量法军被俘，连法皇拿破仑三世本人亦沦为阶下囚。虽然德军仍需要与即时重组的法国政府作战，但此战实际上已经决定了在普法战争中普鲁士及其盟军的胜利。

第十章

伊莎多拉·邓肯（Isadora Duncan）

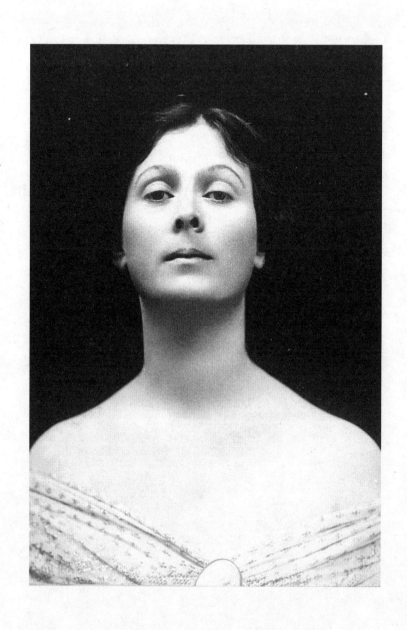

《伊莎多拉·邓肯肖像（1906—1912）》

我们现在应该重新研究女冒险家的困难案例。事实上，如果不是伟大的例子太稀少，我们早就该这样做了。这个问题甚至还有实际意义。我们的时代似乎连哄带骗外加威逼利诱，让女性去寻找她们自己的生活，但是很多情况下，当她们只找到了一份职业时，却并不十分满足。之前我们所举洛拉·蒙特兹的例子，似乎给出了一个令人失望的结论，确切地说，应该是怀疑。不过，普遍规律的阴影，我们只能感知一半，难道它不是时间、地点和个性的唯一特例吗？带着这样的疑问，伊莎多拉·邓肯的一生，是我们这个时代所有非同寻常的群体中，最能说明问题，也最具有价值。她自己认为她的人生故事"符合塞万提斯笔下的人物，或者是像卡萨诺瓦式的风流人物"。我觉得这样的理解是错误的，理由有很多。之所以把她放在这儿，不是因为她生命中的传奇流浪冒险或偶然事件（说实话，那些经历大都非常贫瘠，不论时代赋予了它多少漂亮或好听的名字）。更不是因为我认同她的追随者、模仿者和复制者的观点，认为她并没有误导艺术的发展。例如，对许多法国舞台上的女演员来说，异想天开、意想不到的命运转折和优质的爱慕者会让她们的生活更丰富，让她们的冒险更加精彩有趣。但伊莎多拉·邓肯不一样，因为她生命中藏着一种尊严，我们当然不应该忽视它那极其宝贵的悲剧性。我们发誓要客观。伊莎多拉有权与所有非凡杰出的人物站在一起，因为不论是在格局、勇气还是精神上，她都超越了我们这个时代所有的女性，她为冒险生活做出了最纯粹的尝试。因此，我们可以说，如果你愿意，她将我们在这里感兴趣的谜团向斯芬克斯提出了最接近的问题。然后，她得到了一组奇怪的回答。她早年的生活细节，她自己也认为很奇怪。但事实上，同样的家庭和生活方式经常出现在那些后来靠艺术谋生之人的生活中，却被认为是平庸甚至正统的。正如她所描述的，旧金山的"邓肯们"衣着褴褛、生活拮据，但是非常聪明。他们以一种吉卜赛人机会主义的姿态勉强度日，认为借钱是一种权利，花钱是一种义务。当然，他们的母亲还私下里教他们弹钢琴。我年轻的时候，曾与这样的人有过密切接触，我对他们的印象是既厌恶又钦佩，还因此得出了一个理论：我把这类人在现实生活中称为"像有秘密收入一般行事"。换句话说，这也许是我所知道的对他们所作所为的一种最好的解释了，这些人实际上并没有做什么放荡不羁的事，而只是像一个新富阶层那样生活，有点奢侈，有点自命不凡，有一种迷人的表面文化，只是他们没有钱。仅从一个决定性的细节来看，就能很容易地发现他们的生活方式和情感的真正相似之处，那就是，他们也有那种死板完美的中产阶级道德观。这里没有衣衫褴褛的流浪汉，也没有摇摇晃晃的婴儿车，只有社会地位崇高、经济地位被取代的一小部分。

现在我们必须更深入地研究影响年轻的伊莎多拉性格养成的因素，而不是她自己提出的、多少有些俗气的浪漫主义观点。"永恒的女神""钟爱的流浪生活"，或者任何你觉得可以形容她童年经历的词汇，都可以留下。我觉得，还有另外两个因素非常重要。其中稍微次要一点的是，伊莎多拉对书籍的品位，以及她从中获得的所有文化感觉和方向。很明显，这样的家庭以一种特殊的方式读了许多特别的书籍。正如邻居们所说，他们所读的书，都不符合他们的身份，尤其对孩子来说，这些书似乎给了他们一个更高、更陌生、更与众不同的世界。比如，他们很少会被莎士比亚、雪莱①等吸引（更别提那些通俗易懂的小说了）——这些名字看起来太普通了，而这些作家的重要性，只有另一个阶层里的孩子才能明白。住在非常干净整洁的老牧师住宅里的勃朗特姐妹，和衣衫褴褛又有点厚脸皮的小邓肯们相比，要穷得多，也更加孤立，她们被普洛斯彼罗（Prospero）、哈姆雷特、李尔王和"傻瓜"困扰着。在旧金山，很少有人会停在书店的橱窗前看《马可·奥勒利乌斯的名言》（*The Sayings of Marcus Aurelius*），书上有许多神秘的外国名字，尤其是希腊名字。但请注意，他们从来没有想到要学希腊语。

这种自命不凡的倾向自然不完全是件坏事，不过在这种情况下，也不能忽视其中的极大危险性，伟大的书籍需要适度的注意力，而业余自学者往往对其中内容却一知半解，读书时过于忙乱。

在伊莎多拉的回忆录中，她曾天真地解释过这一点。在地方剧院里，当她站在舞台两侧的等待表演时，总是会深深地沉浸在马可·奥勒利乌斯那本书中。但是从来没有人注意到这一点，她总会感觉有一些恼怒。并且，我敢说，她应该是没有把这本书看完过。

在各种混杂阅读和普遍的寒鸦文化（jackdaw culture）中，就很有可能存在美妙的误解、漫无目的的激情，以及人们普遍都有的略读习惯。同样，一旦她形成了根深蒂固的偏见，也就可能会对扎实的知识和苦读产生妒忌和厌恶。

---

① 顺便提一下，根据伊莎多拉的说法，她的母亲会给他们读莎士比亚和雪莱的书。

在伊莎多拉有趣的成长过程中，我们接下来要关注的，是她妈妈的婚姻失败给她带来的影响。伊莎多拉坚决反对接受女性的普通命运，拒绝男人的法律支持。也正是这样的精神，她的生活才被认为是一种冒险。我们长话短说，为何很少有女性能称得上是严格意义上的冒险家，婚姻制度是其中最显而易见的合理解释。[①]

从最低限度的定义来看，冒险家是一个个人主义者。冒险生活是一种非社会的游戏，因此就与构成社会核心的缔结婚约以及有保障的生活形成了直接对比。很可能，或者说我就是这样认为的，婚姻的想法其实就是今天的女孩在男人的追求和职业中处于劣势的简单秘密，如果没有合理的可能性，那它的存在就是分散每个女孩对生活的追求，从而削弱她们的意志。如果寻找不到女性在聪明才智方面的劣势，因为这些劣势很明显并不存在，教育学家会转而研究求学时期"但是我终究还是会结婚"这一思维对女孩的影响。一个男学生或新手带着生或死的念头，经过一个极度绝望的角落时，他们可能会考虑结婚。所以，教育学家们在起草男性与女性的对比表格时，他们不是将女性的工作数据与大多数生理健全的男性相对比，而是与一些受限制的群体对比，在这些人眼中，危机发生的时候，他们只承担一些模糊的第三者责任，而成功与失败都与他们无关，比如，那些富二代。绝大多数男性，都不得不依赖自己；大多数的女性都希望或者期待在生活中能有所依赖。正因为如此，像伊

---

① 女性形式有非常特殊的意义。

莎多拉这样的女性冒险家，她们从一开始就杜绝依赖附属于他人。

以离婚而告终的失败婚姻对伊莎拉多的母亲影响很大，此后，她不仅告诉孩子们，他们的父亲是个恶魔，而且还为此改变了自己的宗教信仰。她从天主教徒一跃成为英格索尔派教徒（Ingersollist），同时又是一个同样虔诚的清教徒，因为正统无神论自然是一体的。但就因为这个原因，我们不能在她母亲的教导中寻找伊莎多拉反对婚姻的决心，也不能在任何地方寻找，只能在她自己大胆、自信的灵魂中寻找。

一个年轻的女孩，相貌美丽，加上我们之前所批评的那种教育令她散发的魅力，自然比同龄的古板女孩更为优雅，也更容易胜出。她本可以坚决自愿地为自己而活，像这本书中所提到的其他冒险家那样勇敢地对抗诸神。但是我们需要注意到，奇怪的是，伊莎拉多的精神姿态并不完整。正如我所判定的那样，她自然不可避免地用一种社会理论替代了自己对丈夫身份的反对。伊莎拉多不希望由丈夫照顾她，经济上支持、养活她。她深信，这些事情应该由另外一个人来承担。在她学过词汇之后，她说那个人正是国家。但是，一开始是地主，是富人，是公众，不是亲戚，不是父母——她甚至从未想过要求助于父母亲朋。应该说，那个人，就是社会。从她的忏悔中，能找到许多很好的例子。在纽约的一场音乐会表演结束后，伊莎拉多收获了掌声、赞扬和报酬。然后，她立刻毫不犹豫地走向给她奖励的那个有钱女士，要求得到更多的赏钱。"那位身价6000万的女士，在听完我的要求后，走到她的桌前，开了一张支票给我。"只有50美元。想一想吧，类似这样的经历不断重复。在伊莎拉多小的时候，家里没什么东西可以吃，"大人常把我送到屠夫那里去当志愿者，我常常靠小聪明从他那得到免费肉……他们也让我去面包师那里赊账"……即使在这个年龄，哪怕她能看出一点点，这些行为是有伤尊严的，她肯定会愤怒地拒绝去做这些事。可事实是，这些事情在她看来，是一个简单的公正问题，拥有的人就必须给予。

在这一点上，这个本质是社会的，如果不是，这种与尼采关于穷人权利的观点相反的看法，大多数的男人可能不会同意。有多少女性会从内心赞同，我不知道。事实上，在现代社会的各种形态中，女性与男性的社会理想是截然不同的，两者之间的一致性并不是偶然的。在它的尽头，是国家这个伟大的供给者——是每个女人的丈夫，每个孩子的父亲。对白日做梦的人来说，这是一个有趣的研究。如果情况真实如此或者大概如此，这种冒险的、非社会化的男性化生活，注定要呈现出更严厉残酷的反叛特征。

无论如何，伊莎拉多的生活形式从一开始就包含着对社会的依赖心态和情感，真诚的、不容置疑的，可能还有补偿心理。因此，除了舞台之外，她很难去设想其他的生活方向。在这条道路上，有着她对生活大部分的美好幻想，她几乎从一开始走路就踏上了这条道路。

伊莎拉多坦诚地向我们描述了她的发明，即后来被不恰当称为"古典"舞蹈。如果是将这个辉煌的形容词用于其他艺术，这种个人情绪和个人品位放纵应该是属于"浪漫主义"而非"古典主义"，采用浪漫这个词可能暗示了这个名字之中是有一些幻想的模仿存在——模仿了古希腊闲散之人华丽浪漫的姿态。如果说在这个模糊的主题中有什么是确定的，那就是古希腊全盛期时的舞蹈与伊莎多拉舞蹈的相似之处，并不比忒奥克里托斯（Theocritus）①的诗歌与格特鲁德·斯坦（Gertrude Stein）②充满诗意作品的相似之处更多。6岁时，伊莎多拉已经能在她妈妈伴奏下翩翩起舞，非同寻常的活力和优雅的表演让其他孩子很是羡慕，于是纷纷要求父母出钱请伊莎多拉来教他们跳舞。教课是邓肯实践哲学的第一个思想成果。

后来，母亲似乎注意到这样的表演也许会带来丰厚回报，便送女儿去正规的芭蕾舞学校接受训练。学校校长是"旧金山最著名的大师之一"，鉴于当时艺术在全世界范围内的衰退，这肯定意味着相当奇怪并且糟糕。他是个十足的傻瓜，所以当这个小女孩自信满满地告诉老师，她不喜欢他教的舞步，因为"它们很丑陋，也违反自然规律"，老师顿时呆住了，好像不知道该如何回应。这一幕发生在第三节舞蹈课上，此后伊莎多拉再也没回去上课。从那以后，她开始发明属于她自己的舞蹈艺术。

---

① 古希腊著名诗人，学者。西方田园诗派的创始人。早年在亚历山大学习，后返回西西里岛生活。一生从事诗歌创造，最为出名的成就还是田园诗歌的创作。在此之前的所谓的田园诗歌只是一种与音乐结合起来的民间创作，而忒奥克里托斯则将它彻底转化为一种纯文学体裁。在他之后，田园诗派得到了巨大的发展，并逐渐成为欧洲文学中的主流体裁。

② 美国小说家、诗人、剧作家、理论家和收藏家。斯坦小姐的作品独树一帜，标新立异，她致力于语言文字的创新，对语言文字进行了变革，由于受到威廉·詹姆斯、柏格森及毕加索等绘画立体派的人物及他们思想的影响，她淡化甚至抛弃了文字的字面意义，用文字筑成一个立体的建筑，直指人物灵魂的深处。斯坦小姐通过新的语言表达方式和写作技巧来增强语言的表意功能，将绘画与语言有机地融会在一起，让人感到似是而非，朦朦胧胧，亦真亦幻，别有一番独特感受，对20世纪西方文学产生过重要的影响。

因此，这种自然流露出来的，结合了个人感受、理论和实践（并不只是舞蹈）的艺术，在这个时期的前十年碰巧迎来了自己的兴盛，而且虽然它的影响在减退，却持续到我们这个时代。你可以说，这是伊莎多拉冒险的手段、海图或刀剑。因此，我们必须再次停下来，仔细地研究它。从纯粹的学术角度来看，这种"自由艺术"理论可能会被描述为一些遥远的浪漫主义的灵感的遗存，我们名义上称之为英国抒情流派；甚至像是狄俄尼索斯或以赛亚疯狂的神谕，更令人印象深刻。将我们严格意义上的舞者与他们的诗人画家朋友做比较，与诸如威廉·布莱克（William Blake）①的壮丽宏伟篇章做比较，这样的冒险行为让我感到一种荒谬的厌恶。我宁愿冒着风险、麻烦直接去解决问题。就我看来，如果我理解正确的话，伊莎多拉所想的是，艺术家应该回归自然，特别是回归自我，这与所有其他艺术中所持的观点是一致的。不再有规则，不再有传统，"人造的"这个词语涵盖了所有与"自然"相反的事物，以及所有琐碎、虚假，也是糟糕的事物。现在我认为，所有这些理论都是她在生活的其他事务中不厌其烦地谴责的那种清教徒主义的明显副产品。同样的两种情感，一种是公开的，一种是隐晦的，都呈现在这两个理论之中。其一，是对"人造的"公开的恐惧和憎恨，这种对人性的美化装饰恰恰是文明的本质。比如，伊莎多拉强烈谴责踮起脚尖跳舞，但

---

① 英国第一位重要的浪漫主义诗人、版画家，英国文学史上最重要的伟大诗人之一。主要诗作有诗集《纯真之歌》《经验之歌》等。早期作品简洁明快，中后期作品趋向玄妙深沉，充满神秘色彩。

正是这个精致细腻有独创性的发明，通过它，舞者似乎能够实现人类普遍的飞行梦想，并挣脱脚镣的束缚；这就和助祭谴责口红、托尔斯泰信徒谴责锦缎或者贵格会（Quaker）①教徒谴责教堂礼服和彩色玻璃一模一样。

可是，自然这位亲爱美丽的母亲，所有这些艺术家都邀请我们回到她的怀抱，但她却不想要任何人。大自然是夜晚，是冰山，是不宜人类居住的峭壁，是海洋中黑色的海湾，当我们真正见到它的时候，被吓得发蒙发抖。它就像是一只被囚禁的母老虎，当我们在船只、绳索和车队的保护下，能鼓起勇气面对她时，她却甚至都不正眼看我们，她那巨大的徘徊不去的力量根本不能被模仿！郊区的风景、整齐生长的树、缓缓弯曲的河流，自然还有一座可爱的小茅屋坐落在前面的空地上。可是，这些都不是自然的，而是人造的，是人类的作品。甚至我们在她的面具上画了一个友好的微笑，但也无法改变她的敌意。亲爱的自然主义者，夜莺并非是在为你我歌唱。花儿是骄傲的，你们祖辈大汗淋漓种下的树木，也不会对人类饱含感激之情。所有的动物，除了依附我们生存的家养狗或者猫，都憎恨我们；一只不会为大象让路的麻雀，却会在最似天使的孩童靠近它们时躲起来。仲夏之夜，在最有人性的人造公园里散

---

① 亦称公谊会(Religious Society of Friends)或"教友派"。基督教新教宗派之一。17世纪中叶英国人福克斯所创。认为教会和《圣经》都不是绝对的权威，每个教徒都能追求"内心之光"，体认上帝存在于内心。反对设立牧师，不举行洗礼、圣餐等仪式，礼拜没有固定的程序。提倡和平主义，反对一切战争和暴力。17世纪70—80年代，大批向美洲移民。主要分布于英美等国。1886年(清光绪十二年)传入中国。

步，将所有二流诗人带给你的伪善言辞（莎士比亚从来不会误导我们）从脑海中清出去，你首先会惊喜地发现生命的洪流在沙沙作响——它们都希望你不要过去，然后你会痛苦地感受到，当你迈出第一步时，所有的生命顿时都沉寂、消失了。树木背对着你，在它们眼中，你是扫兴之人，一个不受欢迎的人，是令它们惊恐的人类。用食肉的类人猿做的一个奇怪实验，证明整个大自然都希望有一天人类会灭绝。因此，还是不要打破自然母亲那令人畏惧的平衡，把自然母亲留给它们吧；我们，就在它看不见的地方建一个美丽世界好了，这才是明智必要之举。

自然母亲对美的标准，和我们不一样，这是危机所在。她也许是用一种古老的可恶的轻蔑态度来评价我们，就像我们发现一个嘴唇上挂着大盘子的唇盘族黑美人那样。一个裸体的女孩走在森林中，一只最普通的鹿从她身边经过，即使是17岁花季的伊莎多拉，若你想象力够丰富的话，你完全可以怀疑，大自然会对这个漂白的、两腿分叉的弯曲东西充满了蔑视。

现在，让最慈爱的母亲想起她最甜美的宝贝，重温育婴室里的秘密，如果她听到方济各会敢于向不报复、不具破坏性的安宁心灵布道，她也不敢感到尴尬。正如老爱抱怨的约翰逊所说，如果我们愿意的话，一起来谈谈伪善之言吧，但是应该谨慎地考虑是否应该相信这些话。自然对美的标准，不论是对身体还是心灵美的标准，都超出了我们的能力范围。我们天生丑陋。如果被遗弃在丛林里，我们只会变成最令人憎恶的爬虫，再加上这个毛病，我们会非常危险。

如果这个来自旧金山的小女孩以一种平静又鲁莽的态度所要教给我们的，就是我们全部的希望，那前景很可悲。除了孤独生活和挖地洞以外，凯列班（Caliban）^①还能做什么？我认为并且我很希望这个女孩弄错了。人类可以正视大自然，以轻蔑的态度回敬它，用高尚的标准来反对那些标准，如果那个伟大的愚蠢的女神有一点智慧的话，这可能会使她难堪。远海的喧嚣比不上莎士比亚作品中的临终演讲；勃朗峰的高度也要比贝多芬奏鸣曲略逊一筹。叔本华说，站在小鹿旁边的任何女人，都是怪诞可笑的。但是，如果让米开朗琪罗给她裹上丝绸，穿上鞋子，小鹿可能会来舔她的手。通过艺术家们累积的灵感和技巧，女人、男人和城市都远远超过了自然本身，如同在群星的清辉照耀下在潟湖上缓慢行进。或许大自然这位继母只能让孩子成为可怕的动物，而人类的诗歌却将他描写成神，并终将有一天把他变成神，这就是艺术的功能。去成就一个超自然的世界，而不是模仿自然。

就像我拒绝她关于自然界的稚嫩论断一样，她误解了自然与她的相对位置，所以必须排除这样的推论：一个艺术家，没有经过学习，也拒绝所有前辈天才艺术家的帮助，那就只能表达他自己可怜的观点，而且要确信，只有这样，才值得。正确认识自然的位置，并不是任何一个天才的工作；这样的天才曾在我们中间出现过，不是每年都有，但至少在某些时代中有过。实际上，约翰，或者琼、布兰克，没有受过教育，仅凭天性是极不可能创造出能让蚯蚓沉思的诗篇、协奏曲或舞蹈。但为什么应该是这样？除了某种崇高的乐观主义外，这种对所有自我表达的内

---

① 莎士比亚剧《暴风雨》中半人半兽形怪物。莎士比亚将凯列班比喻为殖民地的原住民土著有色人种。凯列班所表现出的是被殖民者所受的压迫和人权上的扭曲。

在价值的信心又是基于什么呢？

有关伊莎多拉的基本理论、有关她冒险的工具，我们已经说得够多了。不管怎样，她是个伟大的人物，尽管她从未承认过这一点，也可能从未意识到这一点，她却利用了这一点。为了竭力维持她的天性，伊莎多拉借用并采取了希腊花瓶的造型。她是一个纯粹的灵感论者，逐渐构造了一套属于她的复杂技巧，在某些方面超越了那些旧的部分，只是她自己从未彻底了解这一点，直到为时已晚。她为佳吉列夫（Diaghileff）①芭蕾舞注入了许多东西，她自己从来不跳芭蕾舞。

但这只是预期。当伊莎多拉踏上征服世界的征程，获得超越所有美国女性更大的名气和影响力时，别忘了其背负着家庭的重担，伟大的想法仍然只处于幼稚初步的阶段，就像是一把木制的剑。不过从另一个层面上来说，这把木质的剑，加上她所实际拥有的东西，比如绽放的青春、美丽的容貌、健康的体魄，形成独特的活力合体，也同样充满力量。别弄错了，为她打开成功大门的，不是因为她将深奥的音乐变成了跳跃和摇摆的动作，而是全靠她的双腿。

---

① 谢尔盖·佳吉列夫（Сергей Павлович Дягилев，1872—1929），俄裔舞剧活动家。1896年毕业于圣彼得堡大学法律系。曾任《艺术世界》杂志和《帝国剧院年鉴》的编辑。1909年起组织俄国著名艺术家去国外举办俄罗斯演出季，随后创办佳吉列夫俄罗斯芭蕾舞团，与欧洲著名舞蹈家、音乐家、美术家合作，演出许多著名芭蕾作品，发现并培养了尼津斯基（Вàцлав Фомич Нижинский，1889或1890—1950）、马辛（Леонид Фёдорович Мясин，1896—1979）、巴兰钦等一批舞蹈家，推动了芭蕾艺术的复兴。

成功不可思议地来得太快，她的自我信念如此纯粹，以至于成功对她来说，是无法忍受的漫长。所有认识她的人，都被这个天真的美国小女孩所迷住，她口中充满激情的抽象名词，她无意识表现出的迷人自负，还有她新奇异常的旋转，让每个人为之着迷。伊莎多拉披着利伯缇面料制成的薄棉衣，用"所有人都惊叹不已"的悲惨表情，为他们表演门德尔松（Mendelssohn）的《春之歌》，然后她姐姐朗读安德鲁·朗格（Andrew Lang）[①]翻译的式奥克里托斯诗篇，接着，再由她的一个兄弟做"舞蹈对人类将来所带来影响"的演讲。

　　英国人不喜欢演讲和朗诵，更不喜欢明亮的伊莎多拉。她所探索的伦敦社会的各个阶层或各个阶层所表现出来的礼貌的冷淡，就像一种不确信的钦佩，使她感到有些扫兴。在伦敦，如果仅仅是因为语言，那么邓肯一家似乎很快就放弃了表演中的语言部分。可是，她在那里取得了很大的个人成功。不过此后，她似乎又开始了一段像过去那样赖租金和在公园长椅静坐沉思的时光。大多数舞台艺术家的传记里都是如此，成功的闪耀过后，总有一些令人不安的东西突然袭来，令人再度陷入默默无闻和贫穷。在此期间，邓肯一家去了不少博物馆，他们其中一人"制造了丑闻"，而伊莎多拉也和柏拉图式的年轻诗人们调情。

　　之后当然就是巴黎了。伊莎多拉感受到巴黎和伦敦这两座城市对他们不同的欢迎和接受程度，但是她没有准确地认识到受到了民族主义的

　　[①] 苏格兰著名诗人、小说作家及文学评论家。其对人类学亦有所贡献。安德鲁·朗格在当代最为人熟知的是其对民间故事及童话的收集。

公式所误导，并且影响了她一生中的许多想法。并不是因为"英国人冷酷且不易情绪化"，而在充满生动艺术气息国度的法国人就"回应更加热烈得多"。这就是一条昏暗小径和明亮大道之间的区别。民族性格的特定区别，如果真的存在，也是难以捉摸、难以言说的——虽已经过了千年的演变，却也只是在很短的时间里发生深刻的进化——它们同属于一个可爱的区域，在这片区域里，想象力召唤着科学，却遭受到冷落，而心灵感应、水下探测和"十个遗失部落"①的理论占据了这里。这是一个不必要假设的领域。英国人的性格可能是含蓄的，也可能不是含蓄的，不过英国文化确实不喜欢新鲜事物。由于他们所接受的教育以及由此产生的神经官能症，英国人在艺术上缺少一种最重要的东西——崇拜，他们很希望能够像戴着帽子在教堂里祈祷那样来崇拜艺术，而神圣的第一要素，就是年龄。如果是今天，或者就再过个几十年，伊莎多拉能够重返伦敦，尽管她已经老了，腿脚也不方便，但是这是一种习俗，她应该会动摇她对英国人冷淡的理论。但是在法国，作为现代文明的自然对立面，新奇是必不可少的，似曾相识的感觉也就不受欢迎。法国人觉得，伊莎多拉不仅新奇，而且时髦。伟大的美国清教主义在其不可抗拒的退潮中将她带到了"自然"和鼓舞人心的模式之中，法国人对独创性的痴迷席卷了所有的艺术领域。每个人都模仿伊莎多拉那样说话，每个人都模仿她那样，通过拒绝学习基础知识来发现伟大秘密。自我表现的盛宴已经出炉，伊莎多拉端着开胃小菜走了进来。这些在我看来，环

---

① 古代以色列人十二支派（或称氏族）中失去踪迹的10支。这10个支派属于北国以色列，在北国以色列被亚述摧毁（约公元前722年）以后，便消失于《圣经》的记载。

境条件支持并促进了这位勇敢小舞蹈家的公共事业。最开始，每一年，或者几乎每一个月，伊莎多拉的名气都在扩大。她很早就有觉悟地拒绝了一份报酬优厚但却有失体面的柏林音乐厅的邀约。但是她却存在着所有真正冒险家都普遍拥有的矛盾之处，那就是这种献身于冒险事业的人们所具有的奇异的远见，这也是他们直接意志的道德转化。伊莎多拉以这样的速度朝着某个地方走去，对那个方向的命名萦绕着她的思绪。有一段时间，正如她拒绝德国音乐厅经理时所说，"她到欧洲来，是要通过舞蹈实现宗教的文艺复兴"。在更长的一段时间里，伊莎多拉试图在自己的艺术理想和优柔寡断的人道主义之间找到一种协调联系。素食主义在她计划中时隐时现，政府对可怜孩子的资助因为"返回斯巴达"而被弄乱了。伊莎多拉尽全力想弄清楚自己到底打算做什么。她站了好几个小时"接着陷入狂喜，说找到了通过肉体表达人类神圣精神的方法，把母亲吓了一大跳"，然后用一个模糊的公式把她所发现的东西总结出来；她曾疯狂地努力预言，就把她所得到的这些神秘结果虔诚地留给她的门徒吧！我们只需要注意的是，不论其意图的程度如何，很明显能看出，她是努力想将艺术摆脱对年轻躯体的依赖，她预感她的舞蹈终将会变成一门艺术，中年妇女完全可以和19岁的年轻女孩跳得同样精彩。一位上了年纪的芭蕾舞演员至少可以和舞台新秀一样讨人喜欢；难道舞蹈仅仅是展现身着轻柔纱衣的美丽少女的魅力？难道多一分或少一分都会让人难以忍受？难道她就不能创造出更加超越的经典舞蹈？

这不是我该回答的问题，我也没这个能力，我注意到这个问题的深度，伊莎多拉对这个问题的关注一直持续到她生命的最后。此时，伊莎多拉的名气稳步上升，席卷了几乎欧洲的每一个首都城市。她最喜欢的是圣彼得堡，在那里，她遇见了非官方俄国芭蕾舞的创造者佳吉列夫、巴甫洛娃（Pavlova）①和尼金斯基（Nijinsky）②，让她收获颇丰。

至于伊莎多拉另一种生活方面的进展，这样说吧，就是关于她私生活的冒险，我并不打算按时间顺序将她在自传中已详细公布于世的事件再勾勒一遍。让人们对任何情爱之事都感兴趣，这也许是文学中最困难的壮举；就像伊莎多拉有着令人敬佩的常识，她从来都坦诚，自己并不是一个好的作家（虽然她足够真诚）。这些风流韵事本身是平淡无奇、令人费解，只是她在这些事情中非常慷慨大方，这着实很少见。那些男士大都令人非常尴尬，似乎在他们与这位完全冷漠的女孩的关系中，她对他们无欲无求（除了对国家有要求，她对任何男人都没有要求），男性沦为了昆虫和蜘蛛中那愁眉苦脸的雄性角色。

世人都知道，所有不可言传的诗歌的结果，就是两个精致的孩子。世人也知道他们的命运，并对此抱有强烈的同情。两个孩子和女家庭教师同乘的出租车掉进塞纳河，被淹死了。整件意外就是这么简单，这么可怕，充满了愚蠢的恶意，这就是自然和命运。里斯本、旧金山、墨西

---

① 俄国女舞蹈家（АннаПавловнаПавлова，1881—1931）。1899年毕业于圣彼得堡皇家芭蕾学校。1905年任玛利亚剧院主要演员，主演过许多芭蕾传统剧目，如《天鹅之死》《埃及之夜》《阿尔米达帐篷》等，表演风格严谨、细腻，富于诗意。1910年起自组小型芭蕾舞团，1914年后离开俄国，旅居欧美各地演出，使俄罗斯芭蕾舞学派得到广泛传播。

② 波兰血统的俄国芭蕾演员和编导。20世纪的芭蕾史上，素有"最伟大的男演员"之誉。

拿（Messina）①，还有泰坦尼克的毁灭，以及塞纳河大道慈善义卖会的火灾，都是自然原因造成的。这也是事物现状的核心，所有的乐观主义者都必须对它作出一些解释，如果他们要的不只是麻醉剂的话。不幸的是，即使还有未来生活在召唤，即使未来你会得到补偿来弥补你的不幸，甚至有一百万年的幸福时光，也不可能消除和忘却这些遭遇；或者让我们这些旁观者安心地身处这个宇宙，尽管这里孩子们被淹死后，他们只能得到一些袋装糖果，让他们忘记那令人窒息的瞬间。不论整个过程中，快乐有多大过于痛苦，除了那些有着绝对商业道德伦理的人，在大多数人眼中，恐惧却依然存在，就像是血红色的染料污染了整块织布。危险，以及它的情感附属品——恐惧，是宇宙中不可或缺的要素。因此，每一个生命都是一场绝望的冒险；对那些注定要参与其中的人来说，出生比死更危险，更具有冒险性。冒险家出去迎接怪物；我们和社会大众一起待在室内，面临的风险也并不会减少。

任何生命，即使是最粗糙、最严酷的生命，也必然会被这样的打击一分为二；它远远超出了人类弹性的极限。只有在形而上学的意义上，才能有人格的连续性。但这种干净的断裂可能会呈现出不同的外观，其种类甚至包括伪装。最明显、也是最不美丽的反应，就是死亡或者发疯。于是就有了自杀，对那些被折磨得忍无可忍的人来说，有一种自杀的形式是认为自己已经死了。"我死在了那里"，我相信伊莎多拉曾对别人说过这句话，只是流血这个程序还没完成而已。在这种情况下，出乎那些头脑简单或者迟钝之人的意料，可能会有一种连续性的假象。它

---

① 意大利西西里岛上第三大城市，也是墨西拿省的首府。

看起来就像是同一个人，仍然按照同样的计划，朝着同样的方向，过着同样的生活；即使遭受了打击，但他的生活依然平稳顺畅继续下去，这让旁观者很是钦佩，或者也有人私下骂他麻木不仁，这取决于旁观者不同的精神品位。

这样的欺骗我们是不会上当的。我们知道，那个我们曾经认识的伊莎多拉·邓肯，那个轻佻而多愁善感的女孩，她像所有讨人喜欢的人那样，有一点荒谬可笑，那个几乎误导了整个欧洲文化十年的宽厚慷慨的女孩，现在已经没有了。这是另一个同名的人，她接替这个死去的女孩，继续完成她的冒险，就像是继续一份未完成的租约那样。这段冒险的质量完全不一样，我感觉，故事的主线以及所有的细节都明显增多和变得平庸。那些令人眼花缭乱的小预兆，一步步成为主角；伊莎多拉一年比一年严肃，对惊人的发现也不再抱有热情。她的舞蹈没有增添任何新意，倒是技巧方面变得更刻意、更完整了。

从对她俄国之行、与叶赛宁（Essenine）[①]的婚姻以及悲伤返回

[①] 谢尔盖·亚历山德罗维奇·叶赛宁（СергейАлександровичЕсенин，1895—1925），苏联诗人。出身农民家庭。1912年毕业于师范学校。当过店员和校对员，同时写诗。1916年出版诗集《扫基日》，其中有描写自然景色的抒情诗和带有神秘色彩的宗教诗。同年应征入伍，1917年二月革命后退役，加入左翼战斗队。写有《变容节》《乐土》《约旦河的鸽子》《天上的鼓手》等著名诗篇。1919年参加意象派文学团体。十月革命后写诗歌颂革命，如《同志》《宇宙的鼓手》《列宁》《大地的船长》等。逝世之年创作诗歌较多，组诗《小酒馆的莫斯科》，反映了作者心灵的不和谐乃至抑郁和消沉；组诗《波斯抒情》是作者在想象中神游波斯的欢歌；长诗《安娜·斯涅金娜》塑造了农村新生活建设者的鲜明形象。同时还出版了诗集《苏维埃俄罗斯》。离世前月余曾因精神病住院治疗，同时完成自我拷问式的长诗《忧郁的人》。后在列宁格勒的一家旅馆内自缢身亡。其诗作语言朴实，旋律优美，表现力很强，具有浓郁的俄罗斯民族特色。

美国的叙述中，我发现，她有两位朋友具有很恰当的历史责任感，给我们呈现事实一点也不有趣，反而令人忧虑痛苦。伊莎多拉搬到那儿，那里的人们大多数都是自命不凡却无足轻重的人。卢那察尔斯基（Lunacharskys）[1]们、马里恩果夫（Mariengoffs）[2]们，以及意象派（Imagists）诗人们[3]、迟来的未来主义者（belated Futurists）[4]们，

---

① 苏联政治活动家、文艺批评家、哲学家。主要作品有论著《唯心主义与唯物主义》《资产阶级文化与无产阶级文化》《实证美学原理》等。

② 俄国诗人、小说家、剧作家。他是想象主义的领军人物之一。

③ 现代文学流派。20世纪初由英、美等国青年诗人在英国伦敦组成，他们接受东方古典诗歌的影响，提倡一种"坚实"的诗风，强调用客观的准确的意象代替主观的情绪发泄。旅英美国诗人庞德在《诗章》上发表纲领，声称诗应当描绘"意象"，即"一种在一刹那间表现出来的理性与感性的复合体"，"准确的意象"能使情绪找到它的"对应物"，要求观察精确，表现具体而简洁，不加渲染，不带任何一般化的评论，用词平易，题材不拘，格律解放，是对英国维多利亚时代陈腐和含糊诗风的反拨。其浓缩、凝练、诗情藏而不露却又容易感受的特色，对欧美现代文学创作和批评有较大的影响。但其意象在容量和深度上的拘谨性，又限制了感情的抒发。代表人物还有杜丽特尔、阿尔丁顿（Richard Aldington，1892—1962）、洛威尔（Amy Lowell，1874—1925）等。

④ 亦称"未来派"。现代西方的一种文艺思潮和流派。20世纪初发端于意大利，随后波及俄国，在法、英、德、波兰也有影响。1909年意大利作家马里内蒂在法国《费加罗报》发表《未来主义宣言》宣告其诞生，次年又发表《未来主义文学宣言》，进一步宣布该流派主张。声称20世纪初工业、科学、交通、通信的飞速发展，使世界与社会根本改观，机器与技术、速度与竞争已成为时代主要特征，未来的文学艺术应该具有"现代感觉"，"歌颂进取性的运动""机器文明"，赞美"速度的美"与"力量"。认定人类既往的文化都已腐朽，无法适应当今时代，由此提出"摈弃全部艺术遗产和现存文化"，不满现存秩序。在他们看来，战争、暴力、恐怖，都是为着摧毁旧的传统，创立新的未来所必需的，因而值得礼赞。该派在1926年曾得到墨索里尼的支持，成为宣传暴力政策和战争政策的工具。在俄国，未来主义分"自我未来主义"和"立体未来主义"两派，后者倾向革命和进步。

构成了全部乐队成员。她也无法像另一个伊莎多拉那样，将他们变成怪诞的背景来衬托她自己华丽的生命之舞。正如她的密友们所记录的那样，一件接一件的事情，让我们感到不安。伊莎多拉同意居住在一个艺术家的公寓里，这位艺术家是个舞者（跳芭蕾舞），被逐出了莫斯科，并愉快地批评那里的家具不够舒适。还有一次，她去一家从中产阶级女性那征用来的大商店里挑选皮毛大衣，她选好了一件，以为是免费的，结果受到了官员的斥责。当伊莎多拉提醒乐团里的指挥家，她"为帮助俄国的孩子们"牺牲了很多时，这位指挥家却领着乐队轻蔑地离开了。

最令人失望的，是她与年轻的谢尔盖·亚历山德罗维奇·叶赛宁的婚姻。叶赛宁是新俄国新文学的奠基人之一，他的价值无法在翻译作品中保存下来。尽管总的基调和主题的选择可能是他们自己的，或者至少是真实的民族的，关于流浪汉、恶霸、流浪汉等生活的事件，他们的大多数技术和理论似乎都有一个谱系。他们所做的事情，多数都是源自法国巴黎的拉丁区；都可以在10年或12年之前的拉丁区找到踪迹。

因此，巧合的是，这些年轻的自我表现主义者，在"叶赛宁和库西科夫的带领下，带着他不离身的巴拉莱卡琴（balalaika）①，闯入了房间，闯进了宁静的伊莎多拉神庙之中"，这些年轻人或多或少继承了一点先辈们的精神血统。而伊莎多拉仿佛回到了年轻时创造全新舞蹈艺术的时代。考虑到这一点，你便能理解伊莎多拉与她年轻丈夫第一次会面的描述了。

---

① 又称三角琴、俄罗斯吉他，是俄罗斯的一种弦乐器。

"她从长沙发上站起来，请钢琴师弹奏一曲肖邦的华尔兹，她觉得这首曲子会打动这位金发诗人的抒情灵魂。她狂喜而又妩媚地跟着节奏舞动！当音乐结束时，她带着天真的微笑走上前，她的眼睛光芒四射，将手伸向正在和同伴大声说话的叶赛宁，并问他是否喜欢她的舞蹈。译员将她的话翻译给了叶赛宁，叶赛宁说了些粗俗狂野的话语，引来他醉酒的朋友们发出粗鲁野蛮的笑声。充当翻译的朋友有些犹豫地对伊莎多拉说：'他说你跳得——太糟糕了……他都可以跳得比你好。'"

"还没等翻译将整段话告诉沮丧而羞愧的伊莎多拉，诗人已经像一个疯子一般开始在工作室里跳了起来。"

这就是他们的第一次见面，后来，伊莎多拉与此人的婚姻几乎贯穿了她的余生，这是伊莎多拉的冒险。在我看来，这是我们所说过的所有不幸结局中最悲惨的；但婚姻既有内在的一面，也有外在的一面。伊莎多拉嫁给这个年轻人，"是因为她想带他离开俄国，让他看看欧洲的一切美景和美国的一切奇迹"，简单来说，就是想给他一段快乐的时光；他立刻接受了这个计划，这位金发碧眼的家伙，有着一张被宠坏的娃娃脸，额头上戴着一顶"礼帽"遮盖住了黄色的头发，这个造型曾经在英国列兵中很流行。作为一个典型的假冒险家，他值得我们注意一下。虽然叶赛宁比伊莎多拉年轻几十岁，但由于习惯不好，他的健康状况已经长期不佳。因为他只懂俄语，所以他们之间很少交流。除了他那富有诗意的自命不凡，还声称自己是个冒险家，自然也是最勇敢、最无私且最富有幻想的人，这就是他对待生活的态度。他过着朝不保夕的生活，挥霍他根本消费不起的东西，从不偿还贷款，凡是易碎的东西都把它打破，蔑视除了他团伙之外的所有人。没有他们，他从来没有动过手。但和他们在一起的每个夜晚，都是以大声争吵和搏斗受伤而结束。总之，正如他根据自己对改良兰波主义的想法所写的那样，他是按照自己对勇者形象的理解而生活。

但是，在背着这个自我表现的沉重包袱环游了半个世界后，伊莎多拉发现，这个包袱里面装的，不过是占有和自我保护的普通本能。带着对资产阶级最彻底的蔑视，叶赛宁自然接受了由伊莎多拉承担所有费用的提议，包括机票、骑马、大酒店套房，以及在伊莎多拉举办的派对中拥有贵宾席位（通常来参加派对的都是很有身份的尊贵之人）。在这场令人唏嘘的旅行中，叶赛宁过去生活中的品行暴露得淋漓尽致，比如"进入阿德龙酒店的房间内，他发现伊莎多拉正捧着一本相册哭泣，里面有她无法忘怀的迪尔德丽（Deirdre）和帕特里克（伊莎多拉的两个孩子）的画像。叶赛宁立刻无情地将它从她手中夺过来撕碎，扔进火里。当伊莎多拉想要拯救她珍贵的纪念物时，他醉醺醺将她拦住，大吼道：'你花了太多时间想这些东西——这些孩子。'"事实上，叶赛宁在认真地执行着他在写给学校的一封信中总结的教义，"让我们嗅到邪恶。让我们在大家面前厚颜无耻地搔屁股吧"。在巴黎的旅馆里，她被一阵狂乱的摔碎和喊叫弄得狼狈不堪，还向他的众神献上了许多其他的祭品。不过，有趣的是，一旦警察出现，他便立刻停止了恐吓。当脾气暴躁的巴黎警察将他带走的时候，他温顺得像羔羊一样，低声咕哝着"好的，警官"。

当所有的一切结束时，包括打砸、挥霍、恐吓、酗酒、在柏林损坏家具、在巴黎破坏套房、在卡耐基音乐厅狂欢、在波士顿挥舞围巾等，他们回到了俄国。接着，伊莎多拉和她的朋友们发现，叶赛宁偷走了她所有的内衣，并把它们送给了他贫穷的家人。像大多数巴黎的杂货店冷漠男孩一样，叶赛宁对自己的姐姐和母亲慷慨大方，充满爱意，每一样他拿走的东西，都叠得整整齐齐。当他们用武力把他的箱子打开时，呈现在眼前的是"一个理发用品店旅行推销员货真价实的百宝箱。里面有肥皂盒和昂贵的散装香皂，各式各样的大小瓶装香水，瓶装的润发露、润肤乳、润发油，管状牙膏，剃须皂、还有一包包的安全剃须刀"。

　　正在伊莎多拉和朋友们翻找东西时，年轻的丈夫冲了进来。"我的箱子！谁在乱动我的箱子？谁敢碰我的箱子，我就杀了谁！"

　　伊莎多拉的冒险之路就这样通向了一片沼泽。一段开始时快乐勇敢的飞行，却偏离了方向，我们所关心的是这其中的原因，它是否会是所有女性冒险中的一个常数呢。道德上的赞扬或谴责超出了我们的范围。不过很容易看出，其中起作用的，并非不合理的命运法则，而是某种虚假的品味，是"采用了谎言"。从小的一点来说，叶赛宁的性格几乎是非常符合伊莎多拉一生都在宣扬的那种理想表达；一种不符合逻辑的正派行为拯救了她，这种正派行为与她不断突破的原则相冲突。对财产和舒适生活的真正蔑视（不仅仅是对他人财产和舒适生活的蔑视），是完全可能的，但这只会表现在苦行者和隐士的生活中。那些喜欢花钱、挥霍、浪费，住最好的酒店、酗酒，喜欢好的伴侣和享受肉体快乐的人，就必须靠自己挣钱来为自己买单，否则就该被诅咒为带着丑陋保护色的寄生虫。不要把波西米亚人当作你的理想，否则有一天，你就可能会和他们中的某个人浪迹天涯。

　　不过这桩婚姻只是伊莎多拉所经历的悲伤风景中的一个特点，散发着死水的臭味。她在自己宇宙中所犯下的每一个脆弱的错误，都是一个弱点，迟早会令她崩溃。在俄国这个她曾实现梦想的地方，她的舞蹈，甚至她对未受过教育的穷人的盲目崇拜，都非常残忍地背叛了她。人可以依赖一部构思精良的小说创作。我们看见那位曾吞下男孩子书籍的查尔斯，远远地走进了俄国。但是，我相信，一个错误如果足够重大，是可以腐蚀掉最强壮的生命，会让最腾飞的冒险变成坏疽。如果伊莎多拉能有意识地承认，她为他们所创造的艺术是个失败，在他们国家的一大片土地上，她走过一条漫长而可怕的道路，走在一位正在取得巨大成功的老派芭蕾舞女走过的台阶上和身后，而伊莎多拉甚至不得不努力假装，好让自己显得有礼貌——如果她能承认这点，会比叶赛宁给她带来的伤害更深。在舞台、面具、年轻苗条身体以及所有灯光音效等巧计的帮助下，伊莎多拉创造的舞蹈，或者说是她改编的舞蹈，甚至就是剽窃的舞蹈，仍然吸引着全欧洲的观众，而且其衍生物或许会成为这门艺术的附加剧目，这门艺术并未如她所愿那样消亡或者被取代。

但到最后，伊莎多拉人生的悲剧性转折是由她自己特有的因素造成的，尽管在我们这个女性雄心勃勃的时代，无论在规模、名望还是创意上，她都是独一无二的，而且（这会让迷信之人感到不安）受到了那可怕的外来邪恶之力的干预。也许你还记得，在洛拉的生活历程中，我们也曾提过，在对待女性冒险家这个方面，诸神都像女神那般残酷。

伊莎多拉的一生影响了一种宽松、流畅的着装风格，这点不必赘述。这种风格就是法国女裁缝所称的"蓬松风格"。然后，某天晚上，在法国尼斯的盎格鲁街上，伊莎多拉的长围巾不小心被一辆急速行驶汽车的车轮绞住了，好像这辆车是恶意拉她似的，瞬间就要了她的命，而她的许多新计划都还未完成。

第十一章

伍德罗·威尔逊（Woodrow Wilson）

《伍德罗·威尔逊1875年的肖像（1906—1912）》，帕赫兄弟摄

之所以把威尔逊（他名气大得完全可以只用姓氏称呼）写进这本研究里来，并以他作为本书的结尾，可不是因为有某种过时的怪诞想法引诱了我，而是因为我坚信，唯有如此这本书才算完整。在历史上，我们再不能找到另一个人有如此宏大的人生，足以用一种观点就填满由千差万别的侧厅、走廊和阁楼组成的真正的统一，而这一观点也随着大厅和塔楼一同成长。我们可以把他在世界上的所作所为看成一次冒险，并把他视为冒险家(其中最崇高的一个)，这看起来很新奇，但最重要的是，我们可以毫不费力地指出两者之间，在定义上有着许多完美而明确的相同点。两者都包含许多的孤独时刻与风险因素，对威尔逊的批评声音中有一种老套陈腐的论调：他孤立了他自己。他亲笔签署的《凡尔赛条约》被参议院否决，足以证明他敢于独自面对任何情况，并坦然接受社会对他的指责，这种指责对一个纯粹的冒险家来说，就如同圣痕一般，这点我们从一开始就明白。正如我们在前面大多数的例子中所看到的，这种耻辱纯粹是政治上的，和道德没有任何关系。但是从很久以前，我们就放弃了指责和赞扬，以换取公正的特权。正是由于这样的特点和它所带来的宏大且激动人心的气氛，威尔逊的一生中的丰功伟绩，足以与我们之前所列的亚历山大大帝、拿破仑、哥伦布等人的光辉事迹相提并论，而威尔逊就像是他们高贵的兄弟，他们征服世界、发现世界、毁灭世界。作为美国大陆帝国的最高元首，他喜欢将自己的观点强加于人，这点可以问问那些党魁们。此外，威尔逊将那巨大的权力当作手中的一柄剑，何时拔剑出鞘，何时收剑入鞘，都由他自己说了算。凭借这一点，加上他思想的力量，威尔逊结束了战争。之后，为了永远终结战争，拯救人类，他亲自出征。这就是威尔逊的所作所为，至少在浪漫方面是人类以前所发生的任何事情都无法比拟的。

但是，即便他完全有资格被写进这本书，就像有资格被某个公司聘用一样；即便，说得更确切些，他的行为框架是如此明确无误，我却认为这里还有一个根本的不同，存在于他的志向之中。他的目标明确单一，站的角度更高。然而，我们却常常禁不住形成一种固定看法：每个冒险者都是为了他自己而战，或者最多为了他的家庭和家乡。可是，威尔逊是为了全人类而冒险，不是以一个仆人的身份，而是作为一位捍卫者。其动机如此纯粹，即使是死敌也难找到任何瑕疵，除了一点以外，这也是最温柔也是最情有可原的：一个人的虚荣心，实际上这算是人的最基本要求了。因此，在某种意义上来说，威尔逊的冒险也是人性的冒险。

在威尔逊那里，整个人类打破了阵营、离开家园、与宇宙和众神角力。这就是他与其他冒险家的不同所在，正因为如此，才必须由他完结这本书。

我希望我们已经走出了"只有冒险者自己才面临危险"这样的思维。留在家里的人，不论他们家里的墙壁有多厚，不论他们的堡垒多么高大，不论我们喜欢与否，都共同经历着生死攸关的时刻。一个屋顶足以遮蔽那或阴或晴的天空，但危险却如同苍穹一般，遍布四面八方。我们的冒险随着地球每一次的转动，随着浩瀚可怕太阳系的每一次抖动而向前推移。而独自的冒险者只要踏出一步，就能明白面前的风险，成群结队缩在后面的我们，却毫无知觉。他以意志的力量指出自己的道路和远大目标，可我们做不到。庞大的人类群体挤在一起（相比之下，每个人都很渺小），毫无目的地随波逐流，被风浪卷起之时，就是进步；而被浪头打落之时，便进入黑暗时代。仅仅在时间上，就有三四次，有足够大的勇气的人试图把这艘无舵的大船拖到一个方向上。或者说是把它从一个大堡礁上翘起来。这样的冒险就可以被称得上是最雄心勃勃的了；让我们用一个简单的公式来表达它：使世界成为"民主"的安全之地。

幸运的是，每个人都明白，对这个奇妙的词汇而言，其意义必须建立在大量的先决条件的基础之上；因此，我们只要回顾几个与威尔逊冒险相关的几个最重要的组成部分。

同样幸运的是，在我们这个时代，几乎大家都认为，民主应该作为一种政治制度，大家也都将它当作人类最大的希望。如同人类所有的希望那样，它的最终基础，是希望每一个人都有足够的智慧来明白自己的利益，并且能足够善良地将自己的利益转化为同胞的利益。它教导人们，所有这些意志都可以用简单的算术归纳法总结成一个单一的意志，即"人民的意志"，这个意志永远是公正的、正确的，也是明智的。

不过在实践中，人们发现，有必要对这一简单的原则进行重要修改和调整。在过去的一个世纪中，几乎整个政治史和政治哲学的发展都是源于对民主的修改和调整。因此，几乎是从一开始人们就明白，让所有公民同时按照民主的方式来表达他们意愿，形成思想和表达上的大合唱，是不可能的。像罗伯斯庇尔那样，以最纯粹的方式将民主理论付诸实践，在巴黎的大街和广场上召集尽可能多的民众，鼓励他们一起向公平和正义吐露心声，类似这样的尝试都是以失败告终，而开展这种尝试的理论家也死于暴力。此后，通过选举的方式来疏导和提炼人民自然美德的英国策略，也被普遍采用了。这个严格理论的应用常常令人失望，不过，如果将它要改良和提高的东西与各种精巧的机制联系在一起，便能勾勒出我们这个时代历史进步的轮廓。一些人，而且是最伟大的人，主张通过教育来完善本能意志的自然纯洁性，这在间接上让我们能够享受日常新闻媒体的好处。他们玄妙地将群众的吼声和嘘声转化成经过深思熟虑的政治计划，他们的研究深奥且有学问。完全不受影响的投票并不是作为人性基础的优良本能的总和，相反，完全"自主自愿"选票所揭露的，只是虚荣、恐惧和懒惰构成的糟粕浮渣，大致是这样的顺序。可是，拿破仑一世和拿破仑三世不都是公民直接投票中胜出的？这警示我们，人民的声音需要一整套调和改编的艺术才能够被理解。正如一位伟大的法国人所说："人民永远正确，但前提是你知道如何带领他们。"

伍德罗·威尔逊的思想，再加上他坚定的信念、实践、教育和博学，已成为一个知识宝库，其细微精妙的主张与更像清教徒教条似的民主思想截然不同。也就是说，威尔逊身上集合了之前所有伟大的温和改革者，从西哀士甚至伏尔泰，到格莱斯顿、加里波第和林肯。他是保护全体人类最重要希望的神圣守护者，是唯一公开的能够为大众带来幸福的计划；他自命不凡，如同天才一般，但绝对一心一意、真实可靠。如果没有清晰地认识到这一点，威尔逊冒险的范围就无从谈起。威尔逊自己就是民主的信条，他是所有相信它、梦想它、为它奋斗的人的代表。他本质上也是一个行动派，是你能说出名字的伟大哲学家和诗人们——雪莱、雨果和海涅，还有杰斐逊、米尔和马志尼手中的工具。威尔逊试图用他们的精神和科学拯救人类。在前进的过程中，会有什么样的危险，会面临怎样的结果，会有怎样的发展，答案会随着我们向前的脚步，愈发变得清楚。

那么，无论你选择喜爱还是厌恶威尔逊，都无法忽视他在历史上发挥的作用，我们可以看看他的个人历史。我想象存在着两条路通向完全的民主信仰：基督教福音派和法律。威尔逊先后运用了这两条道路。他的父亲曾是基督教长老会的牧师——当然，这是教会政府的民主形式之一。虽然没有迹象表明幼时的威尔逊有多么虔诚，但至少完全有可能让那种根深蒂固的希望进入他思想深处，那就是为全人类争取他们共同的利益，这也是民主的基石。由于这样的家庭环境，威尔逊在人生方向上没有什么选择的余地。他曾留下一份录音："我选择的专业是政治，但我被录取的专业是法律。我选择了其中一个，因为我认为法律会引导我走上政治的道路，这曾是我必然会踏上的道路；况且国会一直都是律师的天下。"

在他就读过的多所大学中，威尔逊似乎一直遵循着一种虽然常被人误解却非常正确的方针，那就是始终把自己真正的目标放在眼前，不因获得奖项时的虚荣或他人的恭维而偏离目标。他博览群书，以优异的成绩通过考试。虽然如此，他仍然"惊人地刻苦用功，满怀激情，专心致志，这也是他一生中一个非凡特质"。在约翰·霍普金斯大学，就像在普林斯顿大学和弗吉尼亚大学时一样，威尔逊非常专注于自己的兴趣，以至于"有时他会对教授产生一种有积极意义的敌意，参加课程似乎对他是干扰和阻碍，而并非他来上大学的目的"。他这段时间内主要阅读的书目被很好地保存了起来；书目的选择很妙，不仅根据他的目标进行了筛选，他甚至还筛选掉了所有不符合他信仰的作者。

经过短暂的犹豫，威尔逊从这些研究中选择了一条不同寻常但又极其正确的道路，通往他那令人惊奇的未来：成为教授。除了他之外，我想没有哪位美国总统是出身于这个职业。值得一提的是，他的故事说明，不随传统大流，走自己的路，绝不放弃目标，这种冒险者的生活方式是他们的典型特质。

威尔逊的学术著作，从《国会政体》（*Congressional Government*）到1889年出版的《国家》（*The State*），不仅能反映出他对民主学说精华的吸取程度，也是他事业上的重要桥梁，更为他带来了不断增长的声望。凭借这些，加上在面试时的良好表现，威尔逊成功进入普林斯顿大学，这是他第一次崭露头角。

他在普林斯顿大学任职和奋斗的故事就像普鲁塔克笔下城邦英雄的缩影。虽然规模和范围的大小有限，也就是平息教员休息室里的小打小闹之类，但这也与冒险故事中主角经历的并无差别，其中涵盖了政治、道德、文化等问题，完全像是引擎的全金属微缩模型，经得起无限放大。除了尺寸之外，它毫无遗漏地浓缩了整个世界，细节齐备，纷繁复杂，以至于多年以后，当威尔逊已经习惯于扮演国家政治要角时，仍然觉得理清事情的来龙去脉是件很复杂的活。

不过，作为局外人，我必须尽力去探寻，否则便会错失我们研究对象珍贵闪耀的人格品行。

威尔逊的冒险中总是存在一种两重性，他在这里扮演的角色同样还是民主的捍卫者。和美国所有伟大的大学一样，普林斯顿大学也向着某个方向全速发展着，这个方向虽然朦胧不清，但显然不是一个"民主机构"。没有理论做支撑，与社会问题无关，它是环境的自然发展，是其成员自由意志的产物，这让人感到可怕。也就是说，在一所教授专门知识的地方大学的现有组织结构之中，以欢乐体育活动为目标的俱乐部及私人社团在快速增长，不断蚕食着大学的原本宗旨。起初，这些团体的形成与其他任何民众大群体的形成一样，是有一群具有相同品位和生活方式的人们自发形成的，当然，它们的第一批成员是那些有闲暇时间，而且对学业没有迫切需要的人——简言之，就是比较富有的学生。

威尔逊上任之时，这一趋势已经存在了很久。俱乐部成员的资格，要比在学校获得学术上的荣誉更光荣；"成立一个俱乐部，它自然会很快成为低年级学生最关心的东西。每年有四分之一到三分之一的大二学生会被排挤在俱乐部之外。新生将俱乐部成员资格看作是他们大学生活中最重要的奖励之一。甚至父母也会来学校，为他们的孩子获得所垂涎的社交地位铺平道路。"

援引雷·斯坦纳德·贝克（Ray Stannard Baker）[1]先生的话，他还注意到俱乐部招新过程中，存在越来越排外、越来越政治化的倾向，刻意寻找那些家里有权有势、家境富裕，或者有运动天赋，或者有"社会需要"的学生。

这一现象极大地触怒了新任校长威尔逊，他认为这是对学术尊严的公开侮辱。"本来是活跃气氛的助兴表演，却喧宾夺主正在吞噬马戏团的正规表演。"不过，威尔逊注意到，这一现象背后隐藏着对他基本信

---

[1] 美国记者、历史学家、传记作家和作家。第一位研究美国种族分歧的著名记者。

仰的更严峻的挑战。就在他眼皮底下，一个上层阶级正在形成，并且积极清晰地运转着；这是对美国民主的否定，是美国民主的敌人。在大学这个他思想殿堂的拱点之中，却通过俱乐部滋生着一个悠闲阶级，而且很可能是统治阶级。因此，这场对俱乐部发动的艰苦无情的战役，对威尔逊来说，不是什么无关紧要的小事，而是确保民主能够在美国安全存在的关键战役。

他的敌人从一开始就处于防守方的不利地位。他们或许和威尔逊一样清楚地认识到，这场争论的真正性质已经远远超出了学生们该如何打发业余时间，这是一场新生贵族和一位小心谨慎、全副武装的民主捍卫者之间的战斗。据贝克先生称，其中一位固执地表示："没有人能让绅士与一个无赖交往。"然而，所有的言论、原则、行为准则和引证都站在威尔逊这边。自从汉密尔顿（Hamilton）倒台之后，在美国，除了最纯粹的民主之外，就没有什么值得承认的了。威尔逊拥有所有的火药和子弹；可敌人熟悉地形。值得一提的是，自始自终，他的敌人从未公开为他们的行为进行辩护，也从未对威尔逊所攻击的"大学的社会角色"辩解；他们并未将所掌握的"贵族""文明"等强有力的字眼和他们可能对他提出的任何东西带入这场冲突中，他们能用于反抗威尔逊的，比如认为大学是一所培训学校，或者更极端一点，只是一个实验室，这些都绝不是哲学上牢不可破的概念；因此，他们并没有对威尔逊的理论提出质疑，只针对事实，然后等待时机。在这场不情愿和毫无意义的战争中，敌方的首领是安德鲁·韦斯特院长（Andrew Fleming West）[1]，显然

---

① 美国古典主义学者，普林斯顿大学研究生院第一院长。

他有着天生的反民主的贵族思想。"再没有人能够镌刻出更好的拉丁语铭文，或者在正式场合组织一场更好的盛大庆典了。他喜爱表面看起来舒适的设施、场地的华丽和摆设的整齐。"对欧洲、特别是对英格兰的访问"给他留下了极好的印象"。在牛津生活时，壮观的建筑和富有冲击力的效果完全俘获了他。在10月4日从牛津寄给威尔逊的信件上，韦斯特附上了四张图片，都是从一本关于牛津风景的书上剪下来的剪报。莫德林塔（Magdalen Tower）①深深吸引着韦斯特。"映衬着月光，好一个银灰与白的梦啊。"这样的一个人，是威尔逊的天然对立面，不过奇怪的是，他们的起源几乎相同。对于艺术家来说，韦斯特当然处于被动，而威尔逊则不属于其中任何一个，但涉及冒险与生活时，简单读读他的演讲就能明白，他天生就是民主的敌人，如果他不反抗，则会沦为天然的靶子和底层贱民。从某些方面来说，民主是那些诗人、艺术家和勇敢冒险家的创造，是他们的梦想产物，而民主既不能利用也不能容忍这些人，这是另一回事；正如弗兰肯斯坦②所创造的怪物最终杀死了它的主人。

---

① 莫德林塔是牛津大学莫德林学院最古老的部分之一，坐落在高街。大本钟始建于1492年，从奠基之时起就开始使用，1505年开始悬挂起来，1509年完工。它是牛津大学天际线的重要组成部分。它有144英尺(44米)高，是牛津最高的建筑之一。

② 《弗兰肯斯坦》（全名是《弗兰肯斯坦——现代普罗米修斯的故事》，其他译名有《科学怪人》《人造人的故事》等）是英国作家玛丽·雪莱在1818年创作的长篇小说。该作讲述小说主角弗兰肯斯坦是个热衷于生命起源的生物学家，他怀着犯罪心理频繁出没于藏尸间，尝试用不同尸体的各个部分拼凑成一个巨大人体。当这个怪物终于获得生命睁开眼睛时，弗兰肯斯坦被他的狰狞面目吓得弃他而逃，他却紧追不舍地向弗兰肯斯坦索要女伴、温暖和友情；接踵而至的更是一系列诡异的悬疑和命案。该作被认为是世界第一部真正意义上的科幻小说。

而这两个人之间的这种平淡的、讽喻性的对立，就像赫克托①和阿喀琉斯之间的对立一样，暗藏着某种秘密的纽带，一种隐藏的平等，如果没有这种隐藏的平等，他们之间的对抗或许也不会如此有趣。韦斯特院长，亦是艺术家，始终需要伪装自己的异端邪说，甚至面对自己的内心时也是如此。威尔逊，单枪匹马的冒险者，他的战术总是独自一人，虽然他不变的目标总是关乎社会大众，因此，远观起来，他的斗争方式也一样是错误的。这就是他们之间的战斗：上流贵族拉帮结派，民主卫士以一敌众。

　　毫无疑问，民意是支持韦斯特的。所有的校友，学院真正的骨干，以及校董、甚至大多数的教授，都站到了韦斯特一边。

　　正如我之前所述，我们必须放弃这些细节。事件集中在两个焦点上，每一个焦点都与韦斯特的研究生院计划有关，他打算建一栋新楼，其壮美程度要超过所有的旧楼，并且能与牛津的美景媲美。但要让威尔逊接受这座建筑，就只能让它成为校园整体的一部分。而韦斯特却想要把它建在远离主建筑群的地方，那里景色壮丽，能够俯瞰高尔夫球场。除了地点之外，分歧还在于管理、理念、生活方式，以及奢侈程度和维修保养。"真正的问题在于，韦斯特院长要如独裁者一般掌控着研究生院。"

---

　　① 赫克托是荷马史诗《伊利亚特》中参加特洛伊战争的一个凡人英雄。阿喀琉斯是荷马史诗《伊利亚特》中描绘特洛伊战争第十年参战的半神英雄。与为了荣誉，为了友情，为了永垂不朽而战的阿喀琉斯不一样，赫克托是为自己的国家民族而战。赫克托爱戴自己父亲，保护自己的弟弟，更爱护自己的妻儿，守护自己的国家，虔诚自己的信仰，尊重对手。

现在，韦斯特已筹到了钱，一位朋友赠予了大约50万美元支持他的提议。在当时的情况下，这笔钱足以保证韦斯特能取得胜利，只是，他的对手是威尔逊。最后时刻，威尔逊完成了惊人的壮举，让董事会拒绝了这一提议，这使整个美国公众感到惊讶、愤怒和钦佩。威尔逊的名字也第一次出现在大众的视野中。成功击败韦斯特派之后，威尔逊乘胜追击，发表了著名的演讲，"美国的大学必须和她的普通大众一样，抱有相同的同情心。美国人民绝不容忍任何专享独占的特权"。但就在这首嘲讽的纯粹民主之歌几乎唱到最后一节时，局面却发生了逆转。韦斯特又得到一笔数百万美元的无条件遗产，直接由他托管。威尔逊放弃了战斗。

　　放弃可不是一件简单的小事，它需要时机、动机和勇气，还要冒一些风险，只有纯粹的冒险家才能冷静处理，不至于退缩犹豫。就像威尔逊这样，远远避开了敌人的陷阱，稳稳着陆，他非但没有显出失意、暴躁的失业教授形象，反而真正进入了他传奇生涯的主要阶段。由于一系列的意外事件、机缘巧合，首先被选为新泽西州州长候选人，接着是一连串势不可挡的飞跃，从州长到总统候选人，最终，当选为美国总统。从这座高耸入云的塔上，他可以俯瞰整个世界。在任期间，威尔逊是最强大的统治者，由于他的办事方式、勇气和道德策略，他比其他总统受到的党派牵制都少一些，甚至可以说是最少的。事实上，就其本质而言，他的情况，就其公民权的力量而言，就其不受约束的独立性而言，威尔逊完全可以与拿破仑一世比肩。在没有签订任何阻碍他的债务的情况下，威尔逊已然完美地从大学政治斗争的失败中走了出来。

　　这就是这个世界第一次看见威尔逊的样子：一位看守者，守护着那一份一个世纪前流传下来，由民主的圣徒们继承的传统信条。他饱含知识与信念，手中掌握着他的精神先驱们未能掌握的权柄。群众希望的权威终于来到他们身边，现在我们需要回顾一下，为什么恰恰在这个特定的时刻，需要这样一位特定的人物。

民主的信条，包括对人类所共有东西的全部信任，或者换句话说，假定人性根本是好的，在行动中自然会受到这种基本乐观主义的任何误判的影响。仅仅靠截肢或正骨法，是根本不可能清除生命血液中的毒素。有时，不仅是杞人忧天者，任何客观的观察者都会发现，这个假设前提明显存在着某种夸大。人类从很小的时候开始，就普遍有一种倾向，倾向于虚荣、恐惧和懒惰。关于人类身上这三个不幸的违约，懒惰主要从经济层面影响民主的希望；恐惧大概影响道德，而三者中最强大也最广泛存在的——虚荣，对所有人来说都是最危险的，因为它往往会导致战争。

战争问题已经成为人类最关心的问题。而在民主之前，情况绝非如此；除了亚历山大大帝、查理一世，以及他们的同类们每隔十几个世纪才偶然制造一次的丰功伟绩之外，战争丝毫不像瘟疫那样令人担忧。维克多·雨果等受人敬仰的"骗子"们出现后，自然形成了一种相反的错觉。这种错觉被事实迅速消除，这是令所有历史研究者首先感到震惊的地方。随着民主政体在各国发展的不平等性和普遍性，战争不仅变得具有更强的破坏性和普遍性，而且规模也更大。对发展进步最狂热的信奉者，注意到了这两者之间的一致性。众所周知，根据一个精彩但又无法证实的传说，战争的真正原因要归咎于一个国际阴谋集团，涉及富人、军火商、报业集团，或许还有专门从年轻武官那里偷取情报的邪恶美女冒险家。除了民间传说，还有更实际一些的指责，认为科学的进步才是元凶。我更倾向于一个更新颖的理论（当然读者们不必和我看法一致）：应该受到指责的人是拿破仑，因为他创造了（而不是改良）集体征兵。过去，除了命令流浪汉和精神上的流浪汉（也就是年轻浪漫的贵族子弟）之外，国王再命令其他人去杀人或是要杀其他人时，总得特别谨慎。虽然其中存在那么点无关紧要的优先权，但征兵制仍是符合民主的制度。别忘了拿破仑当上皇帝可是人民意志呼吁下的产物[①]。

而且，和这位伟大严苛的民主先师所施教导不同，不是从过剩的人口中雇佣受害者，而是让一大群人集体寻死，民主从他那里得到了极大的鼓励，组织起来，从而让大规模杀戮行为发生得更有可能和更为频繁。民族主义，即以相同的语言背景和历史渊源为基础建立国家（如果不是诗学和考古学意义上来说，那就是文学意义上的），即便是民主主义者也认为它是对好战思想的危险刺激，因为它能够吸引人类极度虚荣的内心中最激烈、最无理性的部分。但民主党人有一种特别的民族主义，他们认为这种稀释过的、不狂热的民族主义不但无害，而且有益。除非我能够准确辨别出"我的国家是对还是错"和"每个国家都有自行解决问题的权利"这两者的区别，那我很愿意相信这种说法。

照目前的情况，"异教徒们"一定还继续认为大规模战争是典型的民主行为，没有什么比战争提议更能激发选民的热情，人类从来没有在其他事业上像这样同心合力。而且，正如威尔逊所逐渐明白的那样，除非能够

---

① 原注：英国自由主义者罗伯特·塞西尔子爵得知法国的共和派支持征兵制时十分惊讶；反动保皇派麾下有一只仿照英国制式的小型雇佣军。

治愈或摧毁消灭这种倾向，否则，民主或人类，二者必然有一方会灭亡。

因此，没有必要坚持说，我们所谈到的上次战争是一场完全民主的战争。英国在传统君主政体下，坚持只派遣志愿者上战场送死，但在这个尝试惨遭挫败后，也接受了征兵制这一完全民主的制度。值得注意的是，只有在俄国，战争没有成为全体人民公开表达的强烈意愿。而在德国，除了工人的强制保险之外，这个政权唯一强迫加入的就是这场战争。

在美国，很长一段时间里，威尔逊一直与人民的意志相左，坚持不参战。事实上，有两三年，他拒绝扩军以应对战争威胁。他是如何坚持这一决定，这本身就是一个奇怪而困难的研究课题。不过到最后，从长远来看，威尔逊还是决定应人民的要求而参战。

不过，威尔逊参战的动机是非常明确且绝对可靠。他宣称，参加战争，是为了消灭战争，并且将民主从战争的反复中拯救出来。对阵营的选择毫无疑问是出于对本民族利益的考虑——威尔逊的每一个行动、每一次演讲，以及他的整个人生都证明，他完全奉行绝对的利他主义，在他看来，对民主的热爱是人类的全部和唯一的希望。

至于战争的进程，每一次胜利或失败都只是使之绷紧、膨胀，直到美国参战，才突然地、惊人地斩开这一团血腥的乱麻——我希望世界上所有国家的教科书上都是这么写的。我想，威尔逊参战的目的并不纯粹，而是带着某种虚荣之心，想要尽量减少他军队所起的作用，这样便可将这世界范围胜利的最大功劳归于演讲，尤其是他个人发表的说明、原则、条款和重述。如果这能对盟军产生足够并且必要的道德鼓励，并能给德国人带来负面的宣传效果，作为一个退伍军人，我敢说这多少算是正义之举。

这些文件中有两个特征值得注意：它们绝对是为了民主而将未来的战争排除在可能性之外的明确意图。然后又表现出某种优柔寡断的预兆。比如十四点原则（Fourteen Points）[1]中，不仅有许多相互重叠的表达，显示出他的思维逻辑不是绝对清晰，而且在"秘密外交"中对战争的最终原因的可疑理论有相当大的压力——不管这对民主信仰有多么有利。《十诫》[2]当中也有类似的缺陷。不过，太多"尽可能""最低的一致性"等表达，确实是个严重的问题，事后来看，与在普林斯顿大学和新泽西州时那个出色的威尔逊相比，此时的他已有了些微不同，不如以前那么勇敢了。这样说吧，已经患有疾病的威尔逊已经清楚地意识到前面将面临的困难，这对一个冒险家来说非常危险，也让他倍感痛苦。当初他对韦斯特说话可不会这样。不过，威尔逊在这背后的思想是单纯

---

① 美国总统威尔逊在第一次世界大战期间提出的战后世界和平纲领和具体政策目标。为抵消1917年11月苏俄公布《和平法令》所带来的影响，1918年1月8日威尔逊在国会发表讲话，阐述了"十四点"和平纲领。主要内容：（1）公开订立和平条约；（2）无论战时与和平时期，公海航行绝对自由；（3）消除经济壁垒，贸易机会均等；（4）把军队裁减到仅供保障国内安全的最低水平；（5）调整对殖民地的要求；（6）德军撤出俄国，实现其民族自决；（7）德军撤出比利时，恢复其领土和主权；（8）德军撤出法国，将阿尔萨斯-洛林归还法国；（9）重新调整意大利边界；（10）奥匈各族自治；（11）重新调整巴尔干各国领土；（12）奥斯曼帝国内的非土耳其民族自治，开放达达尼尔海峡；（13）重建拥有通海走廊的独立的波兰；（14）建立国际联盟。该纲领公布后协约国并未表示接受。直到1918年德国提出愿在此基础上接受停战协议，美国又以与德国单独媾和相威胁，协约国才于1918年11月4日正式接受。对《凡尔赛和约》的订立起到一定作用。
② 《摩西十诫》又称"十诫"，传说是神（耶和华）在西奈山的山顶亲自传达给摩西的，是耶和华对以色列人的告诫。

而伟大的。要永远避免战争重演，主要仰赖于三项自我约束的措施：第一，民族自决只能由同盟国一方提出；而另两项，就像我说的一样，则显得更加胆怯，需要整个世界来行动，因为民主是整个世界都需要的。那么首先，解除武装，实现航行自由；其次，全球自由贸易。但重点在于，两者都只是"尽可能"做到。

就其程度而言，取决于所有人民的意愿，当然不可能完全确定，这也是威尔逊所最关心的。对这场伟大冒险的所有预估都随着他对欧洲的私人访问陷入危机，所以，会有多大的可能性，完全取决于具体情况。不容置疑，在极短的时间里——一个月、两周、甚至是只有一个星期，所有的限制就全部撤销了。在英国、法国、德国，对战争的悔罪，加上民众对这位拯救众生之人的爱戴，这完全是有可能的。假设威尔逊下船后，就用他一贯坚定不移的腔调宣布世界裁军，英国舰队和德、法陆军，还有意大利潜艇，直布罗陀海峡、马耳他岛、亚丁湾立刻丢掉武器，此外，世界范围内关税壁垒全部废除（从他自己国家最先开始），我完全相信，他会取得胜利，他会取得前所未有的成就，为他的全体同胞打开一扇通往崭新光明前景的大门。无论他走到哪，百姓们都尖叫着要他这样做，确实是尖叫。

从未有人得到过这样的欢呼声，我在巴黎街头听到了他们的欢呼声，这声音我一辈子都忘不了。我看到福煦（Ferdinand Foch）[①]、克

---

① 法国陆军统帅。第一次世界大战时，任法军总参谋长、协约国军总司令。1918年升为法国元帅，接受德军投降。战后任协约国最高军事委员会主席，参与武装干涉苏俄。著有《战争原则》《1914—1918年战争回忆录》等。

里孟梭（Georges Clemenceau）①和劳合·乔治（Lloyd George）②相继经过，然后是各位将军们，凯旋的部队，还有各种横幅旗帜，但威尔逊在车厢里听见了一些不同的声音，那是非人类，或者说是超人的声音。啊！那个微笑着、闪耀着光辉的人啊。

可以肯定的是，这场人道主义的冒险不会轻易结束。奇怪的是，最大的阻碍来自劳合·乔治和克里孟梭，他们的抵抗让人很疑惑。彼时，两人都如释重负，沉浸在轻松愉快的氛围里，别忘了，他们两位都是颇有勇气的伟大演说家，都是有胆识的人，而且这两位真诚的煽动者都用各自的方式地推崇近乎神秘的民主党人。此外，克列孟梭在他的整个历史中（经常影响到他的事业）一贯是盎格鲁—撒克逊（Anglo-Saxons）制度和领导体系的盲目崇拜者；而劳合·乔治则是一位狂热的人道主义者，他的狂热甚至超过了算计。众所周知，就在那一周，出现了一个令人颤抖发狂的机会，这正是冒险的实质，假如威尔逊在那一刻稍微疯狂一点。当英国首相开始行动时，出于他的责任感——因为他是个小个子男人——他开始敷衍地推撞"威尔逊拱门"（Wilsonian arch）基石的时候，即海上自由航行，以及"绝不为了自由与正义以外

---

① 法国总理（1906—1909、1917—1920）。1876年入选众议院，属左翼，绰号"老虎"。力主对德进行复仇战争。1906年任内政部长，同年出任总理，在第一次世界大战中主张将战争进行到底。组织协约国对苏俄进行武装干涉。曾为巴黎和会主席，参加起草《凡尔赛和约》。

② 英国自由党政治家，在1916年至1922年间领导战时内阁，在1926年至1931年间担任自由党党魁。

的目的而使用"的冗长废话，他从来没有想到他的英雄会听他说完；然后再带着奇怪的失望心情惊讶地发现，他自己、劳合·乔治、英国、现状以及那平庸的心智，取得了当天的胜利。长话短说，在严格意义上，英国首先施压，法国次之，于是，也就没有必要再谈及世界贸易自由这第三个问题了。

整个世界原本应该抵抗，聪明理智的中产阶级原本应该让威尔逊回国，并试图平息革命。可以肯定的是，他将不得不辞职；就像普林斯顿事件重演一样。可是，就在他们在伦敦车站的月台上等候火车来接他们去坐船驶往俄国时，英国卫兵们丢下了他们的武器，这是一件未被记录的历史小轶事。你们知道吗？ 几乎在每一个法国的城镇和村庄，都曾有一条威尔逊路。这不是因为他参与制订了《凡尔赛条约》，这些道路的命名发生在条约签订之前，那时正值和平降临之初，人们异常兴奋，也都为威尔逊着迷。条约签订之后，大部分的路牌被摘了下来。不过还有一些散落在奇怪的角落里。这是因为法国人将威尔逊路的路牌从最为自豪的林荫大道上取下，转而挂到小巷里，他们很满意这样的做法。假如威尔逊在那一周里，能够再稍微疯狂一丁点，也就不会出现这样令人不安、出乎意料的状况了。

可是，威尔逊全程都保持了清醒理智。现在，把所有的宽慰留给那些感觉到宽慰的人，我们必须认真研究一下，为何"十四点原则"奇怪地变形被加进了《凡尔赛条约》中。首先，是由于邪恶顾问给伟人和他伙伴们提出的糟糕建议，这个借口必须得排除掉。因为如果可能的话，威尔逊总统的随从们要比他本人更大胆。那些来自他自己国家的为数众多的陈腐力量：金钱、企业、政治，如果不是有害的话，也要在斗争输掉之后才能发挥它们巨大的作用。此外，如果威尔逊不知道如何让自己保持自由和孤立，那我们现在也不会在这本以亚历山大大帝为始的书中与他相伴了。这种相伴比普林斯顿大学的常春藤俱乐部，或者英国国王的名录都要更具有独占性。

威尔逊的所作所为都完全是他个人行为。在整场协商中，他独自背负责任，面对死亡的过程。因为在这会议还未开始之前，他就已经输了。只有目睹杀戮的恐怖想法还存在着。他不是倡议者，而变成了请愿者，乞求、贿赂他人不会得寸进尺。我们完全可以相信，他已经做得很好了，就像民谣中垂垂老矣、但格外命硬的老水手那样。甚至在一开始，在他们还不敢开始全力反对他之前，他就已经斡旋让他们通过了《国际联盟盟约》（the Covenant of the League of Nations ）[①]。但是战败国赔款的空头支票，充斥各处的秘密协议，看起来似乎每一个国家都签订了一堆，所有人都反对他的"十四点和平原则"。大国间围绕《凡尔赛条约》的利益野蛮贪婪地攫取，一点一点无情地把他拧干。当涉及本国的直接国家利益时，他甚至不愿意挽救自己的原则；因此他不得不屈服，把中国山东转让给日本。为了阻止更糟糕的事情发生，比如莱茵河左岸被吞并，他必须付出代价。一个国家接一个国家结盟、承

---

① 简称《国联盟约》。《凡尔赛和约》的第一部分。为建立国际联盟而制定的规则。该盟约经26次修改，于1919年4月28日在巴黎和会上通过，于1920年1月10日正式生效。《国际联盟盟约》生效后国际联盟才成立。它对国际联盟的运作具有重要的意义。

诺，抵押美国的未来，以阻止这些相关的民主国家将他交付给他们的敌人撕成一百块碎片。甚至在他的国际联盟中，他也不得不因其第10条款付出代价，无论其他国家做了什么，他和他的国家都会永远保护他们，保证他们的所作所为永远不变。

如此一边倒，明显对他们有利的条件极大地压榨了威尔逊，其中的具体细节可以在威尔逊签署的《凡尔赛条约》中找到。比同盟国的分崩离析更甚的，是他自己全球范围内精神帝国的分割与隔断。这个帝国只存在了寥寥数年，而威尔逊则坚持到最后。

还有一件小插曲，仿佛肉体上的痉挛，向外界展示了威尔逊不断痛苦挣扎的过程。牺牲了所有伟大的东西之后，威尔逊在是否将克罗地亚的阜姆港割给意大利的问题上犹豫了。他已将一切都让给了法国和英国，却还要向意大利屈服，这想法都让垂死之人惊坐而起。最终意大利没能从他手中得到阜姆港。然而，在这样的场合，他的立场中有一种既高贵又悲哀的东西，好像那已埋葬了六个月的垂暮自我，全副武装重新站了起来，"像死去的国王一样，身披民主的盔甲"，挡住了愤愤不平、不知所措的两位意大利政治家——可怜的维托里奥·伊曼纽尔·奥兰多（Vittorio Emanuele Orlando）[1]和西德尼·索尼诺（Sidney

---

[1] 意大利政治家，以代表意大利参加1919年巴黎和平会议而闻名。他也因在第一次世界大战中打败同盟国和协约国而被称为"胜利首相"。

Sonnino）①。一旦这卓越的幽灵被释放出来，最后，就是雷鸣般的掌声。我已推测了他的到来对世界的影响，以及可能的结果。现在，难以置信的是，威尔逊终于向世界发出了疾呼，只是这迟到的呼声显得那么绝望。他向全世界的人民发出了自己一直深埋在心中的有力信号，可是，只得到了自己回音的响应。仅仅几个月，世界就像已过了一个世纪般天翻地覆。

这场重大的、悲剧性的灾难，这场弥赛亚式的灾难，其规模和意义肯定比战争更大。不过，其原因一点也不神秘，而且在冒险历史中，它也算不上是难以预料和脱离常规。威尔逊失败了，不是因为他自负，不是因为他被敌人智取，也不是因为他那群满怀恶意的孩子般的敌人，偶然想出一些理由来解释他们祷告的结果。这无外乎是一个结构上的错误，使得巨大的希望变为废墟，就像所有伟大戏剧的结尾那样。威尔逊害怕了，在这种特别致命的形式中，尽管它被各种道德准则所宽恕，却没有被命运所宽恕，这就是责任感。威尔逊的悲剧就算没有那么糟糕，也仍然是场荒谬的骗局。他和他所在的世界——因为威尔逊的冒险也是世界的冒险，总有一天这个世界会明白，即使那些愚蠢之人也会明白——都不会成为粗劣骗局的受害者。否则，攀登者因为眩晕而从顶峰跌落，也该算成是阿尔卑斯山的阴谋了。攀登者之所以跌落，是因为站得太高，威尔逊亦是如此。他看到了世界上所有的国家，看到了他崇敬

---

① 意大利政治家，第19任意大利总理，1906年和1909年至1910年两次短暂担任意大利总理他也是第一次世界大战期间的意大利外交部长，代表意大利参加1919年巴黎和平会议。

一生的普罗大众所拥有的无限可能，但他从未想象到，有一天，他会拥有他们、他们的生命和他们不可计数的未来岁月，这一切都会在他手中。他感到头晕目眩。那些日子从记忆中消失得比一百年后的今天还要彻底；但少数经历过那段时光、曾站在威尔逊身边的人们，还能模糊地记得那个时代的狂热、恐慌和欣喜，仿佛他们是在某个地方读到过它似的。克里蒙梭为了取得胜利，深思熟虑过将巴黎完全摧毁的可能性，他带着灰色连指手套的指尖也曾微微发抖。他曾经历过一次。那场大杀戮已经结束了，空气中还弥漫着它的味道，威尔逊还能再来一次冒险吗？没有，也正因为如此，他失去了他的天命。在我们看来，这就是大多数，或许是所有冒险的结局了。即便凝神细查，我们也无法找到哪怕一丝必然性，来让我们的内心得到安宁。因为，只要我们能发现这场游戏的失败是不可避免的，我们是被迫单独在漫长的人类历史长河中与神对抗，这将会是一种莎士比亚式的释放，一种轻松，一种真正的悲剧；一种类似音乐的补偿，即所有的努力都注定要失去。就像静止的梦想，在宇宙中可以在时间上得到一种固定的美好，空间的形象，没有任何真正的迹象。我们被鼓励去冒险，而不能因为对冒险的最短和最不充分的审视而免于冒险。没有确定性，没有好坏之分，但有一种无限的弹性，使好与坏都比我们通常认为的要大。高度更高；海湾更深；如果这是一场游戏，胜算很大。

因此，伍德罗·威尔逊，我们最后的英雄，以他作为终章结束了整本书；有些人认为，像亚瑟和传说中的亚历山大，以及许多其他较小的人一样，他留下了，即使被打败，一个希望，一个承诺，那个联盟，就像它是他灭亡的血肉的象征，一个从他心中撕下的碎片，留给我们，为后来的人服务，重新拾起他的冒险，使他的脚再次实现飞跃。我们从抛弃道德开始，到现在还没有道德。但无论如何，我们现在可以更加确信，事物的无限希望和绝望的不确定性，无论它们看上去是怎样，现在是怎样，将来也是怎样。

参译人员说明

参与本书翻译的人员（按姓氏拼音顺序排列）有：

陈雅琴、范亦婷、洪小婷、林敏玲、莫芷贤、吴锦虹。最后由姬蕾统一审稿校对。